リスクの経営シリーズ
刈屋武昭 監修

天候リスクの戦略的経営
―EaRとリスクスワップ―

刈屋武昭
編著

山本　毅
Tee Kian Heng
郷古浩道
著

朝倉書店

は　し　が　き

　本書は，天候変動と企業の収益変動の関係を理解し，気温変動リスクに対するリスクマネジメントを行うための基礎として
(1) 企業の収益変動リスクのための EaR（earning at risk，アーニング・アト・リスク）分析法とその具体的事例としてガス会社の EaR 分析
(2) そのために必要になる気温変動時系列モデル分析法，特に変動性（分散）が時間とともに変わる時系列モデルによる分析法と将来変動予測法
(3) 季節的な収益変動構造が異なる二つの会社が互いにそのリスクをヘッジ（保険）し合う保険コストゼロのリスク・スワップ契約の構築法，東京電力と東京ガスの間で最初に行われた互いの夏の気温リスクスワップ契約と，東京電力と大阪ガスの異地点間のリスク・スワップ契約についての検証

の解説を行う．
　本書では，リスクは将来の収益変動をもたらすものであり，単に収益の下方変動だけでなく，上方への変動も含む，いわゆる不確実性もリスクという言葉の中に含むものとして扱う．それは，将来の一定期間の収益は確率分布として理解され，下方リスクのコントロールは上方への変動も一緒にみる必要があり，下方リスクをコントロールしながら上方への利益機会を損なわず一緒にコントロールすることが，経営に求められることであるからである．その意味ではバリューマネジメントとリスクマネジメントはコインの裏と表の関係にある．それゆえ，事業リスクマネジメントはリターンとリスクの問題であり，事業をすることはリスクをポートフォリオとして保有して，下方変動と上方変動を一緒に経営することであるからである．リスクだけを切り離して管理できないのである．
　競争環境の激化の中で企業経営には収益の安定化を求めてきめ細かな経営が求められている．次の図にあるように，多くの産業の企業収益と天候リスクは密接

天候変動と企業収益

気象変動により収益に影響のある企業・組織は幅広い業種にわたる

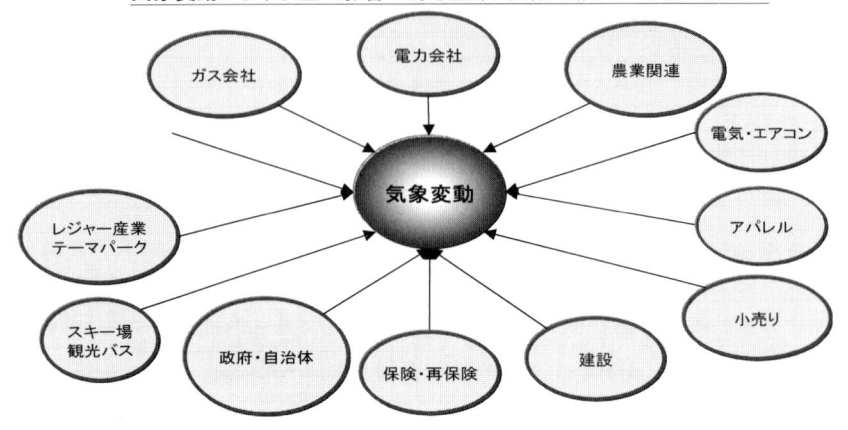

（図：気象変動を中心に、ガス会社、電力会社、農業関連、電気・エアコン、アパレル、小売り、建設、保険・再保険、政府・自治体、スキー場 観光バス、レジャー産業 テーマパークが関連）

に関係している．しかし，その関係を定量化してそれを経営の中にリスクマネジメントとして生かしてきた事例はきわめて少ない．

　この図は，産業と天候リスクの関係を総合的に扱ったのは気象庁委託調査の委員会（委員長刈屋武昭）のもとに出した次の二つの報告書のうち [1] からのものである．

　[1]　『企業の天候リスクと中長期気象予報の活用に関する調査』(2002)
　[2]　『天候リスクマネジメントへのアンサンブル予報の活用に関する調査』
　　　　(2003)

これらはみずほ第一フィナンシャルテクノロジー（株）によりまとめられた．本書でも一部紹介するように，企業収益変動と気温変動の関係のリスクマネジメントの例として，松下電器産業（株）エアコン事業では，急激な猛暑などへの変化による需要増に対応して，生産期間の短縮化に努めているとか，コンビニの気象の短期変動予測をみずから需要予測に組み込む事例など興味深いものが含まれている．これらは利益機会を逃さず，在庫リスクを小さくするというリスクマネジメントである．他方，実際の天災などによる発生は利益の減少などの場合，伝統的には保険であるが，1998年の金融システム改革法以降天候デリバティブがリスク移転の手段として，気温リスクに対する収益ヘッジのリスクマネジメントに利用されている．

なかでもその収益リスクをヘッジコストゼロでリスクを交換したのが(3)で述べた東京電力と東京ガスの「夏の平均気温のリスク・スワップ契約」であり，金融機会を媒介にしない日本発のリスクマネジメント事例であろう．すでに，欧米では気温先物・オプションが上場され，最近活発な取引が行われている．

　本書では，各企業が収益変動安定化のために気温と収益の基礎分析をして，気温リスクマネジメントの立案をするための方法と気温変動の時系列モデル化の方法を実例に沿って解説する．気温変動の収益変動へのリスク分析やそのもとでの実際の意思決定は，将来の変動分析に基づく．今年の夏の気温の変動は予測確率分布として表現される．したがって気温変動の時系列モデルに基づいてその確率分布がシミュレーションによって導出される．気象庁では3か月先の予報を，全地球的な気象複雑系モデルに基づくアンサンブル予報として発表している．この情報も補完的に利用可能であるが，シミュレーションパス（シナリオ）の数が少ないことや，モデルとデータの関係がみえにくいなど，まだまだ民間で利用されている状況ではない．本書の時系列アプローチは気温変動と収益変動との変動関係をデータで定式化しやすく，実際の意思決定につなげていけるものと考えている．特にデリバティブのプライシングの立場からは多様なペイオフなどに対応した分析枠組みを与えるものと考えている．

　本書の執筆者は，刈屋武昭（第1，4，7，8章と全体監修），山本　毅（第2章，加藤　誠氏の協力），ティー・K・ヘーン（第4〜7章），郷古浩道（第3，4，7章）である．しかし，第3章以下の内容は，京都大学経済研究所COEプロジェクトとして研究してきた，刈屋武昭，牛山史明（現三菱信託），遠藤良輔（現関西電力）らの三つの論文，刈屋武昭，ティー・K・ヘーン，郷古浩道による三つの論文をもとに，全体を再構成し，解説書として丁寧に書き直したものである．本書で取り扱っている第3〜7章までの刈屋，ティー，郷古の結果に関しては京都大学経済研究所COE研究費の補助を受けた．また第8章の部分については明治大学リスクマネジメントの研究費の補助を受けた．記して感謝する．

2005年11月

刈　屋　武　昭

目　　次

第1章　企業活動における気温変動リスクとリスクマネジメント 1
1.1　本書のねらい 1
1.2　ノーリスク・ノーマネジメント 3
1.3　天候リスクマネジメントの必要性 5
1.4　気象予報と時系列モデル分析 6
1.5　産業ごとの天候リスクと経営問題 10
1.6　リスクの移転・軽減 15

第2章　天候リスクと事業リスク EaR 分析法 21
2.1　は　じ　め　に 21
2.2　EaR によるリスク定量化 23
2.3　企業の天候リスク定量化の枠組み 27
2.4　企業における気象情報と中長期予報・予測の活用 31
2.5　ガス会社への適用事例：EaR 分析のモデル構築 36
2.6　気温予報・予測を活用した将来予測と EaR 分析 44

第3章　気温モデル分析への視点 55
3.1　本章のねらい 55
3.2　気温の変動構造 56
3.3　時系列モデル分析の基本 61
3.4　パラメータの推定 65
　　3.4.1　基礎概念の復習 65
　　3.4.2　気温モデルの定式化 67
3.5　Cao-Wei モデルによるアトランタの気温時系列分析 76

目次

第4章 分散変動気温モデル ……………………………………………… 85
- 4.1 はじめに ……………………………………………………… 85
- 4.2 AR モデル適用後の残差系列の構造 ………………………… 86
  - 4.2.1 O-AR(10) モデルと Tr-AR(10) モデルの残差の正規性 ……… 86
  - 4.2.2 残差の非独立性と非線形性 ………………………… 89
- 4.3 ARCH モデル ………………………………………………… 92
  - 4.3.1 ARCH モデルの概要 ………………………………… 92
  - 4.3.2 ARCH モデル分析 …………………………………… 94
- 4.4 SV モデル …………………………………………………… 97
  - 4.4.1 SV モデルの概要 ……………………………………… 97
  - 4.4.2 SV モデル分析 ………………………………………… 99

第5章 予測気温確率分布の導出とモデル比較 ……………………… 106
- 5.1 はじめに ……………………………………………………… 106
- 5.2 気温シミュレーション ……………………………………… 107
  - 5.2.1 標準正規分布に基づくシミュレーション法 ………… 108
  - 5.2.2 残差の経験分布に基づくシミュレーション法 ……… 110
- 5.3 気温予測シミュレーションによるモデル間の比較 ………… 112

第6章 東京電力と東京ガスのリスク・スワップの検証 …………… 125
- 6.1 はじめに ……………………………………………………… 125
- 6.2 リスク・スワップの評価法 ………………………………… 126
- 6.3 TTRS の検証結果 …………………………………………… 128
  - 6.3.1 モデルごとの検証結果 ……………………………… 128
  - 6.3.2 SAR モデルの結果の解釈 …………………………… 137
- 6.4 基準気温を変更した場合の TTRS の検証 ………………… 139
- 6.5 まとめ ………………………………………………………… 142

第7章 東京電力と大阪ガスの気温リスク・スワップ ……………… 144
- 7.1 はじめに ……………………………………………………… 144
- 7.2 気温プロセスのモデル化 …………………………………… 145

7.3 モデルの推定 ……………………………………………… 147
7.4 2次元気温シミュレーション ………………………………… 153
7.5 TORS契約の公平性の検証 ………………………………… 156
7.6 東京と大阪の気温の相関 …………………………………… 162
7.7 ま　と　め …………………………………………………… 163

第8章 リスク・スワップの等価性 …………………………………… 164
8.1 は じ め に …………………………………………………… 164
8.2 完 全 等 価 性 ……………………………………………… 166
8.3 非対称分布への近似 ………………………………………… 171
8.4 経験的モーメント等価性 …………………………………… 173

参 考 文 献 ……………………………………………………………… 177

索　　　引 ………………………………………………………………… 179

第1章

企業活動における気温変動リスクとリスクマネジメント

1.1 本書のねらい

「はしがき」にも書いたように，本書は，天候変動と企業の収益変動の関係を理解し，気温変動リスクに対するリスクマネジメントを行うための基礎として

(1) 企業の収益変動リスクのための EaR（earning at risk, アーニング・アト・リスク）分析法とその具体的事例としてガス会社の EaR 分析

(2) そのために必要になる気温変動時系列モデル分析法，特に変動性（分散）が時間とともに変わる時系列モデルによる分析法と将来変動予測法

(3) 季節的な収益変動構造が異なる二つの会社が互いにそのリスクをヘッジ（保険）し合う保険コストゼロのリスク・スワップ契約の構築法，東京電力と東京ガスの間で最初に行われた互いの夏の気温リスクスワップ契約と，東京電力と大阪ガスの異地点間のリスク・スワップ契約についての検証

の解説を行う．具体的な章立ては次のとおり．

第1章 企業活動における気温変動リスクとリスクマネジメント
第2章 天候リスクと事業リスク EaR 分析法
第3章 気温モデル分析への視点
第4章 分散変動気温モデル
第5章 予測気温確率分布の導出とモデル比較

第6章　東京電力と東京ガスのリスク・スワップ
第7章　東京電力と大阪ガスの気温リスク・スワップの検証
第8章　リスク・スワップの等価性

　本書では，「リスク」とは将来の収益変動をもたらすものであり，単に収益の下方変動をもたらす狭義のリスクだけでなく，上方への変動も含む，いわゆる不確実性もリスクという言葉の中に含むものとして扱う．それは，将来の一定期間の収益は確率分布として理解される．多くの場合その確率分布の期待収益を想定して，そこからの下方乖離を狭義のリスクとして扱うが，下方乖離をコントロールしようとすると上方への変動の構造も変えることになる．その意味で下方リスクのコントロールを考えるときには，上方への変動も一緒にみる必要があり，下方リスクをコントロールしながら上方への利益機会を損なわず一緒にコントロールすることが，経営に求められるのである．それが，事業リスクマネジメントにおいても，リターンとリスクの問題であり，事業をするということはリスクをポートフォリオとして保有して，下方変動と上方を一緒に経営することであるからである．リスクだけを切り離して管理できないのである．輸出会社の為替の円安などその企業にとって収益を増加する不確実性もリスクとよぶ．しかし製品輸出会社であっても，原材料の価格が国際市況で決まり，それが為替レートの影響を受けて日本の価格として実現する場合，円安は必ずしも利益にならないかもしれない．本書で扱う気温であれば，冷夏はもちろんリスクであるが，盛夏もリスクである．電力会社は夏暑いと電力需要が大きくなり収益が上がるが，ガス会社は一般に収益が下がるという．事業リスクマネジメントでは，このように総合的な視点で，リスクとリターンを確率分布の形状を考慮した視点でみることが要求されている．

　リスクマネジメントは，将来の利益に影響を与えるリスク・不確実性に対して前もって対応して安定的な利益を確保するという意味において常に事前的な対応である．他方，クライシスマネジメント（危機管理）とは大きな災害や事故あるいは不祥事などが起きたことを前提に，その後に展開するリスクへの対応策をあらかじめ想定し，損害をできるかぎり小さくするマネジメントである．

1.2 ノーリスク・ノーマネジメント

　企業の経営では，きめ細かなリスクマネジメントを通して，収益の安定的成長が求められている．それが実は株主だけでなく，従業員も含めたステークホルダーのニーズにこたえることである．企業とはリスクをとることで収益を追求する主体である．そして，重要な点は，ノーリスク，リターンだけでなく，ノーリスク，ノーマネジメントである．すなわち企業経営において，経営者の機能は，将来の不確実性，リスクの中から収益をつくることであり，それが経営者の役割である．今年は，「景気が悪かったので」とか「環境が悪く，思うように売上が伸びなかった」というような理由は，収益の悪化や赤字に対する十分な説明責任を果たすものではない．そのような状況の中で，どのような判断をし，どのような対応をしたかが重要であろう．

　不確実性やリスクがないとしたら経営者はいらないわけで，実は経営者というのは多様な不確実性・リスクを識別・分析し，それに対応することに関する専門家でなくてはならない．そのための最適な人的専門布陣をつくることが重要である．戦略的視点から中国要因などグローバル経済や技術要因，競争要因，規制要因など戦略的リスクに関して，企業の方向づけを間違えず，安定的な成長を狙う能力としてのビジネス専門性をもつ集団でなくてはならない．他方，操業（オペレーション）の視点から，有効なリスクマネジメントを行い，効率的かつ安定的に利益をつくる能力も重要である．価値創造経営におけるバリューマネジメントは，リスクの側面からみると

1)　戦略的リスクマネジメント，
2)　操業的リスクマネジメント，
3)　財務的リスクマネジメント，
4)　クライシスマネジメントと事業継続マネジメント，

に分類される．これらは，すべて不確実性・リスクへの対応であり，経営の核となるものである．

　実際に利益を生むのに直接的に関わる部分が操業的リスクマネジメントであるが，競争環境の変化や嗜好の変化の中で売上が次第に落ちていくような場合は，マーケティング，内部コスト対応や生産プロセスの効率化などでは対応しきれな

い．その場合，売上減少の要因や将来のあり方を想定して，プロアクティブな戦略的行動をとる必要があり，オペレーションによる売上や利益変動を分析しながら戦略的意思決定・行動をしていく必要がある．

オペレーションの中にも，これまであまり注目されてこなかった経営プロセス，リスクマネジメントプロセスの導入によって，コストの削減や利益の安定化を図ることができる．そのひとつがオペレーションにおける定量的事業リスクマネジメントプロセスである．その中にリスクの統合化による保有事業リスクのポートフォリオを理解し，リターンとリスクに関する有効な経営プロセスの追求など欧米のエンタープライズ・リスクマネジメントの流れがある．そこでは将来の収益予測確率分布をもとに EaR 測度を求め，リスク選好を設定し，その限度の範囲でリスクを統合的に経営する，バートン・シェンカー・ウォーカー（2003）『戦略的事業リスクマネジメント』（東洋経済新報社）に紹介されているデュポン社がその経営の典型例である．本書で扱う気温に関する事業リスクマネジメントは，1年くらいを単位としたオペレーションの意味でのものである．もちろん本書の気温モデルは1年を超える期間のものも扱えるが，他のリスクの要因が大きくなっていく．

本書の狙いは，きめ細かな経営としての事業リスクマネジメントとして，気温変動リスクに関する収益分析とリスク対応法，その分析の基礎となる気温変動リスクの時系列モデル化，そして気温変動リスクの安定化のための金融手法であるデリバティブのプライシングの考え方，さらに東京電力と東京ガスの間で互いの気温変動による収益変動リスクをヘッジし合うリスク・スワップの評価法，について解説することである．

気温と事業リスクの関係と EaR 分析に基づくリスクマネジメント全体については，気象庁委託調査報告書（みずほ第一フィナンシャルテクノロジー）

［1］『企業の天候リスクと中長期気象予報の活用に関する調査』（2002）

［2］『天候リスクマネジメントへのアンサンブル予報の活用に関する調査』（2003）

が参考になる．また事業リスクマネジメントの全体的な解説としては経済産業省が三菱総合研究所に委託し，そのもとでつくられたリスク管理研究会（委員長刈屋武昭）の報告書

［3］『事業リスクマネジメント―テキスト』（2004）

が有用である．リスクの定量化の基礎なども解説してある．

1.3　天候リスクマネジメントの必要性

　まず企業の天候リスクマネジメントの必要性について議論しておこう．基本的には企業がその活動をするための資産は，他人の資金に依拠していることに注意する．すなわち，会計制度のもとに企業が利用して収益を発生する資産は貸借対照表の株式資本と負債に対応する価値をもつ枠組みを与えており，経営者と従業員は自らの知的資本・人的資本としての能力を生かして，その資産を有効に利用することが求められている．知的資本（無形資本）の重要性が議論され，海外では知的資本経営報告書などが情報開示の対象になっている流れの中で，リスク管理プロセスなど経営プロセスの有効性についての監視も厳しくなりつつある．

　これは「企業は誰のものか」という質問にも関係するが，それが誰のものであっても，きめ細かな経営によって利益を安定化させ，成長させることはよいことである．監修者の立場からいえば，企業は社会的価値創造機構であり，それを有効に利用する経営者と従業員の組合せが，企業を取り巻くステークホルダー（株主，銀行や社債保有者などの債権者，従業員，経営者，サプライヤー，顧客，税を受け取る行政）に求められることになる．そこで重要になるのは，上に述べたように企業の事業ポートフォリオ（組合せ）を選択し，結果としてリスクのポートフォリオをつくる経営者の能力である．そして，安定的な収益の成長をしていくことこそ，多くのステークホルダーにとって望まれることである．米国の投資家に対するアンケート調査でも「利益の安定的成長」が第一に望まれることとしてあげられている．

　なかでもオペレーション（操業）からの継続的な価値創出こそ，企業活動の原点である．今年は非常に利益は大きいけれども来年は大きく負ける，というような企業経営は望ましくない．例えば93，94年の夏のように猛暑のときには利益を上げるが，逆に98，99年のように非常に長雨で冷夏のときには大きな利益減少をもたらすという，収益不安定な経営は望まれていない．情報技術や金融技術の発展，あるいは経済のグローバル化・規制緩和により，多様なリスクヘッジの方策が考えられる時代である．それに対応してきめ細かな経営が必要な時代なのである．他方，世界全体としてみると，環境問題とも関係して気象の変動性が大

きくなっていて，世界全体で「天候のリスク」は大きくなっていることも指摘されよう．したがって個別企業のレベルでのリスクマネジメントだけでなく，世界全体としてそれをどういう形で経済的に平滑化するかという視点も重要になる．社会的なリスク移転の可能性あるいはリスクマネジメントの問題を積極的に議論していくことが必要となっている．この点については後で議論する．

　企業の収益変動が気象変動に関係している産業は多い．産業全体でいえば7割以上の産業がなんらかの形で天気の変動を受けながらビジネスをしている．電力会社などが一番大きな影響を受ける業種であるが，ガス会社，食品，衣料，観光，飲料など，多くの産業が気象変動を受けながらビジネスをしている．しかし，これまでは「それは仕方がない」とか，「それは天気のことだから」ということでその変動による収益の変動を放置してきたが，収益への影響度分析をして，一定以上の変動リスクはリスク経営の対象にしていくことが必要な時代である．

　さらにまた台風や洪水，あるいは地震など天災が企業の継続性やビジネス基盤に大きく影響してくるリスクに対して，クライシスマネジメント，事業継続リスクマネジメントの視点から，一定の事業継続計画（BCP：business continuity planning）を立ててリスクに対応しておくことが，戦略的リスクマネジメントとして必要になっている．これらに対しても金融的な手段（コミットメントライン，条件付きファイナンス（地震など一定の条件のもとでの，株式や社債の発行件数を確保））だけでなく，情報・技術など「何を守るか」を理解して対応策を構築しておくことが重要である．

1.4　気象予報と時系列モデル分析

気温リスクマネジメントでは，
1) 気温変動が将来の収益変動に影響を与える関係を定式化すること，
2) なんらかの形で将来の気温変動のあり方を確率分布として予測すること，
3) その気温変動の確率分布から収益の確率分布を導出し，リスク対応をすること，

が必要になる．1) の問題は，業種やその企業の事業ポートフォリオ（事業の組合せ）に大きく依存する．第2章でガス会社の場合をみるが，ガス会社でも供給

するガスが，一般家庭用なのか工業用なのかで気温のガス需要量への影響が異なる．したがって，収益変動と気温変動の関係の定式化は，個別企業の事業収益の状況を把握して丁寧に分析を進める必要がある．

　他方，2) は気温の変動分析に関わる問題である．例えば1月1日の時点でその年の当該地点の夏の気温変動リスクを予測して，収益の分析をし，リスク対応をしようとしているとする．その場合，9月ごろまでの気温のプロセスをモデル化するか，気象庁発表の予報を利用して，気温の予測変動シナリオを想定する必要がある．ここで注意したい点は，予測といっても気温の水準を予測するのでなく，どのような可能性が相対的に高いかの気温予測分布を導出して確率的な評価をするのである．そこでは，その予測分布によって変動する収益の変動がやはり予測確率分布として求められる．

　リスク対応 3) については，例えば，6〜9月の4か月間の平均気温の予測分布が 2) によって得られれば，1) で得られた4か月間の平均気温とその期間の収益の関係を通して，収益の変動が予測確率分布として得られる．そこで例えば5%の確率で起こる収益の最悪のケースがその企業にとって受け入れられないものであれば，それに対応したリスクマネジメントを考えることになる．このような悪いケースへの対応としては，リスクの移転としてデリバティブや後に述べるリスク・スワップがあるし，リスクを保有できる場合需要の減少を見込んだ生産体制，サプライチェーンとの関係を構築する．猛暑の機会を逃さないためのリスク対応の方法は，生産期間の短縮化などによる需要増への対応を生産プロセスとし計画しておくことである．

　ここでは気温の予測確率分布について述べておく．気温の予測確率分布は，気温の時間的変動（時系列）データからその確率プロセスをモデル化すれば，そのモデルから将来の予測変動パスを数多く発生できる．そのパスの集合から将来の特定な日や，特定な期間の平均値の予測確率分布が得られるので，単に平均水準の予測だけでなく多様なリスク分析が可能となる．この時系列アプローチでは，過去の日次気温データが十分あれば可能である．もちろん複数の地点を同時に扱うこともできる．気温の温暖化傾向や季節変動もモデルの中に挿入される．このアプローチは第3, 4章で丁寧に解説する．特に気温のプロセスの特徴のひとつとしてボラティリティ（分散）の季節的変動を考慮した非線形モデルの統計的分析法を詳述する．しかし，このアプローチは気温の決まり方が多くの要因によっ

て決まるので，その多くの要因の構造を捉えるのでなく全体として実現する統計的な規則性をモデル化することになる．また必要に応じて東京と大阪などの2地点もしくはそれ以上の地点の気温プロセスを，相関を導入した多次元時系列モデルとしてモデル化することも可能である．実際本書の第7章ではこれを扱う．

他方，気象庁の気温に関する予報情報としては，
　　毎週金曜日に出される1か月平均気温，第1週・第2週・第3～4週平均気温予報，
　　毎月25日ごろに出される3か月平均気温，月ごとの平均気温予報，
　　毎年2月25日ごろに出される夏（6～8月）の平均気温予報（暖候期予報），
　　毎年9月25日ごろに出される冬（12～2月）の平均気温予報（寒候期予報），
がある．

これらはいずれもアンサンブル予報による数値予報をしているが，3か月ならびに暖候気・寒候気予報に関しては統計的モデル予報を一緒に合わせて予報をしているとのことである．アンサンブル予報は気象庁がもつ全地球的気象モデルに基づいた予報をいう．このモデルはもちろん気象の理論的な視点から構築されており，力学系複雑系モデルであるため確率論的モデルでなく決定論的モデルである．そのため，メンバとよばれる初期値の1組を与えると将来の気温のパスが確定的に与えられる．力学系ということは気温のパス（経路）が微分方程式の解の経路であり，複雑系ということは初期値の組の与え方にそのパスはきわめて敏感で，初期値の違いがあたかも確率的なパスのようにみえる変動をつくり出す（図1.1参照）．加えて地球規模のモデルであるから，初期値を地球全体からとる．地球表面を110キロ四方のメッシュ地点で区切り，その各地点の垂直方向に40層の値を1組の初期値（地点の数×40個が1組＝メンバ）としてひとつのパスの予報値をつくるという，計算量や時間量だけでなく，コストもかかる予報をしている．実際，海からの情報は気象の変動を知るうえでは非常に重要であるが，その初期値を1セット集めるだけのコストがかかる．次に，その初期値を少しずらして，1か月予報に関しては26個の初期値の組，3か月と暖候期・寒候期予報に関しては31個の初期値の組をつくることでそれぞれ26個の予測値，31個の予測値をつくるとのことである．詳細は報告書 [1] ならびに気象庁ホームページを参照していただきたい．これらの予測値の分布は実際の確率分布からのランダムな現象ではないのであるが，これを確率分布のように考えて，その平均値や

標準偏差などを出して，確率分布のような形で理解して，20年間の実際の気温の分布から定義した平年の状況と比べて「高い」，「平年並み」，「低い」を確率予報の表現をして出している．

　第2章では全地球的なモデルからのアンサンブル予報の26個のパスを予報値として利用した，ガス会社のEaR収益分析を行い，気温リスクマネジメント分析法を解説する．なお第2章の分析法は，収益の確率分布を将来の気温変動の分布に依拠させて行う分析であるのでの複数個の予測パスが必要となる．他方，この予測パスの発生は，第3章以下の時系列モデルを用いて，その誤差項の経験分布からモンテカルロシミュレーションによっても可能である．この方法は第5章で解説する．

　リスクマネジメントとの立場から情報の提供のあり方について触れておけば，気温も含めた情報の使い方は自分のビジネスとの関係で行うのであるから，当然それぞれの理解の仕方にゆだねたほうが，経営の効率性あるいはリスクをとるという立場から重要である，と考える．

1.5　産業ごとの天候リスクと経営問題

　天候リスクに関わる具体的な経営事例として，セブンイレブン，JUN，飲料メーカーとか松下電器産業（株）エアコン事業などの事例を報告書［1］は紹介している．セブンイレブンの事業は天候への依存度が高いのできわめて丁寧なリスクマネジメントが行われている．セブンイレブンの経営では日常的な操業的リスク管理と，3か月ぐらいの戦略がある．操業的なレベルでは，例えば明日このコンビニの近くで運動会などのイベント情報がまずあって，そして天気や温度，風とかの天気の情報を流してそれに対応して弁当など商品仕入れや販売法の意思決定を行っている．そこではそれぞれの店長は一定の仮説のもとに行動することが求められ，その仮説をどのような形で立てるとより売れるかということをきちんと把握していく．それによってその人の成績がついていくという流れになっているようである．そこでは，販売ポスシステムのもとに，日常的な気象と売れ筋商品との関係を押さえている．それに加えて，中央ヘッドコーターでは，いつ新商品を投入するかなどのタイミングを分析して，3か月戦略とか6か月戦略ということが行われているとのことである．

1.4 気象予報と時系列モデル分析

力学的手法の導入効果

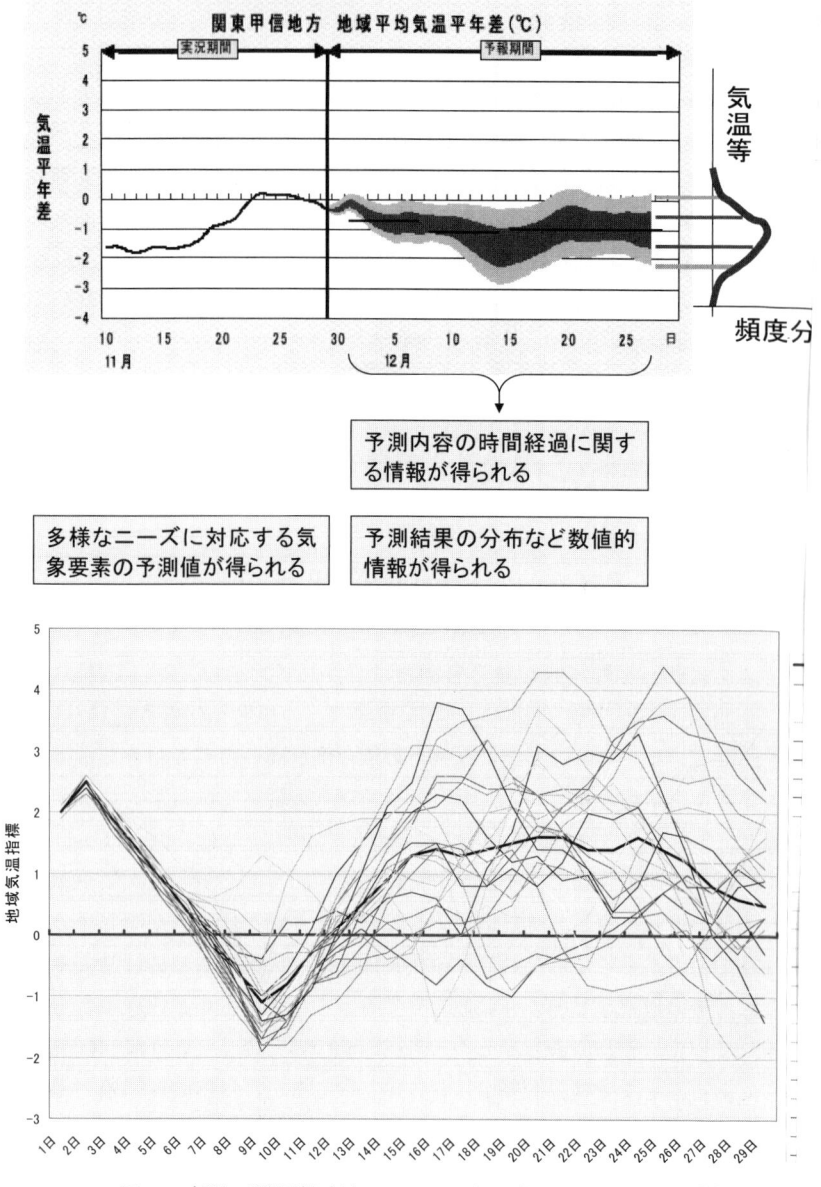

関東甲信地方 地域平均気温平年差(℃)

予測内容の時間経過に関する情報が得られる

多様なニーズに対応する気象要素の予測値が得られる

予測結果の分布など数値的情報が得られる

図 1.1 気温の長期予報（上）とアンサンブル予報のパス（下）（出典 [1]）

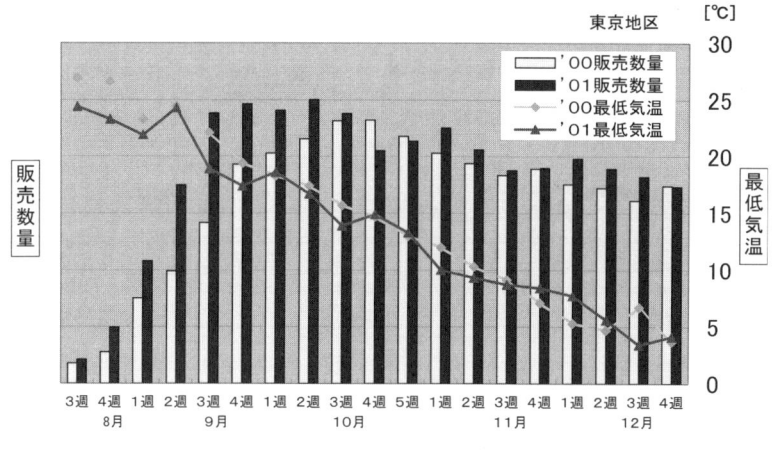

図1.2 おでんの売上高と気温の変動（出典 [1]）

例えば，図1.2にあるように，「おでん」をいつ店に出したらよいかということを分析する．おでんが一番売れるのは9月の後半であるということである．結局，温度の変化によって人々が何を欲しがるかということが，「感性工学」などの立場から，人間とそうした気象や事象などの関係が統計的に把握されている．統計的にみるとおでんは，9，10月が一番売れる時期でそれから少しずつ下がっていくことが理解されている．なるほどと思うことであるが，経営では分析を通してきめ細かなリスクマネジメントのもとにタイミングを逃さないために重要なのである．

「アパレル」の世界の事例でJUNの報告がある．余談であるが，JUNという会社は監修者が大学生の頃週刊誌『平凡パンチ』で表紙の絵を飾っていた，一世を風靡したメンズファッションを育てた会社である．最近ではJUNは女性用アパレルにかなりシフトしていて，アパレルでの気象リスク管理を報告している．アパレルの世界の基本的なコンセプトは，一つはファッションと，もう一つは衣類として気象に関係した快適さ，体温の維持などという二つのコンセプトがある．アパレルの場合ファッション性が強いので，必ずしも気候変動というものを正面においてはいないとのことであるが，季節の変化に関係してタイミングよく商品を提供することが重要である．1月の時点での年度計画の中で，彼らは気象概念に根ざした生産・販売活動を計画する．以前は旧暦を使って立春や立夏など季節の変化を先取りしていたとのことである．気温の節目として，冬から春にか

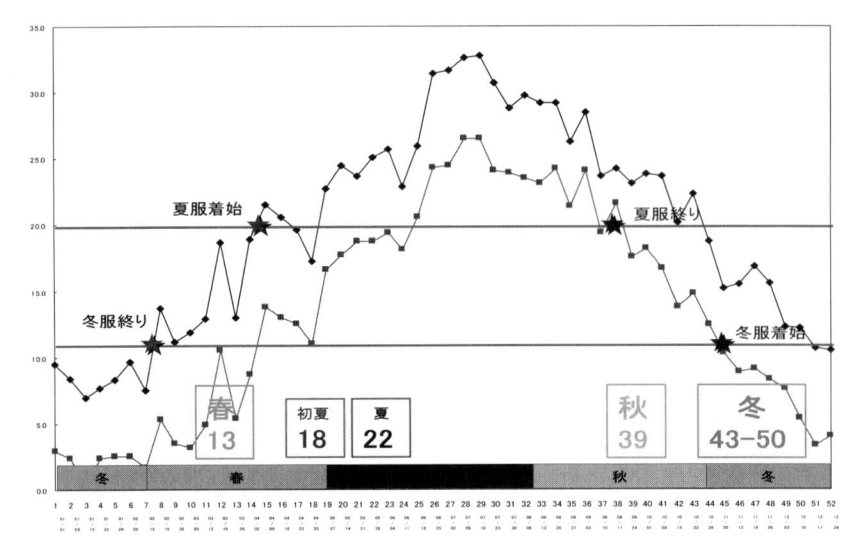

図1.3 アパレル商品製造の売上高と気温の関係（出典 [1]）

けては最高気温が11℃を上回るという時点で春物に動くとか，それから20℃のところで夏物に動くなどの目安をもっていたようである（図1.3）．ただし，アパレルの世界ではファッション性のもとに急速に需要が伸びたときに，それに生産を対応させていくことが重要なリスクマネジメントである．全体としては生産期間が時間的に短くなる傾向にあるが，国内で当該商品の特定の素材が需要増に対応してただちに入手可能ならば問題ないが，素材が中国からの輸入に依存し始めているために，また生産過程が長くなってしまって，変化に対する経営の難しさが出ているとのことである．

　それからペットボトルの世界では，最高気温が29℃を超えると非常に「お茶」が売れる．そこでは，甘いものから渋いものへの人間の感覚（味覚）の変化というものが，29℃が一つのメルクマールとして捉えられている．このような温度や湿度など気候と人間の感覚からくる需要の変化の関係を指数化してそれを把握し，利用している企業もある．そのひとつの例が「スープ指数」であり，その指数に基づいて生産ラインを調整したり，店の棚に多く並べたりする．これは時間的に短い期間の中での調整で，操業的なリスクマネジメントである．

　エアコンについての報告もある．エアコンは6～8月の売行が全体の50％以上を超える市場構造になっている．したがって事業リスクマネジメントとして，大

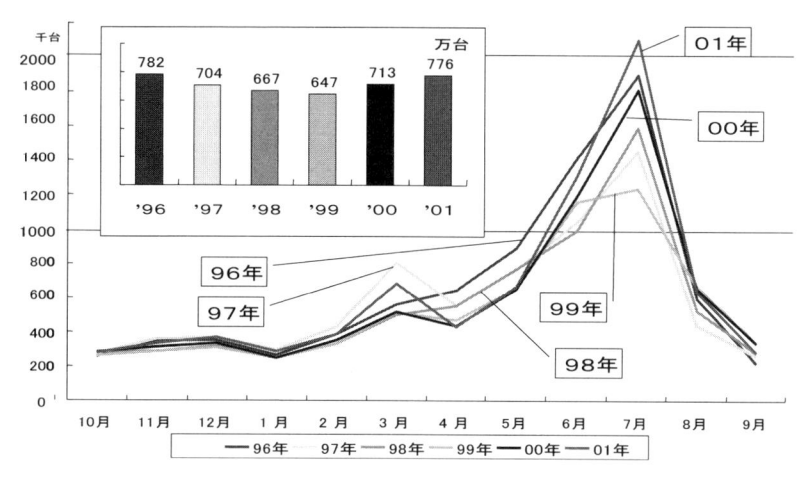

図 1.4 エアコン月別売上高と気温の関係（出典 [1]）

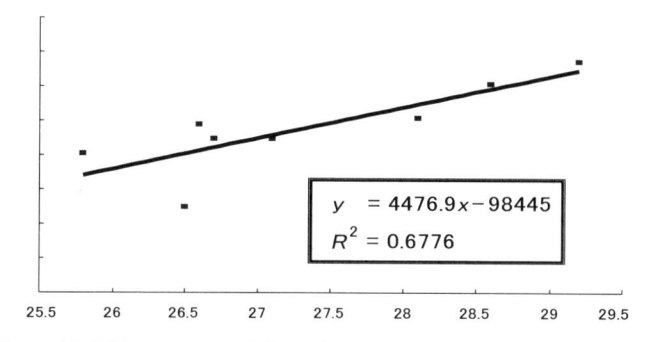

$$y = 4476.9x - 98445$$
$$R^2 = 0.6776$$

図 1.5 松下電器のエアコン販売台数と気温の回帰分析（7月，東京）（出典 [1]）

きな在庫をなるべくもたず気温の変化による需要の増加に対応できる生産プロセスの構築がまず重要な経営問題となる．図 1.4 の実線が実際のエアコンの販売額である．98，99 年の夏は長雨のために需要が落ち込んだ．図の販売額の落ち込みが大きいのが 99 年の場合である．その減少額の規模は，松下電器の場合，夏の平均気温が 1℃ 低下すると 32 億円の販売額の減少が出るということであるので，エアコン業界全体でみると大きな金額になる．夏の気温の変化に対応して生産能力が拡大できるように，彼らは生産方式を週ベースに変えたと報告している（図 1.5）．

別の見方をすれば相対的に確度の高い 7，8 月の予報が得られれば，それに対

応した生産計画ができるし，計画の変更も新しい予報（予測）のもとにできることになる．特に2，3月頃の時点で6～8月の平均気温や湿度込みのなんらかの指数に関して，一定の信頼できる意思決定につなげることができる予報ができればよいが，それもやさしいことではない．もちろんより精度の高い予報技術の向上や生産技術の向上が片方では求められるが，他方で気温デリバティブなどなんらかの形の社会的なリスク軽減・移転手段へのニーズとしても議論が可能である．

　エアコンの量販店のマーケティング戦略では，「夏の平均気温が低かったら一定金額キャッシュバックをする」という購入インセンティブ・保険を与えている．これは購入者のリスクを一部とり，エアコンの商品性を高めて，販売促進をしている例である．実際には購入者のリスクを一部とるといってもほんの一部であろうが，購入意欲を高めるマーケティング戦略であることは間違いない．この戦略は，日本の電力業に参入しようとしたエンロンが利用したマーケティング手法である．そこでは相手の電力価格変動リスクをとることで長期的な確定契約をとるという手法であった．エンロンの場合，まだ電力業に参入していない中で，電力売買契約をとるために現行支払っている電力料金の一定割合（例えば5％）を一定期間（5年間）キャッシュで支払う代わりに，エンロンが電力供給能力をもった時点で一定期間，現行価格の5％引きの価格で売る権利を確保することを行った．これは電力を売る権利の購入であり，金融工学でいうプットオプションの購入である．エンロンの発展の中で，市場のガス価格の変動を顧客に対して固定化する，という顧客の価格変動をとることで，自分との顧客関係をつくるというマーケティング戦略を行って伸びていった．このように，相手のリスクを知るということは，実は商品性を高め，ビジネスを高めるポイントとなりうる．これが金融工学のコンセプトであって，リスクを媒介にして他社と提携あるいは互いに助け合うこともあるわけである．

　その他，リゾートやテーマパークなど，そこの地域の情報が重要であって，例えばそれが土曜日と日曜日の雨がどうなるのかとか，あるいは温度がどうなるのかとか，そういう非常にローカルな情報のもとのビジネスリスク対応に対しては，そのリスクの移転手段としてデリバティブなど保険の概念が活きてくる．実際気温デリバティブの契約量は着実に伸びている．

　リスクマネジメントの基本は，とるリスクととらないリスク，軽減するリスクを仕分けることである．そのためには基本情報が手に入るということがまず重要

であって，それと自分のビジネスの関わり方を分析することである．そしてその分析結果を踏まえて，経営者はリスクを仕分け，安定的な収益を確保していくことがリスクマネジメントなのである．

1.6　リスクの移転・軽減

　経営における事業リスクマネジメントの重要性すでに述べたが，そのプロセスは
　　1) リスクの認識・識別，2) リスクの分析・評価，3) リスクの構造把握，4) リスク情報の記録，5) リスク情報の可視化，6) リスク情報の提供，7) リスクコントロール，8) リスクファイナンス，9) リスクソリューション，
と定式化できる（前記 [3]）．なかでも重要なのは 1)～3) のプロセスであり，できるかぎりその構造を把握し，キャッシュフローとの関係を理解する．そして分析されたリスク構造から，事業の中に保有するリスクと移転・軽減するリスクを仕分けていく．すでに述べたようにビジネスをすることはリスクに関わって利益をつくることであるから，リスクのないビジネスはない．そのため，自己の事業のリスクを理解するために経営者はリスクプロファイルをつくることが必要になる．そして縦軸にリスクが起こる頻度（確率），横軸の当該リスクが起きたときの損失額をとり，リスクプロファイルのリスクをリスクマップして，経営の対象となるリスクに優先順位をつける．また外部リスク・内部リスク，コアリスク・ノンコアリスクなどの区別をして，リスクの特質を知る．利益を生むと認識されるリスクはコアリスクであり，収益の源泉である．それは基本的には保有するリスクとなる．他方，気温変動リスクのように起こる頻度が高く，起こったときの損失も無視できないリスクや，地震や大災害のように起こる頻度は小さいが起こったときには大きな損失を生むリスクは，外部的ノンコアリスクであり，なんらかの形でリスクの対応が必要になる．それが，7)～9) の部分である．リスクコントロールは，内部で生産プロセスの改善や内部コントロールプロセスの改善も含まれるが，外部へリスク移転などリスクヘッジ手段の利用も含まれる．

　外部へのリスク移転手段としては，デリバティブや保険と証券化，あるいはアウトソーシング，リースなどがある．あるいは後に議論するリスクの交換などもその手段である．天候リスクに関わる天候デリバティブ市場は，日本の中で相対

的に遅れたが，最近急速に伸びている．一つはエンロンのような動きが学習効果を与えたこともあるが，もう一つ電力の自由化の中で，商社や鉄鋼業など異業種からの電力事業参入者がインベストメントバンキング以上のリスクの扱い方について専門性をもっていて，いろいろなビジネス展開をしている．実際彼らも金融ビジネスへ参入している．

a．天候デリバティブ　天候デリバティブの流れは，アメリカの電力事業の自由化の中で，大きく拡大してきた．シカゴマーカンタイルエクスチェンジ（CME）では，当然アメリカ全米都市の気温先物を上場して市場取引を図ってきた．もちろん相対で金融機関と一般企業とか，電力取引会社と一般企業とかのあいだで，いろいろな価格を固定するデリバティブとか，あるいは気温のヘッジをするデリバティブズの取引が行われてきた．彼らの取引の標準化は Cooling Degree Days（CDD）というコンセプトで，例えば摂氏でいうと 18℃ を超えた日について各日の温度から 18℃ を引いたものを累積して 6〜8 月の合計値を指数として先物やオプションをつくっている．夏暑くないと困るビジネスに対してのヘッジ手段である．その累積の温度が小さいと売上高に影響していくからである．プットオプションであれば，その合計が例えば 730 度以下であったらそこから 0.1℃ 刻みとか 1℃ 刻みで一定の倍率の金額が発生する仕組みである．

雨量のデリバティブで有名なものはデイカウント型デリバティブで，デパートやリゾート，テーマパークなど土日が雨になったら困るというビジネスのヘッジ手段である．土日に雨になると客足が少なくなる業種に対して，土日の雨が一定量降った日を一定期間に対して数えて，一定日数以上であったら，1 日当たり一定の倍率の金額が支払われるデリバティブズも開発されている．

ビール会社のために開発された気温デリバティブであれば，東京，名古屋，大阪この三つの地点で気温の加重平均を指数として気温デリバティブをつくってもいる．その指数のウェートは東京，名古屋，大阪のビールの売上高ウェートである．

注目されているのは，電力絡みのデリバティブズである．夏に気温が急速に上がり，電力需要が急増すると，供給義務をもつ電力会社は必要な電力を購入するために価格が急騰することもありうる．日本の場合全体としてみれば供給能力が十分あるのでカリフォルニアで起きたような価格の急騰と大停電などは起きないであろうが，なんらかのクライシスマネジメントをしておくことが重要になる．

いずれにしてもここでも気温が大きくリスクファクターとして関係する．

デリバティブのヘッジ（保険）機能は発行者がリスクの取り手と回ることによって可能となる．デリバティブの支払い構造は個別的にみればゼロサムである．しかし取り手のポートフォリオにプールされているリスク全体からみると，必ずしもゼロサムでなく，むしろそのリスクをとることでポートフォリオのリスク・リターンの関係がよくなることにもなる．この点がきわめて重要であり，世界の中で，各主体が自らのポートフォリオのリスク・リターンの関係を最適化できるようにするためには，重要なリスクに関してポートフォリオの最適化手段があったほうがよいのである．その意味でも多くのデリバティブズは，これを可能にするものであり，金融の機能を高めるのである．アメリカの年金が日本の地震のリスクを一部とっているのは，このポートフォリオの最適化にとって望ましいからである．このように資本市場を媒介にリスクをとり合うことが重要であろう．

日本の保険会社も含めて日本の金融機関は火災など保険リスクや貸出などの信用リスクをプールして管理しているのであるが，デリバティブなどのリスクは自らプールして管理することが少なく，外資系から購入して販売をしているケースが多い．グローバル化グローバル化といいながら非常にドメスティックに縮まってしまっていて，残念ながら日本の金融機関はまだ世界の中のリスクを自分の中のポートフォリオとしてプールしたりそれを証券化したりする構造にない．

b．リスク・スワップ　　最後に面白い例として，本書の第7章で扱う東京電力と東京ガスのリスク・スワップの例を紹介しておく．東京電力と東京ガスは夏の気温に関して収益変動が逆になる傾向が強いので，リスクポジションが逆になる．夏は東京電力は暑いと収益が上がるが，東京ガスは暑いとガスの需要量が減少する収益構造にある．そこで彼らはまずそれの自分達の気温変動に関わるキャシュフロー変動構造を分析した．分析結果夏の8月と9月の平均気温が26℃を超えると東京電力と東京ガスではキャッシュフローのパターンが基本的に逆比例的に同じになると判断した．すなわち，ほぼ直線的に温度が1℃上がるごとに東京電力は販売額が増えるけれども，それと比例的に東京ガスは販売額が減っていくと分析をした．そして2001年6月に図1.6にあるコストゼロの気温リスク・スワップ（気温デリバティブ交換）の契約を行った．図は東京電力の立場から描かれている．そこでは8月と9月の平均気温が26℃を中心にして26.5℃を超えた場合，東京電力は東京ガスに超えた気温の量に対して，1℃当たり800万円×61

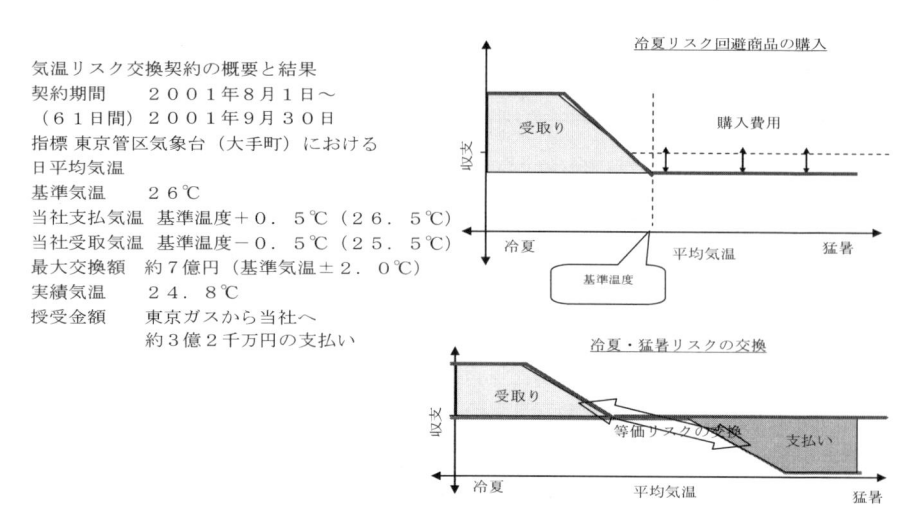

気温リスク交換契約の概要と結果
契約期間　２００１年８月１日〜
(61日間)　２００１年９月３０日
指標　東京管区気象台（大手町）における
　　　日平均気温
基準気温　　２６℃
当社支払気温　基準温度＋０.５℃（２６.５℃）
当社受取気温　基準温度−０.５℃（２５.５℃）
最大交換額　約７億円（基準気温±２.０℃）
実績気温　　２４.８℃
授受金額　　東京ガスから当社へ
　　　　　　約３億２千万円の支払い

図1.6　東京電力と東京ガスのリスク・スワップ（出典 [1]）

日分を支払う．ただし最大支払額は7億円を上限とする．他方，その期間の平均気温が25.5℃以下になると，それを下回った分に関して1℃当たり800万円×61日分を支払う．同様に最大支払額は7億円を上限とする．2002年は東京ガスが東京電力へ3億2千万円の支払いとなった．2003年以降も6〜9月の平均気温に関してリスク・スワップ契約は続けられている．これは，夏の気温リスクの頻度は相対的に大きいので，継続的にすることが必要であるからだ．狙いはもちろん収益の安定化である．

　2003年以降は関西電力と大阪ガス，中国電力と現地のガス会社などに加えて，関西電力と東京ガスなどの地域クロスの形でも行われている．お互いリスクをヘッジし合い，そして収益キャッシュフローを安定化させるという流れをつくろうとしている．

　c．リスク量と資本とバランスシート　要するに事業リスクマネジメントでは，経営リスクをリスクファクターと収益の関係を理解して，収益を狙って保有するコアリスクは，万が一大きな損失が発生した場合資本でそのリスクを吸収する．資本はこの意味でリスクアブソーバーともいわれる．自己資本の額以上の損失が発生しうる可能性が高いのであれば，一定の範囲でそれをカバーしておかないと倒産リスクが高まることになる．リスクの視点からみると，この場合もリスク移転が必要であり，保険やアウトソーシング，証券化などコストの安いリスク

1.6 リスクの移転・軽減

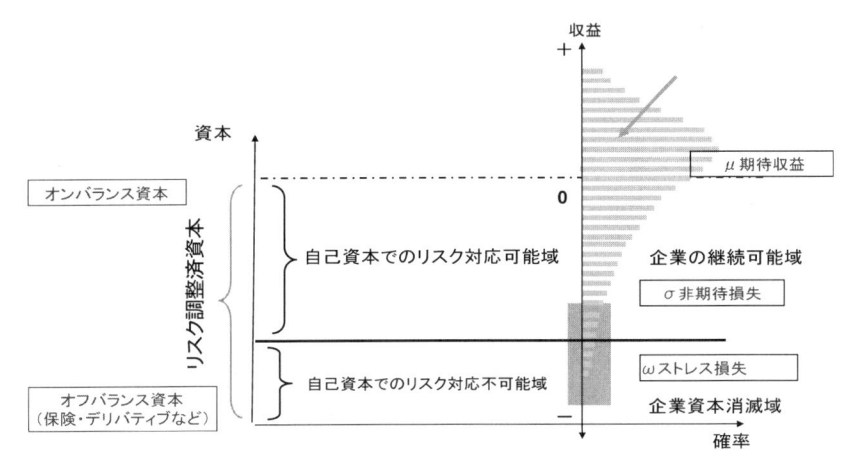

図 1.7 自己資本とオフバランス資本（出典 [1]）

対応法を探ることになる．この関係を図示したのが図 1.7 である．

図 1.7 では，保有している事業リスクの額が自己資本の額を超えている部分に対しては，それをとることは自らの生存のリスクであるから，自己資本を超える部分の額はなんらかの形でリスク対応が必要である．ひとつの選択が保険や代替的リスク移転手段を購入して，貸借対照表の資本（オンバランス資本）に加えて，「オフバランス資本」ともよばれるこのようなリスク移転手段で保有しているリスク額をカバーし，株主や従業員から倒産リスクを回避することである．これらの金融的リスク移転手段は，リスクアブソーバーとして資本と同じような機能をもち，経営の安定化を図るものである．具体的なものとして，ファイナイト保険，コミットメントライン，条件付融資枠設定，条件付株式発行権（コミティドキャピタル），などのほかに，証券化など資本市場へリスクを移転するリスク商品設計を構築できる時代になっている．例えばコミティドキャピタルでは，大地震が起こったときに，優先株を発行できる権利を買うというデリバティブである．この権利を確保しておくと，実際に大地震が起こると資本調達が直ちにできて，自己資本としてそれを利用することができ，企業の立て直しができることになる．ビジネスをすることは資本に対してのリスク負荷をつくることであるから，このような資本とリスクの関係を理解し，資本負荷を，リスクとの関係で最適な構造を考える必要があるのである．これはクライシスマネジメントである．ちなみに三洋電機が新潟中越地震で大きな被害を蒙ったことは記憶に新しく，地

震などのリスクへの対応も必要であることがわかる．

　要するに経営がとっているリスク額を推定し，オフバランス資本も含めてそれに見合う資本を用意する必要がある．もちろん一定の確率でオフバランス資本の額をも超えて損失が起こる可能性がある．そのリスクの取り手が株主となる．問題はその確率をいかに設定するかはオフバランス資本の購入のコストと経営のリスク選好・リスク許容度の問題となる．オフバランス資本は保険の場合と同じように毎年フィーを支払う必要がある．

　社会的信用を勝ち得た企業経営では，安定経営のもとにキャシュフローをつくることがステークホルダーから求められる．したがって，常に無用なリスクを避けてブランド価値を基本的に維持しながら，いままでつくり出したものを一挙に失わせない経営を行うことも重要な視点となる．「築城3年落城1日」（上野(2005)）なのである．このような対応が収益安定をもたらし，社会的信用をさらに固めていくことにもなるばかりか，資金調達も容易になり，新しい事業展開をしていくこともできることになる．

第2章

天候リスクと事業リスク EaR 分析法

2.1 はじめに

　企業経営でリスクマネジメントが，これまで以上に求められている．なかでもきめ細かな経営を求めて定量的なリスクマネジメントの流れが進行しつつある．グローバル化と市場の自由化の中で金融機関においては，こうした定量的リスクマネジメントは経営の不可欠な課題となり，90年代には日本の銀行もリスク定量化の枠組みと同時に，リスクマネジメントが経営の中心的な課題として組み込まれていった．金融機関にかぎらず事業会社においても，欧米の企業の中には，EaR などの収益リスク定量化手法を導入し，経営の意思決定の精度を向上させる企業も増えている．日本においても事業リスクマネジメントを経済産業省などが推奨し，電力会社など実務への活用を検討する企業が増えてきている．

　本章では，気温に関わる収益変動の定量的リスクマネジメント分析法を解説する．2.2 節では，期間損益に焦点を当てた定量的事業リスク分析のリスク測度となる EaR の概念を解説する．2.3 節ではその概念に基づく企業の定量的事業リスク分析枠組みを述べる．その枠組みは，リスクの識別，構造把握，リスク対応の分析・選択，マネジメントの実行からなる．最も重要なのは，事業収益とリスクの関係を識別・理解し，その関係を表現するモデル化の部分である．2.4 節では気象情報の活用法，予報・予測情報の企業の気温リスクマネジメントへの活用法を議論する．特に気象庁のアンサンブル予測の利用法を考察する．この議論

は，第3章以降の時系列モデルによる予測の場合と同様である．2.5節では，具体例としてガス会社を例にとり，EaR分析のための収益と気温リスクの関係のモデル定式化を行う．2.6節では，構築モデルをもとに将来収益に関してEaR分析とリスク対応法を分析する．

なお，本章の一部は，気象庁委託調査報告書（2003）『天候リスクマネジメントへのアンサンブル用の活用に関する調査』（みずほ第一フィナンシャルテクノロジー（株））に負う．

すでに述べたように本書では，「リスク」とは企業に収益変動をもたらす将来の不確実性であり，結果として起こる経済的損失の可能性をいう．そこでは不確

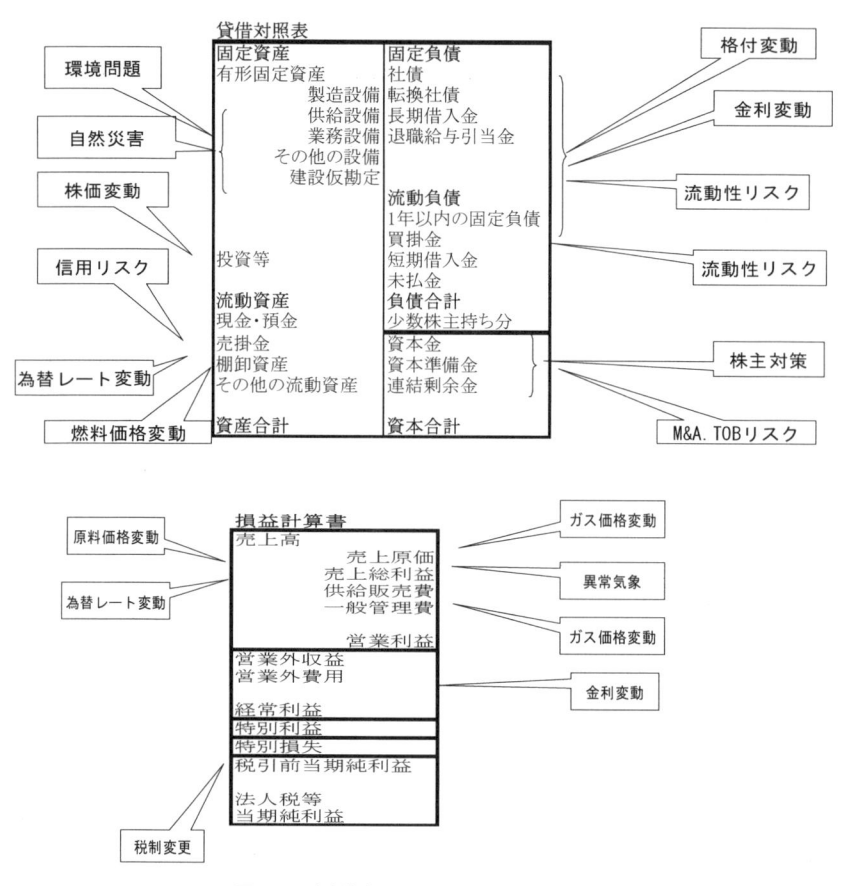

図2.1 財務諸表からみるリスク（ガス会社）

実性は将来の収益の源泉でもある．もちろんこの意味では，リスクには，自然災害や事故など損失だけを生むリスクも存在する．天候リスクの場合，経済的損失に加えて収益を生み出す将来の不確実性の部分もあり，問題はそのような「リスク」をいかにマネジメントしていくかである．

一例として企業におけるリスクを財務諸表の観点からみてみよう．図2.1は，ガス会社の貸借対照表および損益計算書である．このような財務諸表をみただけでも，直接にみえない，財務的影響を与えるさまざまな潜在的リスク要因があげられる．このガス会社の例でいえば，気温の変化による売上の変動はある意味で非常に大きなリスク要因である．また，それ以外に自然災害によって資産が劣化するリスクや，金利のリスクや信用リスクなどさまざまなリスクが内包されていることがわかる．

リスクマネジメントの必要性

企業活動の目的の一つは収益を確保することであるが，その過程において企業はさまざまなリスクに直面する．企業の事業活動においては，リスクをとらなければリターンを得ることはできない．企業が事業を通してとったリスクが実現した場合は，最終的には株主や銀行などの資金調達先だけでなく，従業員，供給先，行政などを含めたステークホルダーに移転される．例えば，株主や従業員の場合，収益が大きいと，キャピタルゲインや配当，あるいはボーナスの増額などの形で還元される一方，企業が損失を蒙り，株価が下落ないし配当原資が枯渇した場合，あるいは企業が倒産した場合，損失を蒙る．天候マネジメントを含めたきめ細かな経営の重要性がここにある．

また，投資家に対する経営に関する説明責任の情報開示として，例えばロンドン証券取引所では上場基準の中に当該企業のリスクマネジメント体制に関する情報開示がある．また日本でも証券取引法上の開示義務として，重要なリスクを開示することを求めている．

2.2 EaR によるリスクの定量化

EaR（earning at risk）とは，将来にわたる一定期間の損益が最大でいくら毀損するかといった金額を生起確率に対応して算定したものである．同様な概念である，VaR（value at risk）が保有する資産（ストック）が毀損する金額を生起

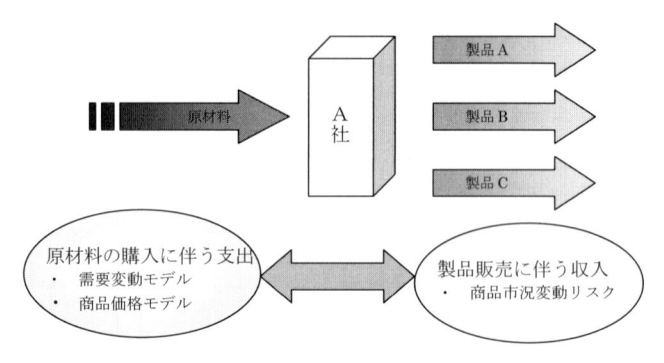

図 2.2　石油精製会社の事例

確率に対応して算定したものであるのに対して，EaR 分析は，一定期間の損益フローに焦点を当てたリスク測度に関係した分析手法である．以下，利用方法を説明する．

事例として，A 社という製造業（例えば，石油精製会社，図 2.2 参照）を考えてみよう．同社は原材料を購入し，資金の支払いを行う（支出サイド）と同時に，製品 A，B，および C（例えば，ガソリン，灯油，ジェット燃料など）といった製品を販売し代金の受取り（収入サイド）が発生している．この場合，購入と販売の両サイドにキャッシュフローが発生することになり，この差額が期間損益として手元に残ることになる．そこで，両サイドのキャッシュフローの金額を左右するリスク要因を考えてみよう．

原材料をドル建てで購入している場合には，原材料価格そのものや為替により支出が変動するリスクにさらされる．また，製品販売を行う際にも，商品市況により収入が変動するリスクや消費者の需要動向で販売量が変動するリスクが存在する．これらの結果として，A 社の損益はどの程度期待され（リターン），どの程度まで減少する可能性があるか（リスク）といった情報を把握・分析する手法が EaR となる．この手法を採用すると，例えば企業の営業計画策定時において，『あるシナリオにおける翌年度営業利益は×××億円と予想されるが，"最悪"（例えば，5% の確率）で△△億円まで落ち込む可能性がある』といった議論が可能になる．このときに，95% の EaR は△△億円であると表現する．

EaR の水準を示す際には，95% や 99% といった水準（信頼区間）を用いることが多い．95% の EaR は，収益期間の単位を 1 年とすると 20 年に 1 回の割合

2.2 EaR によるリスクの定量化

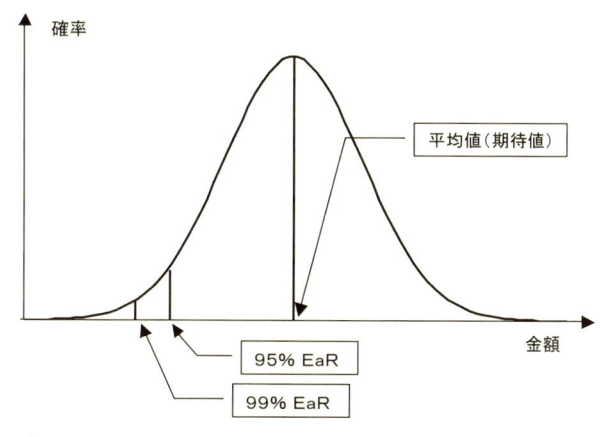

図 2.3 信頼係数と EaR 値

で発生する最大損失額を表す．月単位の期間の場合，12 か月のうち 0.6 回の割合で生起する最大損失額となる．もちろん月単位のほうが損失額は小さくなり，通常のオペレーション運営において，ある程度発生することを想定すべき損失金額といえる．一方で，年単位の分析での 99% の EaR は，100 年に 1 回の割合で発生する最大損失額，月単位では 12 か月のうち 0.1 回のそれを表す．99% の場合，発生頻度は少ないものの状況によっては想定しておかねばならない損失金額といえる．95% の EaR が実際のオペレーション運営で意識される損失金額であるのに対し，99% の EaR はリスク管理のモニタリングでよく利用される水準である（図 2.3）．

EaR の計算ステップの概略は次のとおり．具体例は後にみる．

① 収益源（製品売上など）やコスト源（原材料など）をリストアップし，その変動性をもたらす要因を特定する，
② 各要因の変動をモデル化し，数式により関係を定義する，
③ 要因間の連動性を考慮しながら，収益源やコスト源の将来シナリオを複数作成（モンテカルロ・シミュレーション）する，
④ 実行予定取引や新規取引，予定残高推移などを計画・策定し，将来シナリオへ反映させる，
⑤ 各シナリオごとに期間損益が計算されることとなり，重ねて多数のシナリオを実行することから期間損益の分布を作成する，

⑥ 当該分布の期待値が期待損益に，また，期待損益と分布の95%点にあたるEaRとの差が5%の確率で生じる最大損失額（あるいは，99%点にあたるEaRとの差が1%の確率で生じる最大損失額）として求められる．

ここで，モンテカルロ・シミュレーションを理解しておこう．例えば，ドル・円為替レートが損益変動要因であった場合，ドル・円為替レートの過去データから将来の変動を予想するモデルを作成する．同モデルに従って乱数を発生させ，将来シナリオを複数（例えば，10,000個）作成する（図2.4参照．ただし，図中の折れ線は，複数作成したシナリオのうち数例のみ記載）．

EaRにおける期間損益の分布をつくる際には，企業活動の中にリスク要因がどこにあるかを考える必要がある．以下の図2.5は，損益計算書から損益を変動させるリスク要因を抽出し，EaRの分布を作成するイメージを示したものである．この図にあるとおり，売上高が気象によって左右されると認識することから，EaR分析を展開することが可能になる．

EaR手法を使ってリスク管理に応用する可能性については，事業ごとの分析や事業ポートフォリオと最適投資配分の分析，事業投資の評価分析，リスクヘッジ戦略の分析，企業の全社的な分析等など幅広い．これ以外に，製品の販売価格を設定する際の事前分析やコストカットに関する事前分析，さらにはヘッジ実行額やヘッジ実行タイミングについてのシミュレーションといったテーマについてもEaRの活用が期待される．

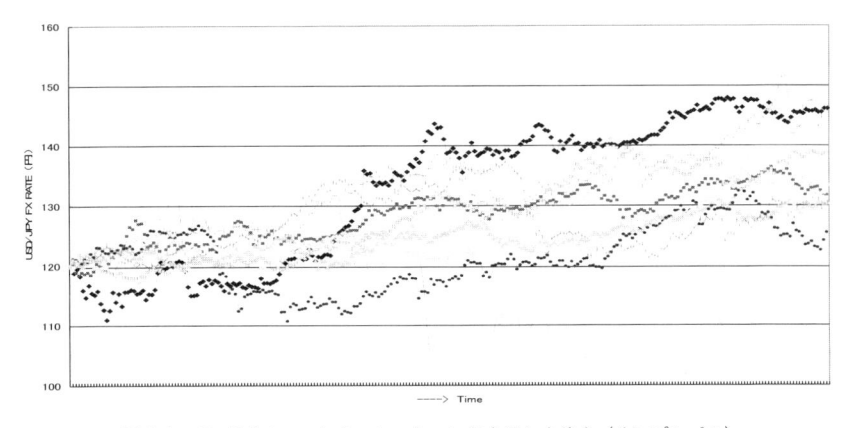

図2.4 モンテカルロ・シミュレーションによるシナリオ（サンプルパス）

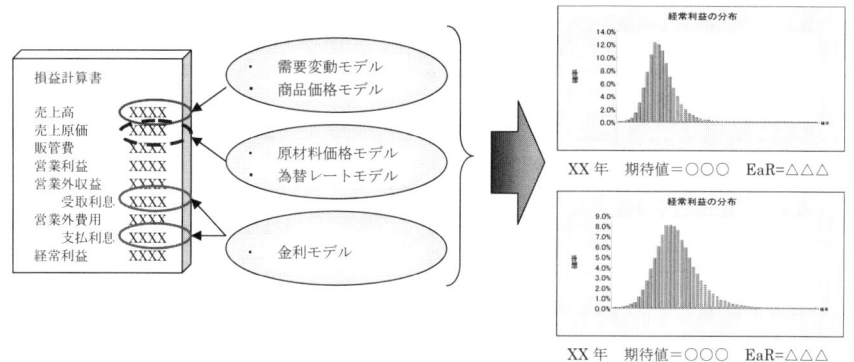

図 2.5 EaR の流れ

以上の全体的な流れを図示したのが図 2.5 である．

2.3 企業の天候リスク定量化の枠組み

本節では気象現象とビジネスの関連性分析の枠組みを解説する．

現時点では，企業の多くが，天候リスクは認識しているものの，それが「どの事業分野において」，「どの程度のインパクト」を与えるかという点を必ずしも分析していない．その主な原因として，天候リスクが企業に与える「分野（範囲）」と「量（影響度）」が測定されないために，気象情報を十分に活用できていないという点があげられる．したがって，各企業が「天候リスク」に焦点を当ててリスクを洗い出し，収益との関係を理解する作業が不可欠である．具体的には，天候リスクマネジメントにおいて下記のようなプロセスに従って分析を行うことが必要である．特にリスクの構造把握と分析が重要となる．

以下ではこの定量的リスクマネジメントのステップを解説する（図 2.6）．

第 I ステップ：リスクの認識

気象現象とビジネスの関連性分析の視点から，「天候」のリスクの所在を確認することが重要となる．つまり「目で見えない」天候のリスクを「目に見える形にする」作業である．そのために，自社の損益動向やバランスシートの内容に影響を及ぼす要因について順次リストアップし，その中で重要度に応じた整理を行う．その際には，インパクトの大きさや発生頻度などを基準に対応の重要性や緊急性，対応に要するコストなどを勘案する．

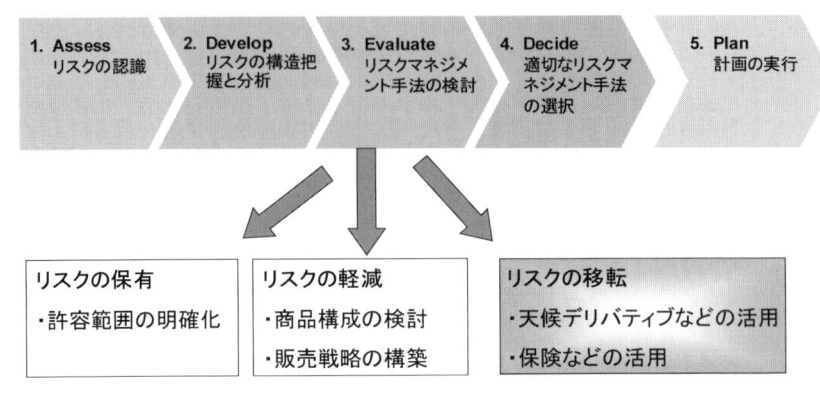

```
1. Assess          2. Develop         3. Evaluate        4. Decide          5. Plan
   リスクの認識      リスクの構造把      リスクマネジメ      適切なリスクマ      計画の実行
                    握と分析            ント手法の検討      ネジメント手法
                                                            の選択
```

リスクの保有	リスクの軽減	リスクの移転
・許容範囲の明確化	・商品構成の検討 ・販売戦略の構築	・天候デリバティブなどの活用 ・保険などの活用

図 2.6　天候リスクマネジメントのプロセス

第 II ステップ：リスクの構造把握と分析

次に，「事業内容による区分」や「勘定科目ごとによる区分」の視点から，企業におけるリスクを分類・細分化し，天候のリスクを抽出する．ヒアリング対象企業の多くがこの段階で先に進めない状況にあった．

(1) 事業内容による区分

事業内容により，気象現象の影響を受ける箇所および気象現象の種類が異なることから，対象企業のデータをもとに分類を行う．業種によって分類の仕方は異なるものとなる．

加えて，「財務諸表に明示されるリスク」と「財務諸表に明示されないリスク」に分類し，天候に該当すると考えられるものを重要度に応じて抽出していく．

i） 小売業の場合

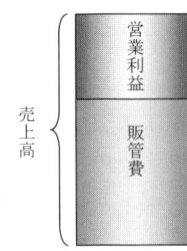

○財務諸表上に明示されるもの
・売上高　—販売数量の変動
・販売費および一般管理費（販管費）
　　　　　—在庫数量の変動（在庫リスク）
・特別損失—異常気象（台風・洪水）による社屋の毀損など

○財務諸表上に明示されないもの
・異常気象などによる工場停止に伴う機会収益損失リスク
・降雨の影響による運搬リスク（ネットワークリスク）

ⅱ) レジャー産業の場合（例えばスキー場）
○財務諸表上に明示されるもの
・売上高　―販売数量の変動（入場者の変動）
・販売費および一般管理費（販管費）
　　　　　―人件費の変動（人繰りの問題）
　　　　　―燃料費の変動（スノーマシンの使用頻度）
　　　　　―レンタルフィーの変動（同上）
・特別損失―異常気象（台風・洪水）によるリフトの毀損など，財務諸表上に
　　　　　明示されないもの
・異常気象などによる交通機関の遮断リスク（ネットワークリスク）
(2)　勘定科目ごとの分類
　事業内容ごとに分類した天候リスクを個別勘定科目ごとに細分化して検討を行う．
　ⅰ) 小売業の場合
　　　　売上高　―販売商品ごとに売上高を分類
　　　　棚卸資産―仕入れ・廃棄のデータの分類（納入時期・販売時期の特定）
　　　　　　　　など
　ⅱ) レジャー産業の場合
　　　　売上高　―予約客（ツアーなど）とフリー客など，売上高を峻別
　　　　販管費　―従業員向け給与とアルバイト向け給与の分類
　　　　燃料費　―固定費・変動費の分類
　以上のような作業により，天候リスクの影響を受けると想定される項目について数値データが抽出できれば，設定した分類に沿ってデータの蓄積が可能になる．ここまでが，気象情報を有効に活用していくための前段階の処理と位置づけられる．
(3)　事前分析に向けた気象情報の取得
　さらに，当該企業のビジネスについて，どのような気象現象の影響を大きく受けるかについて各勘定科目ごとに推定する．例えば，「降水量」，「降雪量」，「最高気温」などである．
　関連性が高いと思われる気象情報と(2)の過程で求めた数値データとの関連性を見出す相関分析を行う．

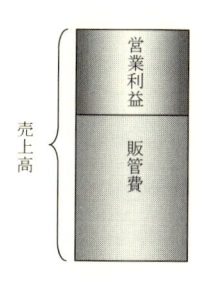

(4) 気象データと数値データの分析過程

各項目ごとに特定ビジネスに影響を与える気象情報の抽出が終了しているので，実際にどれだけのインパクトがあるかを測定することにより，気象現象に対するビジネスの感応度を算出する．また相関分析，回帰分析などの活用により，気象データと数値データの関連を整理する．

(5) リスクコントロール基準の設定

天候リスクをどの程度までコントロールするかを設定する過程として，平年との比較，営業計画との比較などを行う．そのうえで，EaR や理論株価の改善などを勘案した管理基準の設定を図る．この段階では，金融工学的なリスク管理手法を活用する．

(6) 気象情報の整備と継続的取得方法の選定

一連のリスク管理を運営するために，「どのタイミングで」，「どのような形式で」気象情報を取得すればよいかを決定し，具体的な気象情報の取得方法を検討する．例えば，過去の分析においては，（財）気象業務支援センターが提供するCD-ROM により気象データを取得する手段が考えられる．リアルタイムの気象情報に関しては，気象情報会社が提供する Web ベースの気象データを活用できる．また将来の生産計画などの策定には，Web ベースの長期予報が活用可能である．

第Ⅲステップ：リスクコントロールの選択

リスクマネジメントの具体的手法としては，大きく分けて次の三つがあげられる．それぞれの手法をうまく組み合わせることで，天候のリスクを制御していくことが可能となる．

1) リスクの保有

気象現象とビジネスの関連性分析の結果として算出されたリスクの大きさが，自社で許容できる範囲内であることを確認できれば，その許容範囲を明確化したうえで，リスク保有を意識的に運営する．

2) リスクの軽減

生産方式の工夫などによるリードタイムの短縮化や商品構成の多様化，販売戦略による対応などにより，気象の変化のリスクを軽減する．

3) リスクの移転

リスクの移転はリスクを外部に出すことである．その際には，第Ⅱステッ

プのリスクの構造把握と分析で示したように，定量化されたリスクとリスク移転の効果を分析することが重要となる．

第IVステップ：適切なリスクマネジメント手法の選択

各企業が自社のビジネスの中で活用している方法，金融機関などが提供する手法などを利用し，リスク管理に必要な手段を選定していく．

第Vステップ：計画の実行

立案した計画を実行すると同時に，運営されている状況をモニタリングすることも重要となる．したがって，モニタリング可能な体制やルールの整備が求められる．

第VIステップ：計画の修正，短期的な対応

最終的には，最新の短期気象予報や気象の実況をみながら，計画の修正や短期的な販売計画などの対応により，リスクの最小化を目指した運営が図られる．さらに，実況の気象データをベースに，立案した計画とその達成の状況の検証や分析を行う．

2.4　企業における気象情報と中長期予報・予測の活用

a．気象情報の活用の視点　これまで，企業における事業活動と気象情報の分析と，それに基づいた収益構造の改善手法を説明した．ここでは，企業活動の時間的な流れやプロセスに沿った気象情報の活用のあり方を考える．なお気象の世界では長期とは1か月を超える期間をいう．

気象情報は大きく分けて，下記の四つに分類することができる（図2.7）．
1) 過去の気象観測データ―気象庁により過去に観測された気象観測データ
2) 実況の気象観測データ―気象庁により発表される実況の気象観測データ
3) 短期・中期の気象予報―気象庁により発表される週間天気予報，時系列予報，降水短時間予報など
4) 長期の気象予報―気象庁により発表される暖寒候期予報，3か月予報，1か月予報など

こうした気象情報を企業において効率的に活用していくために，一つの例として，下記のような時間の流れに沿った利用方法が整理できる．
① 事前準備として，気象庁が観測開始以来蓄積してきた膨大なデータベース

事業会社における気象情報の活用概念図

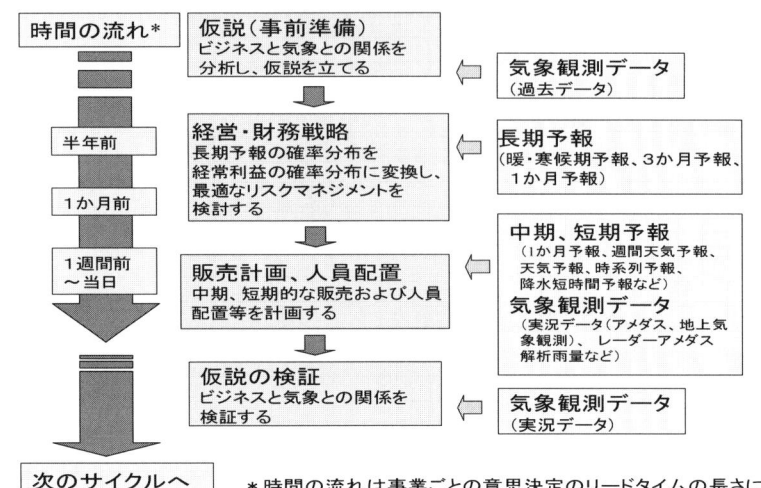

時間の流れ*		
	仮説（事前準備） ビジネスと気象との関係を分析し，仮説を立てる	⇐ 気象観測データ （過去データ）
半年前	経営・財務戦略 長期予報の確率分布を経常利益の確率分布に変換し，最適なリスクマネジメントを検討する	⇐ 長期予報 （暖・寒候期予報、3か月予報、1か月予報）
1か月前		
1週間前 〜当日	販売計画，人員配置 中期、短期的な販売および人員配置等を計画する	⇐ 中期、短期予報 （1か月予報、週間天気予報、天気予報、時系列予報、降水短時間予報など） 気象観測データ （実況データ（アメダス、地上気象観測），レーダーアメダス解析雨量など）
	仮説の検証 ビジネスと気象との関係を検証する	⇐ 気象観測データ （実況データ）
次のサイクルへ		

＊時間の流れは事業ごとの意思決定のリードタイムの長さにより異なる

図 2.7 気象情報の活用

である過去の気象観測データをもとに，企業活動と気象の関連性分析を行い，仮説を構築する．これについては，上述してきたとおりである．この作業は比較的時間をかけて十分な分析を行う必要がある．

② 次に，長期気象予報を用いて，企業における経営戦略や財務戦略の構築に役立てる．暖寒候期予報や 3 か月予報などを加味した 6 か月先の戦略を立て，各種対応策について検討を進める．一つの手法として，後述するような確率分布で提供される予報をもとに，経常利益の期待値や分布の形状を分析し，必要となるヘッジ手法を検討する．実際に，ヘッジ手法を導入する場合には，事前にヘッジの効果を測ることも可能である（具体的なステップは後述）．

③ 1 週間前になると，予報の精度も上昇し，具体的な販売計画や人員配置も週間天気予報や天気予報，時系列予報などをベースに行う．この段階では，気象予報を活用して，企業活動における現場の運営を舵取りする．

④ 最終的に発表された実況の気象観測データをもとに，当初構築した仮説の検証を行う．すなわち，気象予報の変化や実際の事業活動への影響を事後

的に分析し，翌年の戦略策定するためのデータとして分析・整理する．
⑤ 以上のサイクルをもって，再び翌期の作業に入る．このようなプロセスを繰り返し経験し，気象情報を有効に活用することにより，より質の高い戦略の意思決定や事業活動を行うことが可能となる．

b．関連性分析を用いた中長期気象予報（確率予報）の活用　このb.では，3か月以上の長期予報にもアンサンブル予報が導入されることを想定し，すでにアンサンブル予報を導入済みである1か月予報のデータを用いて，企業の収益構造に関する確率分布のシミュレーションを試みる．アンサンブル予報とは，モンテカルロ・シミュレーションのように，気象庁のモデルで発生させた気温の複数個のサンプルパスをいう．ただモデルが複雑系モデルに基づくものであるため，確率的なシミュレーションでなく，決定論的なモデルで，複数個のサンプルパスは初期値の違いに基づくシミュレーションである．その結果，「確率」分布は複雑系モデルのパスによるものであることに注意する．もちろん，ここでの確率分布は，時系列モデルから導出したもので置き換えた場合も同じである．ここでは，気温の影響が大きい企業（ビール会社）を例に取り上げる．

【ビール会社における月次損益のケース】

回帰分析などを行うことにより，7月の気温とビールの消費量の間に，ある程度の精度で下記のような関係式を見出すことができたと仮定する．

$$Y = \alpha + \beta \times (T - H) + \varepsilon$$

ただし，Y：ビールの販売量，T：月平均気温，H：月平均気温の平年値，ε：誤差項

(1) 1か月予報がアンサンブル予報により，確率分布で提供された場合を考える．アンサンブル予報から得られる26個のサンプルに基づく気温の平年値からの乖離幅の確率分布をベースに，乱数を用いたモンテカルロ・シミュレーションにより，翌月の気温予測の確率分布を得ることができる（図2.8）．

(2) ビールの売上と気温の関係について，過去データからの分析結果を用いて，気象予報の確率分布に対応した売上高を確率分布で表現することができる．このアンサンブル予報に基づく確率分布をもとに，モンテカルロ・シミュレーション手法を用いることで，乱数を発生させ，売上高の確率分布を作成する．この場合，誤差項である ε にも乱数を発生させることで，26個より多くの売上高のサンプルを得る（図2.9）．

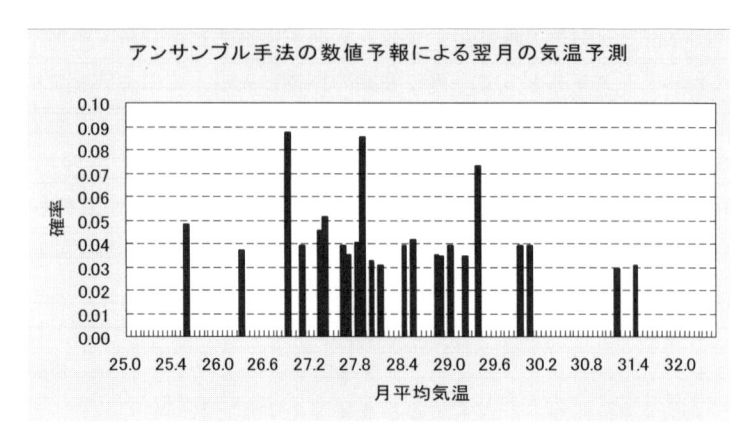

図2.8 ステップ1．アンサンブル手法による数値予報の結果から翌月の平均気温を確率分布で表示．（横軸は平均気温［℃］，縦軸は出現する確率を表している）

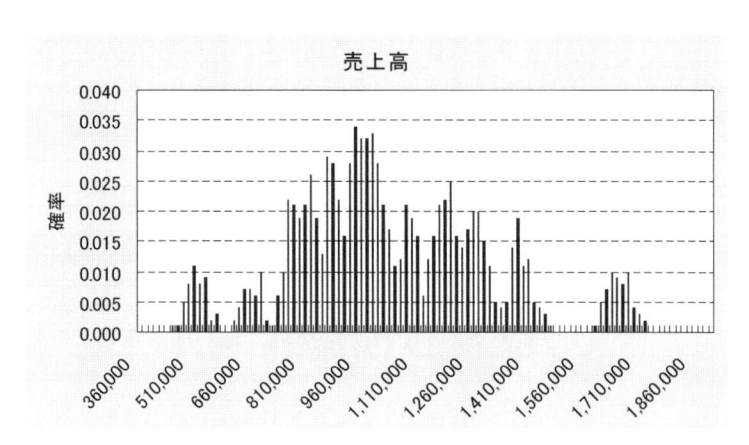

図2.9 ステップ2．あらかじめ見出した売上高の関係式を用いて，翌月の平均気温の確率分布を売上高の確率分布に変換．横軸は売上高［千円］，縦軸は出現する確率を表しており，アンサンブル手法による数値予報の結果をもとに，売上高の確率分布をシミュレーションすることができる．

(3) さらに企業の経費項目を考慮することによって，売上高の確率分布に対応して経常利益を確率分布で表現する．これにより，気象予報の確率分布をもとに，気温が変化した場合の企業活動の状況を経常利益の分布で認識することが可能になる．ここでは，1か月予報の範囲で7月の平均気温が低下すれば，月次決算がマイナスになり得ることが確認できる（図2.10）．

(4) この分析から，なんらかのヘッジを行うことで，経常利益がマイナスになる可能性を減少させることができないか検討する．仮に26℃を行使価格とする平均気温プットオプションを購入すると，図2.11のように経常利益の分布の形状を修正することができる．仮に冷夏ヘッジの天候デリバティブを購入したとす

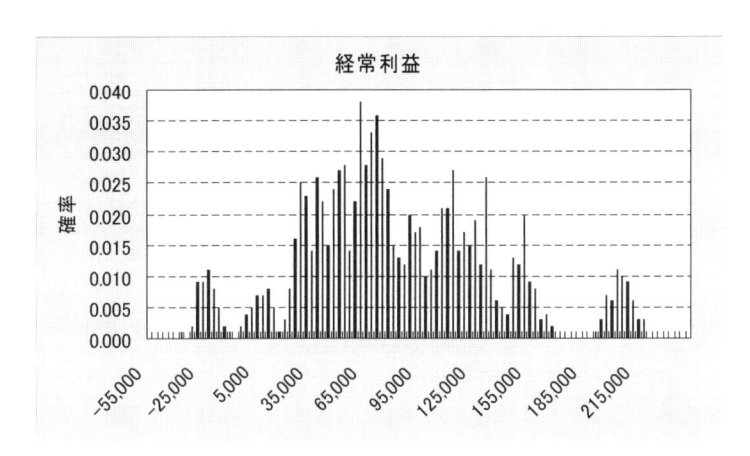

図2.10 ステップ3．企業の損益計算書を計算するのと同じプロセスで，売上高の確率分布を経常利益の確率分布に変換．横軸は経常利益［千円］，縦軸は出現する確率を表しており，グラフからある一定の確率で経常利益がマイナス（赤字）になることがわかる．

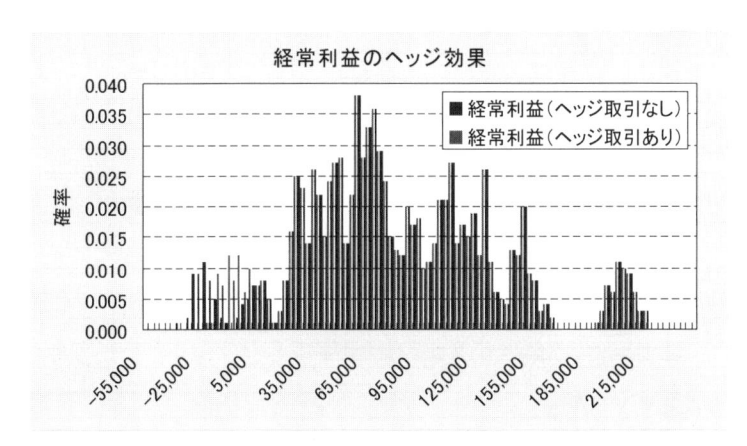

図2.11 ステップ4．リスクをヘッジすることにより，経常利益の確率分布を変化させることができる．収益の安定化を目指す場合には，経常利益の確率分布がより中心のまわりに集まるように修正することが可能となる．

ると（薄い棒グラフ），リスクをヘッジしない場合（濃い棒グラフ）よりもヘッジコスト分だけ確率分布は左にシフトする．冷夏になった場合経常利益がマイナスになる部分については，右にシフトさせることができる．結果として，全体としてコスト分だけ経常利益が減る形になるが，経常利益がマイナスになる確率が低くなる．収益の振れを小さくすることで，採用したヘッジ取引が企業収益の安定化に寄与していることを確認できる．

2.5 ガス会社への適用事例：EaR 分析のモデル構築

　本節と次節では，中長期気象予報（アンサンブル予報）を活用した天候リスクマネジメントの事例を紹介する．天候リスクの EaR 分析を実施することにより，エネルギー会社のリスクマネジメントへの取組みをより具体的な形で掘り下げている．同じような考え方で，ヒストリカルデータや時系列分析などをもとに同様の EaR 分析を行うことも可能である

　a．事業構造の整理　対象企業の事業構造について概要を整理し，モデル化の実施を行う．一般的な事業会社を考えた場合，原材料を購入し，工場で加工・製造し，市場や顧客の需要の動向に合わせて，製品を販売していく．またその際に，適宜在庫として貯蔵を行ったり，顧客からの注文による受注生産を行ったり，企業によってさまざまな違いがある（図 2.12）．事業とは，さらにこうした営業活動を支える資金を借り入れや社債により調達したり，集まった資金を運用したりする財務活動も収益構造に大きく影響する活動であるといえる．

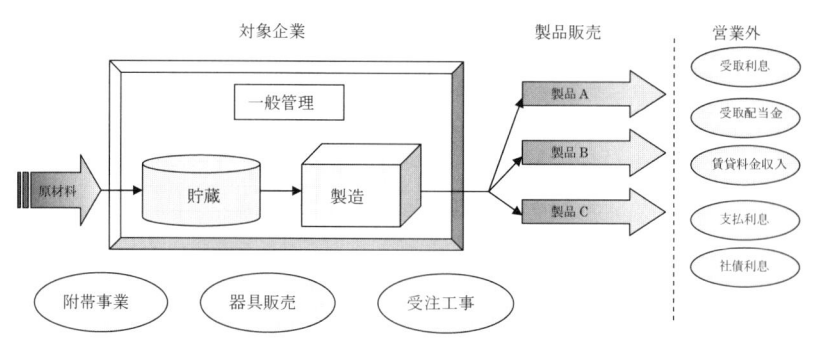

出典：みずほ第一フィナンシャルテクノロジー（株）

図 2.12 対象企業の事業構造の整理

2.5 ガス会社への適用事例：EaR分析のモデル構築

b．気象要因の影響分析　　作成した企業のモデルにおいて，気象要因の影響を受ける可能性のある部分の検討を行う．企業活動に関連性の高い気象要素が，例えば，最高気温，最低気温，あるいは平均気温なのかといった点を確認しつつ，製品別の販売量にどのような理由からそのような気象要素が影響を与えているのかといった因果関係を明らかにする．その一方で，主要な事業活動以外にも気象やその他の要因が影響する企業活動があることを認識し，その因果関係を明らかにする．また，分析に必要な関連データやその種類（商品，期間，地域，価格）を確認する（図2.13）．

最も販売量の多い家庭用は，主に給湯や暖房に使われることから，販売量は気温の影響を直接受ける．寒い日ほど販売量は多く，暑いほど販売量は少ないと考

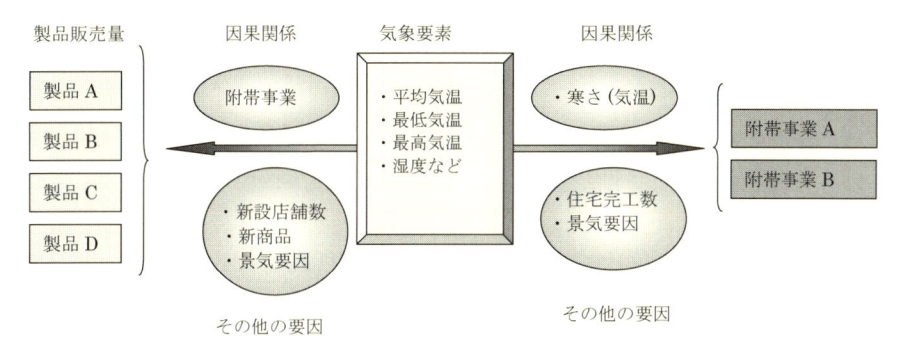

出典：みずほ第一フィナンシャルテクノロジー（株）

図2.13　気象要因の影響検討

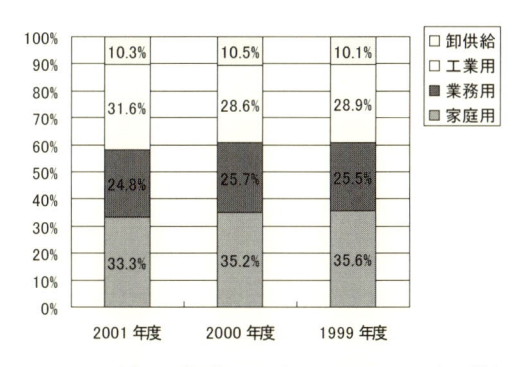

出典：みずほ第一フィナンシャルテクノロジー（株）

図2.14　部門別ガス販売量比率

えられる．業務用は，家庭用と同様，主に給湯や暖房に使われることに加え，冷房による需要があることから，冬の気温が下がるほど，また夏の気温が上がるほど，ガスの販売量は多くなると考えられる．工業用は，その用途から，気温との相関はないと考えられる（図2.14）．

c．気象要因の定量的分析　企業活動と気象要因との関連について，過去データを中心とした定量的分析を行う．そのうえで，気象要素と企業活動の関連性についてモデル化を図り，図2.15のような気象と販売量の関係を見出す．

販売量などの企業活動を示すデータは，気象以外の要因なども含まれている，統計期間が必ずしも気象データと同じ月，週単位ではないなどの理由から，定量的分析に利用できるよう必要なデータ加工を施す．このデータと過去の気象観測データを分析することにより，気象との関連性をモデル化するわけであるが，このモデル化は，アンサンブル予報を活用した販売量などの将来予測を行うためのものである．

d．各部門別の気象要素との関連

(1) 家庭用販売量

家庭用販売量については，気温の上昇とともに月間販売量が少なくなり，8，9月の月間販売量が最も少ない．その後11月から月間販売量が増加し，冬は月間

出典：みずほ第一フィナンシャルテクノロジー（株）

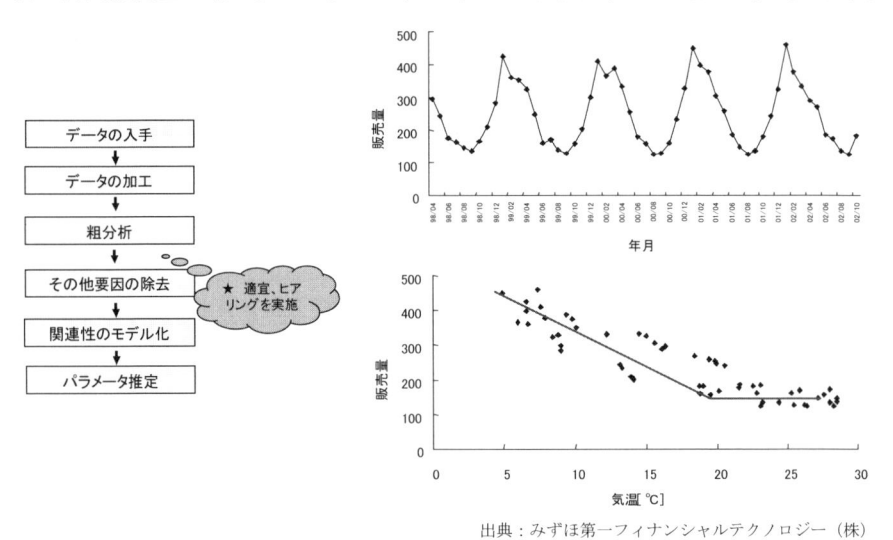

図2.15　気象要因の定量的分析

2.5 ガス会社への適用事例：EaR分析のモデル構築

販売量が多くなっている．これは，春夏秋にはガスは主に給湯に使われるが，冬期にはこれに加え暖房という要因が加わるためと考えられる．また，水温の低い冬にはお湯を沸かすのに多くのガスが使われ，また夏の暑い時期には風呂よりシャワーで済ますなど，家庭でのガス使用量と気温との相関度が高いのは理解しやすい（図2.16）．

家庭用メータ当たりの月間販売量と地域月平均気温の回帰分析を行うと，得られる関係式は次のとおりであり，決定係数は0.9558ときわめて高い説明力である（図2.17）．

$$月間販売量[千\,m^3] = -0.0015 \times 地域月平均気温[℃] + 0.0516$$

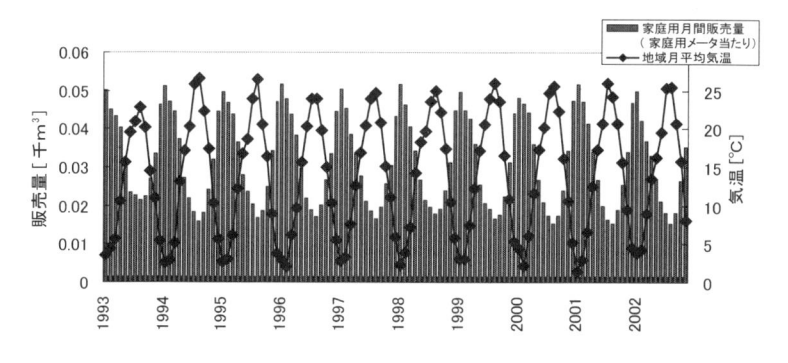

出典：(財) 日本気象協会

図 2.16 家庭用月間販売量（家庭用メータ当たり）と地域月平均気温の変化

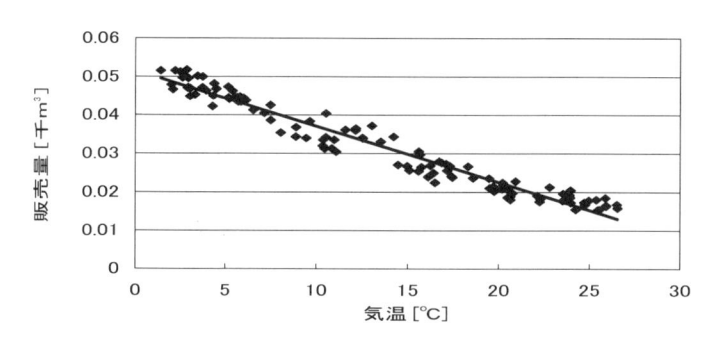

出典：(財) 日本気象協会

図 2.17 家庭用月間販売量（家庭用メータ当たり）と地域月平均気温の相関

表 2.1 家庭用3か月平均販売量（家庭用メータ当たり）と地域3か月平均気温の関係式

夏： 6〜8月
　　3か月平均販売量［千m³］＝－0.00150×地域3か月平均気温［℃］＋0.0538
　　　　　　（標準誤差：0.000819，決定係数：0.728）
冬： 12〜2月
　　3か月平均販売量［千m³］＝－0.00339×地域3か月平均気温［℃］＋0.0602
　　　　　　（標準誤差：0.00132，決定係数：0.576）

出所：(財) 日本気象協会

しかしながら，定性的判断として，前述のとおり，夏場は夏場なりの，また冬場は冬場なりのガスの使用形態があり，したがって，気温に対するガス販売量の感応度は異なることから，夏場については6〜8月の家庭用3か月平均販売量（家庭用メータ当たり）と地域3か月平均気温を，また冬場については12〜2月の家庭用3か月平均販売量（家庭用メータ当たり）と地域3か月平均気温を分析の対象とし，関係式を求める．結果は表2.1のとおりである．

(2) 業務用販売量

業務用では家庭用と違い，夏にも販売量が増える傾向にある．これはガス冷房が行われているためと考えられる．ただし，月間販売量の変動は家庭用ほど大きくはなく，地域月平均気温13〜14℃で，月間販売量は減少から増加へと変化する（図2.18）．

業務用月間販売量と地域月平均気温の回帰分析を行うと，得られる関係式は次のとおりであり，決定係数は0.705と比較的高い説明力である（図2.19）．

出典：(財) 日本気象協会

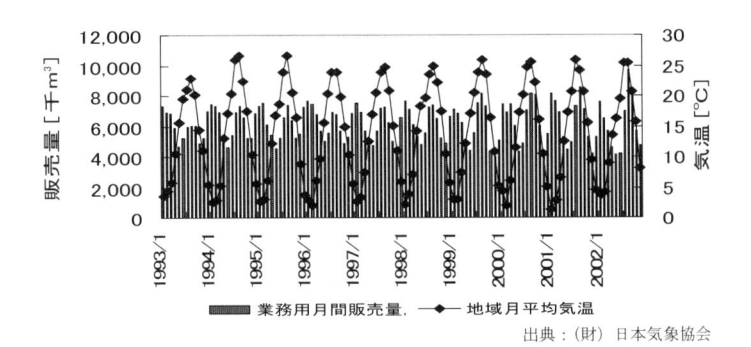

図 2.18　業務用月間販売量と地域月平均気温の変化

2.5 ガス会社への適用事例：EaR分析のモデル構築

図2.19 業務用月間販売量（トレンド除去）と地域月平均気温
出典：（財）日本気象協会

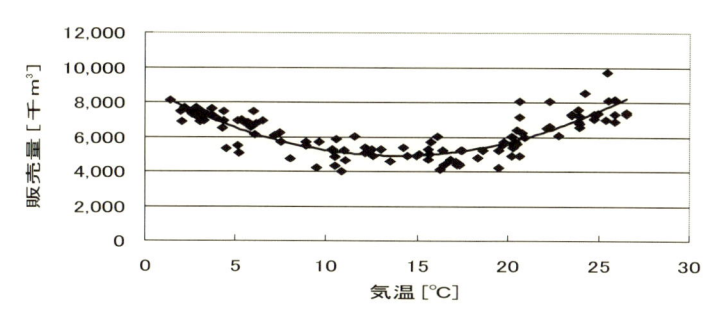

$$\text{月間販売量 [千 m}^3\text{]} = 20.6 \times \text{地域月平均気温 [°C]}^2 - 572 \times \text{地域月平均気温 [°C]} + 8{,}890$$

業務用についても季節ごとに分析を行った．気温に対するガス販売量の感応度は夏場と冬場では異なることから，夏場については6〜8月の業務用3か月平均販売量（トレンド除去）と地域3か月平均気温を，また冬場については12〜2月の業務用3か月平均販売量（トレンド除去）と地域3か月平均気温を分析の対象とし，関係式を求める．結果は次の表2.2のとおりである．

夏の月間販売量が地域月平均気温の上昇とともに増加することが興味深いが，夏の月間販売量は，地域月平均気温が上がると家庭用のガスの需要が減り，業務用の増加と家庭用の減少で相殺され，月間販売量のリスクは中和される．

(3) **工業用販売量**

工業用は，季節変動より年変動のほうが大きく，地域月平均気温との相関はほとんどない（図2.20）．

表2.2 業務用3か月平均販売量（トレンド除去）と地域3か月平均気温の関係式

夏： 6〜8月
　3か月平均販売量 [千 m^3] = 344 × 地域3か月平均気温 [°C] − 1,320
　　　　　　　　（標準誤差：270，決定係数：0.565）
冬： 12〜2月
　3か月平均販売量 [千 m^3] = −537 × 地域3か月平均気温 [°C] + 9,060
　　　　　　　　（標準誤差：201，決定係数：0.595）

出所：（財）日本気象協会

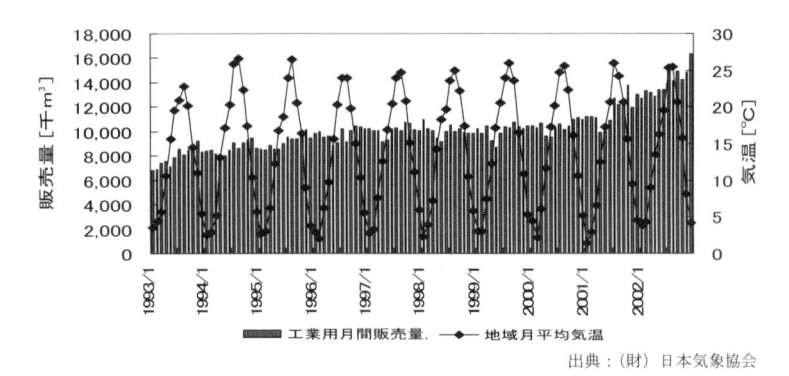

図 2.20　工業用月間販売量と地域月平均気温の変化

(4) 卸供給販売量

卸供給の販売量についても，年々増加傾向にあるため，トレンドを除去し，分析を行った．販売量は冬に多く，夏は少ない季節変動がある．しかし，夏期については7月に月間販売量が伸び8月に月間販売量が減る傾向にある（図2.21）．

修正した月間販売量と地域月平均気温の回帰分析を行うと，得られる関係式は次のとおりであるが，決定係数は 0.647 と，家庭用と比べ説明力は低下する．

$$月間販売量 [千\,m^3] = -33.1 \times 地域月平均気温 [℃] + 2,410$$

(5) 分析の結果

家庭用，業務用，工業用，卸供給の各カテゴリー別に，季節を問わず通年で求

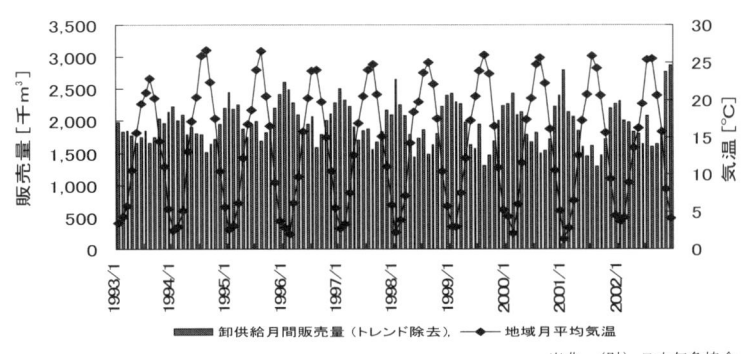

図 2.21　卸供給月間販売量（トレンド除去）と地域月平均気温の変化

2.5 ガス会社への適用事例：EaR 分析のモデル構築

表 2.3 カテゴリー別関係式

月間販売量 [千 m³]
＝$\alpha+\beta\times$地域月平均気温[℃]＋$\beta_2\times$(地域月平均気温[℃])²
＋誤差項

	家庭用	業務用	工業用	卸供給
分析期間	通年	通年	通年	通年
α	0.0516	8890	10000	2410
β	-0.0015	20.6	12.6	-33.1
β_2	—	-572	—	—
σ	0.002	650	1760	192
決定係数	0.956	0.705	0.003	0.647

注）家庭用は，メータ当たりの月間販売量で分析．σ は誤差項の標準偏差

出典：(財) 日本気象協会

めた関係式と係数を総括する（表 2.3）．

また，分析を進めるにあたって，次のようなアプローチを採用した．① 家庭用と業務用については，夏と冬を別に分析する．② 工業用は気温と販売量との相関がないこと，③ 卸供給は量的に少なく，さらに家庭用，業務用，工業用に供給され，それぞれの供給量は少ないことから，販売数量分析の対象からは外す．数量分析の対象には，家庭用と業務用の季節別関係式を用いることとし，関係式および係数をまとめる（表 2.4）．

(6) 気象以外の要因影響分析

図 2.22 には，気象以外の要因で経常利益に影響を与えるファクターの特定やモデル化に必要な項目を示してある．例えば，原料には原材料価格の変動や為替変動が影響を与える．製品も景気変動や販売価格変動が影響しているうえに，附帯事業に対しては，景気変動でも特に住宅完工件数などの個別要因に対する関連性が高い場合も予想される．営業外活動では，金利の影響も考えられる．基本

表 2.4 季節別関係式

3 か月平均販売量 [千 m³]＝$\alpha+\beta\times$地域 3 か月平均気温 [℃]＋誤差項

	家庭用		業務用	
分析期間	夏 (6〜8月)	冬 (12〜2月)	夏 (6〜8月)	冬 (12〜2月)
α	0.0538	0.0602	-1320	9060
β	-0.0015	-0.00339	344	-537
σ	0.000819	0.0013	270	201
決定係数	0.728	0.576	0.565	0.595

注）家庭用は，メータ当たりの月間販売量で分析．σ は誤差項の標準偏差

出典：(財) 日本気象協会

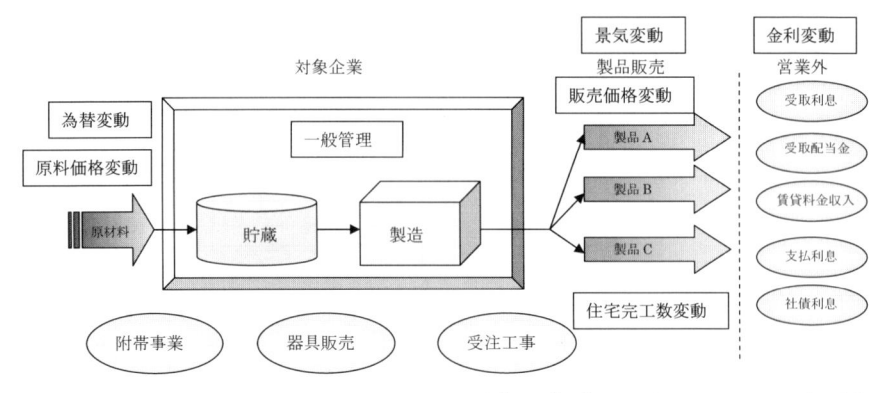

図 2.22 気象以外の要因の影響と定量的分析

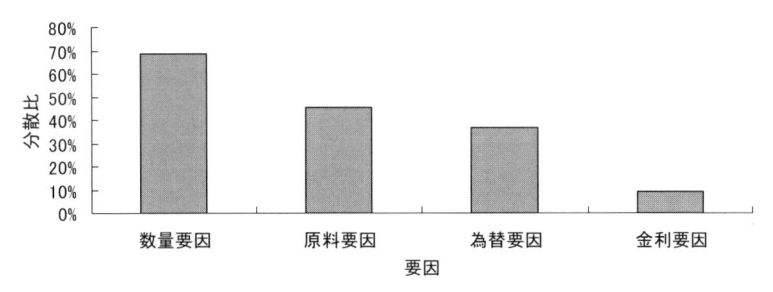

出典：みずほ第一フィナンシャルテクノロジー（株）

図 2.23 経常利益への影響度（分散化）

出典：みずほ第一フィナンシャルテクノロジー（株）

的には，公開情報（有価証券報告書など）をもとに四つのリスクファクターについて簡易的にモデル化を実施する．

経常利益に与える要因の大きさは，数量要因（主に気温要因），原料要因，為替要因，金利要因の順である．また，各要因を経常利益との分散比で示すと図 2.23 のとおりであり，経常利益に与える影響度の大きさをみることができる．

2.6 気温予報・予測を活用した将来予測と EaR 分析

本節では，前節で構築した収益と気温の関係のモデルを基礎に，気象要因に影響を受ける企業活動（例，販売量）について，アンサンブル予報を活用した将来

2.6 気温予報・予測を活用した将来予測とEaR分析

図2.24 アンサンブル予報を活用した将来予測

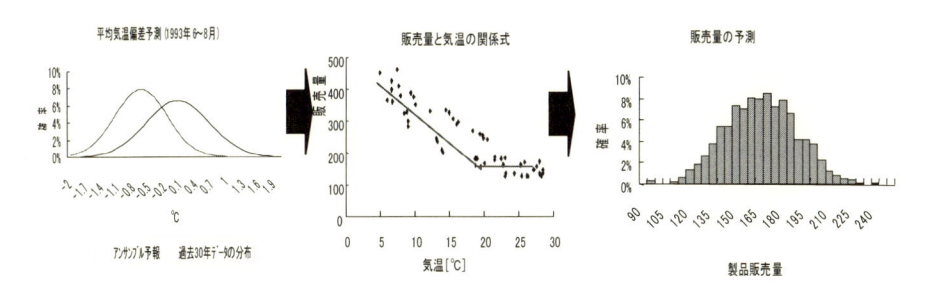

出典：みずほ第一フィナンシャルテクノロジー（株）

予測を行う．ここで述べる方法は，次章以降で議論する時系列モデルに基づく気温予測の場合も同じである．手順としては，過去の1時点に遡りアンサンブル予報を作成し，予想される気温の確率分布を2.5節で求めた関係式にあてはめることで，販売量の予測を確率分布で行う（図2.24）．

a．販売量の予測 アンサンブル予報を活用した将来予測を行う．なお，特に記述しないかぎり，気温，販売量，経常利益とも月間値の3か月平均を使用する．ここでの分析では，2001年11月の時点で予想を行った，2001年12月～2002年2月のアンサンブル予報を使用する．当期間に対応するアンサンブル予報による気温の確率分布を棒グラフで，また比較のために，過去30年間の同期間の気温に基づいた確率分布を折れ線グラフで示す．過去30年間のヒストリカルデータと平均および分散が一致する正規分布として後者を表した．図2.25の期待値は，過去30年のヒストリカルデータに比べ，アンサンブル予報はやや寒い冬を予想していた．

このような気温の確率分布より，気温の影響を受けやすい家庭用と業務用のガ

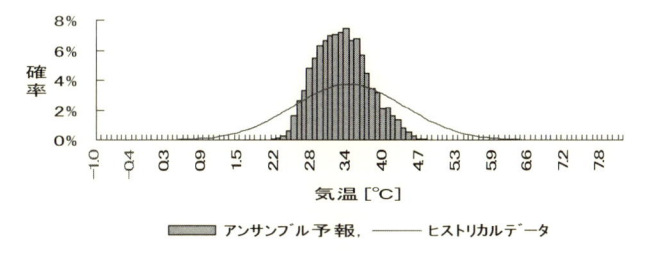

図2.25 アンサンブル予報による2001年12月～2002年2月の3か月平均気温の確率分布

図2.26 家庭用および業務用ガス販売量の予測分布（2001年12月～2002年2月）

ス販売量は，上で求めた関係式から，図2.26のような販売量の確率分布が予測される．また同様に，ヒストリカルデータに基づく販売量の確率分布も図中の折れ線グラフで示す．

b．EaRを用いたリスク評価　　天候リスクにその他のリスクを加え，EaRの手法を用いた協力会社の経常利益のリスク分析を行う．EaRの手法を適応する際には，図2.27のように，企業の損益計算書の中でどのようなリスクファクターが損益の変動をもたらすことになるかを考慮する必要がある．まず，製品売上の中に，製品に対する需要や製品販売価格のリスクが存在する．このような変動要因について，定式化・モデル化が必要になる．それ以外にも，製品の売上原価には，原材料価格や為替のリスクが考えられる．営業外収益や費用には金利リ

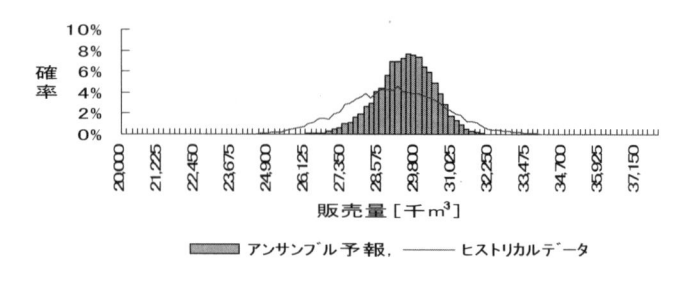

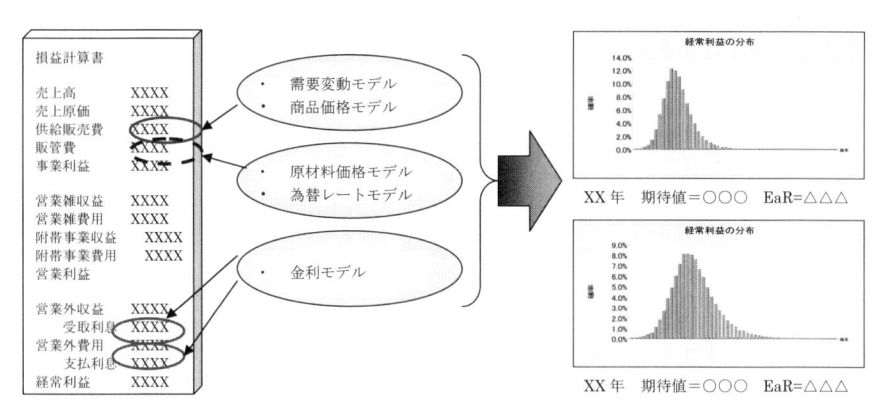

出典：みずほ第一フィナンシャルテクノロジー（株）

図2.27　EaRを用いたリスク評価

2.6 気温予報・予測を活用した将来予測と EaR 分析

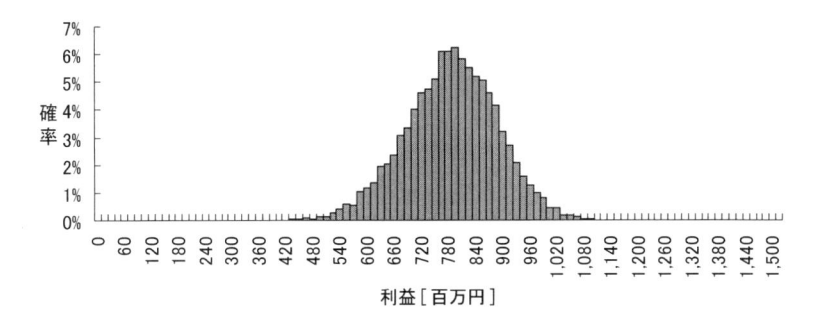

出典：みずほ第一フィナンシャルテクノロジー（株）

図 2.28 アンサンブル予報に基づく 3 か月間の月平均経常利益の分布（2001 年 12 月〜2002 年 2 月）

スクも存在する．これらについても必要に応じたモデル化が考えられる．今回の分析では，アンサンブル予報を製品需要のモデル化に利用する．その他のリスクファクターが損益に与える状況もいくつか反映することを試みる（図 2.28）．

アンサンブル予報に基づく経常利益の確率分布に対する EaR 分析を行う（図 2.29，表 2.5）．手順としては，①アンサンブル予報による気温の確率分布を，②ガス販売量の確率分布に変換し，③経常利益の予想の確率分布に変換する．得られた確率分布の 1% にあたる点が 99% EaR として求められ，1% の確率で生じる最低利益，531 百万円を表している．なお，当該利益が発生するときの平均的な気温の水準は 4.3°C である．同様に 5% の確率で生じる最低利益は 606 百万円であり，これに対応する平均的な気温は 4.0°C である．

次に，ヒストリカル気温データに基づく経常利益の確率分布に対する EaR 分析を行う．手順としては，①ヒストリカルデータの気温の確率分布を，②ガス

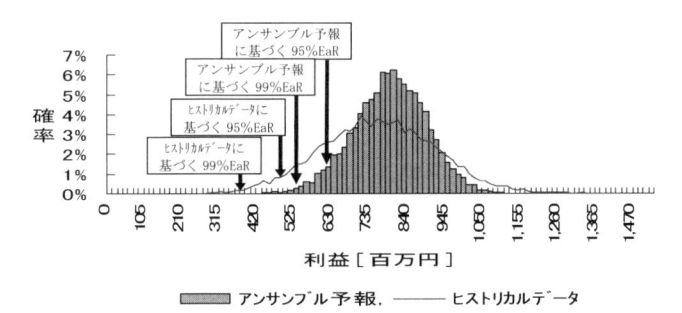

図 2.29 EaR 分析（2001 年 12 月〜2002 年 2 月，月平均）

表 2.5
アンサンブル予報によるシミュレーション結果

	99% EaR	95% EaR	平均値
気温 [°C]	4.3	4.0	3.2
家庭用販売数量 [千 m^3]	17,356	17,912	19,189
業務用販売数量 [千 m^3]	9,395	9,604	10,079
売上総利益 [百万円]	2,327	2,395	2,559
経常利益 [百万円]	531	606	779

ヒストリカルデータによるシミュレーション結果

	99% EaR	95% EaR	平均値
気温 [°C]	5.6	4.9	3.3
家庭用販売数量 [千 m^3]	16,084	16,888	18,926
業務用販売数量 [千 m^3]	8,967	9,263	9,958
売上総利益 [百万円]	2,167	2,267	2,524
経常利益 [百万円]	379	481	744

アンサンブルとヒストリカルデータの差

	99% EaR	95% EaR	平均値
気温 [°C]	−1.3	−0.9	−0.1
家庭用販売数量 [千 m^3]	1,272	1,024	263
業務用販売数量 [千 m^3]	428	342	121
売上総利益 [百万円]	159	127	35
経常利益 [百万円]	151	125	35

出典：みずほ第一フィナンシャルテクノロジー（株）

販売量の確率分布に変換し，③経常利益の予想の確率分布に変換する．

　得られた確率分布の99% EaR，すなわち1%の確率で生じる最低利益は379百万円であり，当該利益が発生するときの平均的な気温の水準は5.6°Cである．また，同様に5%の確率で生じる最低利益は481百万円であり，対応する平均的な気温の水準は4.9°Cである．この二つの分析を比較することで，次のことがわかる．

- 経常利益の期待値（平均値）は，779百万円と744百万円でどちらもおおむね同じであり，またその期待値が示現するときの平均的な気温の水準もおおむね同じ3.2～3.3°Cである．
- しかしながら，5%の確率で発生する経常利益の下限は，ヒストリカルデータによるシミュレーションでみる481百万円に比べ，アンサンブル予報によるシミュレーションのほうでは606百万円と125百万円高い値になっており，ヒストリカルベースで判定するよりも，アンサンブルベースでは125百万円だけリスクが小さいことが予想される．この低い経常利益が示現すると

きの地域月平均気温の水準は，ヒストリカルベースでは4.9℃，アンサンブルベースでは4.0℃である．
・同様に1%の確率で発生する経常利益の下限は，ヒストリカルデータによるシミュレーションの379百万円に比べ，アンサンブル予報によるシミュレーションのほうでは531百万円と151百万円高い値になっており，ヒストリカルベースで判定するよりも，アンサンブルベースではこれも151百万円だけリスクが小さいことが予想される．また，この低い経常利益が示現するときの地域月平均気温の水準は，ヒストリカルベースでは5.6℃，アンサンブルベースでは4.3℃である．

気温の予測分布は，EaRの枠組みを通じ，企業がもつ天候リスクを定量的に把握することを可能にする．これがアンサンブル予報などを活用する最大のメリットであろう．

c．リスクを減少させる手法の検討

(1) オペレーションでの対応

上記EaRの結果を踏まえ，天候リスクを減少させるオペレーションを検討する．例えば，生産調整や販売調整などを行った場合の効果を分析する．

そこで，1〜3か月先の気象情報の利用状況や今後の利用可能性，さらに，オペレーション変更による経常利益に影響を与えるシナリオについて，協力会社へのヒアリングを実施しながら内容を確認していく．また，想定したオペレーションの変更が実際に行われた場合には，分析に使用するグラフやEaRの値がどのように変化するかを確認する（図2.30参照）．

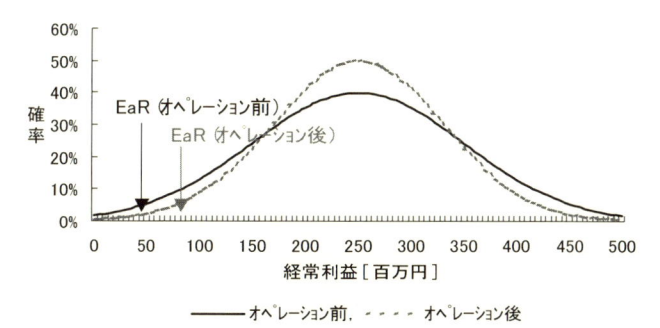

出典：みずほ第一フィナンシャルテクノロジー（株）

図2.30　リスクを減少させる手法の検討 (1)（オペレーション）

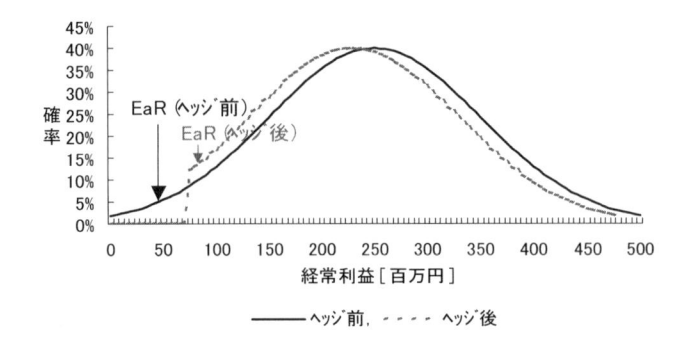

出典：みずほ第一フィナンシャルテクノロジー（株）

図2.31 リスクを減少させる手法の検討（2）（金融商品の活用）

(2) 金融商品の活用

先の EaR の結果を踏まえ，天候リスクを減少させるために金融商品（気温スワップや CDD（cooling degree days）・HDD（heating degree days）オプションなどの天候デリバティブ）の活用を検討する（図 2.31）．損失の発生，あるいは低い利益の発生を補うヘッジが行った場合に，分析に使用するグラフや EaR の値がどのように変化するかについても再度確認する．

天候デリバティブを利用し，損失の発生確率が削減される状況を確認する．ガス会社における実際の天候デリバティブ契約が，夏季の天候リスクをヘッジするためのものが多いという実態を考慮し，前述までの 2001 年冬の事例とは異なり，ここでは 1993 年の夏を対象に分析する．なお，本例における分析では，気温要因に注目した分析を行うため，その他の要因の変動は捨象することとする．

1) アンサンブル予報

図 2.32 に，アンサンブル予報による 3 か月平均の地域平均気温の確率分布予想と過去 30 年の実際の地域平均気温の確率分布（30 年ヒストリカル）を示す．図中，棒線はアンサンブル予報による気温の分布予想（1993 年 6〜8 月），折れ線は過去 30 年の実際の気温分布を示す．図が示すように，1993 年夏，アンサンブル予報は 30 年ヒストリカルに比べ，冷夏を予測している．

2) ガス販売量予測

アンサンブル予報による 3 か月平均の地域平均気温の確率分布をもとに，全節の関係式を用い，ガス販売量の予測分布を求める（図 2.33 参照）．さらに前節の

2.6 気温予報・予測を活用した将来予測と EaR 分析

図 2.32 アンサンブル予報による 1993 年 6〜8 月の 3 か月平均気温の確率分布

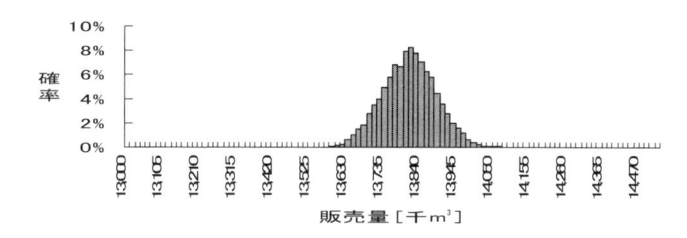

図 2.33 ガス販売量の予測分布（家庭用および業務用合計，月平均，1993 年 6〜8 月）

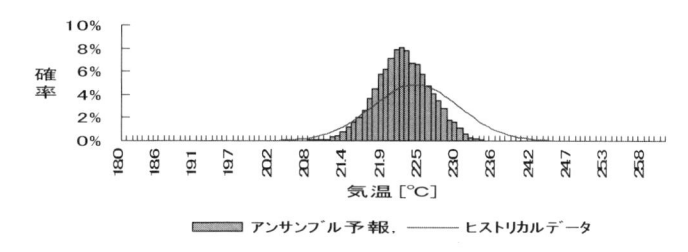

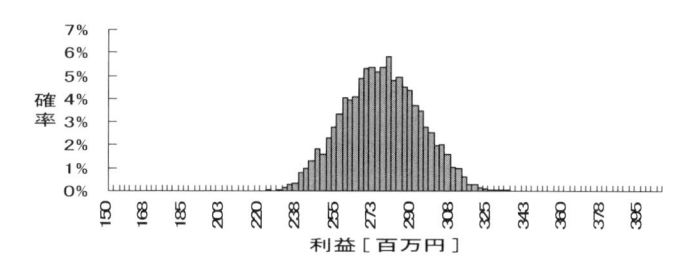

図 2.34 経常利益の予測分布（月平均，1993 年 6〜8 月）

関係式を用い，これから経常利益の予測分布を求める（図 2.34 参照）．

　定性的な分析として，夏場に気温が上昇した場合，家庭用販売量は減少し，一方業務用は，主に冷房の需要から販売量は増加する．それぞれの減少，増加量はおおむね等しいことから，結果的に家庭用と業務用とで量的には相互にヘッジが効いている．しかしながら，家庭用需要のほうが固定費比率が高いため，利益は家庭用の売上の増減の影響をより大きく受けることから，経常利益の観点から

は，気温上昇に対するリスクを負っている．

3) 天候デリバティブの利用

会社は夏期の気温上昇に伴う経常利益減少のリスクを抱えていることから，当該リスクをヘッジするために，天候デリバティブを利用することとする．戦略として，3か月一まとめではなく，月ごとにデリバティブの月平均気温ストライクを設定し，月ごとに利益減少リスクのヘッジを行うこととする．ストライクは，受け取る補償金額を決定するための基準となる気温の値であり，この値を超えた数値に想定元本を乗じた金額が支払われる（図2.35，表2.6）．

4) ヘッジによる経済的効果

天候デリバティブを利用した場合の，経常利益の確率分布の変化を表2.7に示

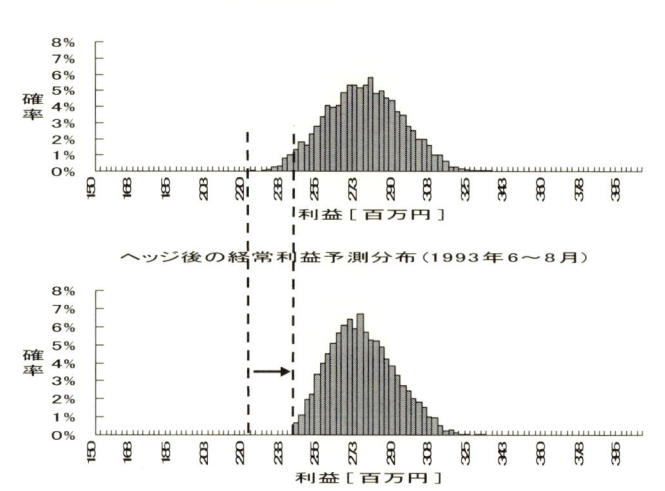

出典：みずほ第一フィナンシャルテクノロジー（株）

図2.35 ヘッジ前後の経常利益の予測分布の変化

表2.6 天候デリバティブ

	デリバティブタイプ "call" or "put"	想定元本 [円/℃]	月平均気温 ストライク [℃]	最大受取り額 [円]	プレミアム [円]
1993/06	Call	51,000,000	20.07	63,000,000	2,300,000
1993/07	Call	50,000,000	23.19	72,000,000	5,250,000
1993/08	Call	28,000,000	25.16	38,000,000	2,000,000

出典：みずほ第一フィナンシャルテクノロジー（株）

表 2.7 経常利益の確率分布の変化

(単位：百万円)

	ヘッジ前	ヘッジ後	差
期待値	273	272	−1
標準偏差	18	15	−3
95% EaR	244	249	5
99% EaR	235	244	9

出典：みずほ第一フィナンシャルテクノロジー（株）

し，リスクの変化を定量的に捉える．期間は1993年6～8月である．

表2.7を参考に，どのような効果があったかを考察する．まず，期待値は，ヘッジ費用がかかることから，1百万円低下する．標準偏差は3百万円低下したことから，期待される経常利益の変動幅が小さくなっていることがわかる．ヘッジ前は1標準偏差に相当する約7割の確率で経常利益が255～291百万円に収まることが期待されるが，ヘッジ後では同じ約7割の確率で257～287百万円の範囲に収まることが期待される．95% EaRは5百万円増加しており，5%の確率で発生する最低利益は244百万円から249百万円へ改善している．99% EaRは8百万円増加しており，1%の確率で発生する最低利益は235百万円から244百万円へ改善している．

ヘッジの前後で比較すると，99% EaRでは8百万円増加しており，当該期間の月平均経常利益（期待値）が約2.7億円，月平均ガス売上高が約20.8億円であることを考えると，協力会社におけるヘッジによる経済的効果は，対経常利益比で3.0%，対売上高比で0.38%と考えられる．

アンサンブル予報活用の経済的効果

ガス販売量，特に家庭用・業務用の販売量は気温に対する感応度が高く，気温の変化に伴って協力会社のガス販売量は大きく変動する．ガス販売量の変動が，協力会社の経営成績である経常利益に与える影響は大きく，過去の財務データによる分析では経常利益の変動要因の約7割を占めていた．よって，ガス会社にとって気温リスクは無視できない重要なリスクファクターの一つであり，このリスクにどのように対処するかは経営上の重要なテーマと考えられる．

今回，気象庁のアンサンブル予報を活用することにより，この気温要因による将来のガス販売量や経常利益の変動を確率分布として定量的に把握し，また，EaRとしてリスク量を評価できるようになった．アンサンブル予報がない場合

にも，ヒストリカルデータに基づいて同様な分析を行うことは可能であったが，今回の分析の事例ではアンサンブル予報とヒストリカルデータによるEaRの値には差がみられた．アンサンブル予報を用いることにより，従来とは異なった観点での気温リスクの定量化が可能になったことは，ガス会社が気温リスクに対処するうえで有効であると思われる．

　具体的には，アンサンブル予報を含めた有効な気象予測による将来の経常利益の確率分布をもとに，気温リスクをヘッジするための天候デリバティブの条件(想定元本の額，ストライクの設定，最大受取り額の設定）や導入効果の検討を行うことが可能となる．このように，協力会社のニーズに沿った気温リスクのヘッジを行えるようになることは，協力会社の企業価値を高めるものと思われる．また，将来的に原料の調達が柔軟に行えるような環境が整ってくれば，予報・予測に基づいた原料の調達・在庫戦略を行うことにより，ガス会社の収益の増大に資することも考えられる．

第3章

気温モデル分析への視点

3.1 本章のねらい

　本章では，電力取引の分析や気温が直接的に関係する利益キャシュフロー分析，気温デリバティブのプライシングの基礎となる気温変動予測モデル分析の基本的な考え方と，その基礎的統計分析の方法について解説する．具体的には次の内容を議論する．
　3.2節　気温の変動構造
　3.3節　時系列モデル分析の基本
　3.4節　パラメータの推定
　本章は，気温の将来の変動予測をするために基礎となる変動予測モデルを構築するための準備の章である．ここで注意したい点は，気温など変動性が高く，その変動構造に各時点でノイズが入りやすい変動を予測する場合，気温の水準を適格に「当てる」ということが狙いではなく，時系列的な変動構造を理解し，各時点や分析対象期間全体の気温の確率分布を記述し，リスクのあり方を解析することである．例えば，毎回二つのサイコロを投げて目の和を予測するとき，一つの値で予測値をつくる場合には平均値7で毎回予測することになるが，リスクマネジメントとして興味あるのは，そこからのずれの部分の大きさである．このずれの大きさは，それ自体としては気温変動の確率構造に関わるもので，小さくできるわけでない．
　しかしビジネスへの影響のあり方は多様性をもち，その変動構造と利益変動の

関係を理解することで，リスクマネジメントの手法が開発されたり，それをヘッジする金融手段のプライシングに利用可能となる．電力取引であれば，猛暑の場合の電力取引価格への影響であり，また収益分析であれば冷夏の場合の利益減少額である．

一般に天候変動を水準として当てるのは難しく，気象庁の長期予報もあまり当たっているとはいい難い．実際にモデル開発が企業の収益分析やリスクヘッジ手段の開発である場合，その平均的な水準にも興味があるが，そこからの乖離としての変動性の構造が情報として重要になるのである．

3.2 気温の変動構造

a．気温変動のモデル化の方法　気温デリバティブのプライシングや気温変動リスクの収益性への影響分析などを行うためには，気温の変動プロセスをモデル化し，推定する必要がある．気象庁では毎時間の気温を観測し公表しているが，本書で扱う日本の気温は，1日の時間ごとに観察した24個の気温の平均値（気象庁公表）である，日次平均気温とする．

気温の変動は自然現象であり，季節要因はもちろんのこと，地球規模の環境変化に大きく影響される．その一方で，長期的には経済活動が天候変動に影響している部分がある．そのため気象予報が困難になっていく．このため，気温の変動プロセスをモデル化するには，構造的なダイナミックスの部分と予測不可能な部分をうまく切り分け，構造的なダイナミックスの部分については多様な科学的アプローチに基づいた結果を使用していくべきである．

気温プロセスのモデル化については，現在のところ主に2通りの方法がとられている．
(1) 複雑系決定論的力学系モデル
(2) 時系列分析モデル

(1)では予測各地点において特定の時点に関して，地球上の多くの地点（メッシュ地点）規模での物理的な情報（気温，気圧，風速，湿度など）を入力して，その物理方程式を数値計算により解くことで将来を予測しようというものである．気象庁の方法がこれであり，具体的なモデルとしては複雑系ローレンツモデルを拡張したものを利用している．このタイプのモデルは，気温の予測を含めた

3.2 気温の変動構造

天候の予測という観点では一般的な構造モデルであるといえよう．ただし，予測には一般に数値計算にかかる高いコストを要求されるという欠点がある．また，当然のことながらひとつの初期値に対してはひとつの時間経路（パス）の結果しか導出されないので，将来の気温を確率分布として予測するためには異なる初期値を用いて高コストの計算を何度も行わなければならない（アンサンブル予測）．よほど能力の高い大型計算機を用いないかぎり，このような手法は将来の気温を確率分布として予測しようとする場合には適切とはいえない．

気温プロセスのモデル化のもうひとつの方法は (2) の時系列分析によるものである．この方法は，アンサンブル予報などと比べて計算コストは低く，その意味では予測気温分布の構築という点では優れているといえる．ただし，モデルとしては物理的な方程式として構造的に予測されるわけではないので，時系列モデルを構築する際には気温プロセスに対する理解が不可欠である．気温の時系列プロセスは，気温の時間的変化の中に統計的な法則性を見つけようとするものであるが，何の規範もなく眺めると，有効な情報を取り出すことはできない．このような場合でも一般に時系列分析をする際には統計的な視点から特定のモデルを仮定するのだが，気温プロセスのモデル化の場合には季節構造などのようにあらかじめ予期されるメカニズムが明らかに存在し，この気温特有の構造を十分に理解しなければならない．そこで以下では，一般に気温の時系列プロセスにはどのような構造が存在するのかをみていく．

b．うるう年の問題 気温プロセスの特徴を述べる前に，気温の時系列プロセスのモデル化では，データの取扱いで注意しなければならない点は，うるう年の問題である．時系列分析においては，ある年の4月1日の気温は前年の4月1日の気温に依存するようなモデルをつくることができるが，2月29日に関してはそのようなモデルをつくることができない．本書では便宜的にこの問題を避ける形で，2月29日のデータを捨てて1年365日として扱っている．2月29日を含む収益分析やデリバティブを考察するときには，それをなんらかの形で考慮しなければならない．

c．日次平均気温の変動特徴 気温変動には一般に以下のような特徴が観測される．

① 1年間を通じた季節による周期パターンが存在する．
② 日々の気温は，過去長い期間をみると標準的（平均的）な値を中心に上下

に振動するように振る舞う．
③ 連続した数日間の気温変動の大きさの間には相関がある（ボラティリティ変動の相関）．
④ 地球規模の温暖化傾向が観測される（トレンド）．
⑤ 日次平均気温は緩やかに変化する傾向がある（自己相関性）．
⑥ 将来も過去と同様の傾向が続く．

①の季節性が実はわれわれの消費生活と関係して，衣料品需要やエアコンの需要の基礎になっているので，例えば「今年の夏は暑いか」という予測問題は企業にとって重要である．さらにこの季節性と関係して，平均値から乖離の大きさの季節性がある．夏や冬はこの乖離の変動性は小さい．これはボラティリティ変動問題として後に議論される．以下，気温の特徴について詳しくみていこう．

図3.1は，東京の2年間の日次平均気温プロセスと過去41年間の各日の平均値をプロットしたものである．ここで日次平均気温とは，すでに述べたように気象庁が1日の各時刻ごとに発表する24個の気温の平均値である．図3.1から，①と②の特徴がわかる．気温は過去41年の平均からそれほど大きくずれることはなく，また互いに直近の数日間の気温をとって比較しても極端に乖離することもないのである．このことは日常の感覚からも明らかであろう．

このことから，

③ 連続した数日間の気温の間には相関がある

という特徴も指摘されよう．

図3.2には，1961〜2001年までの日次平均気温を圧縮して描いてある．この図をみると，

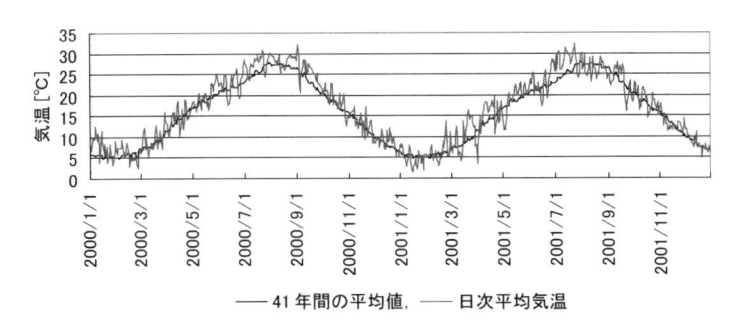

図3.1 日次平均気温（2000〜2001年）と41年間の平均値の比較（東京）

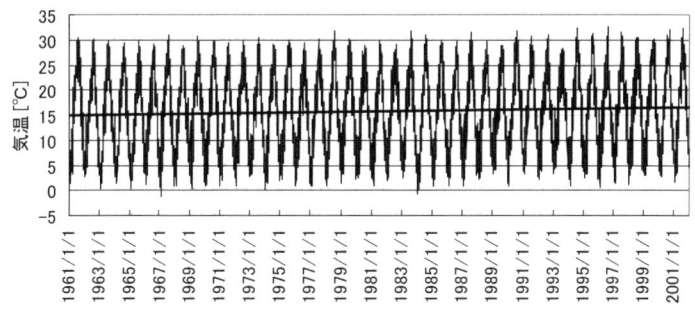

図 3.2 日時平均気温（1961〜2001年）と線形トレンド（東京）

④ 地球規模の温暖化傾向が伺える

地球規模で温暖化が起きていると指摘されて久しい．温暖化が将来どの程度進行するのかについてはさまざまな見解があるが，現実として，世界中で過去数十年間にわたって平均気温が徐々に上昇している．温暖化は人為的なものであれ自然な現象であれ，現実に起こっている現象なので，時系列モデルに取り込むことには十分な理由があるといえよう．時系列分析では，全体的な平均気温の上昇化傾向をトレンドとよび，1次式などでモデル化したりする．

温暖化とは別な概念として，いわゆるヒートアイランド現象がある．これは特定の地域，あるいは都市の気温の上昇傾向に関する概念である．これは例えば夏の冷房使用による余熱の放出のほか，都市における緑地の減少やビルが建つことにより風通しが悪くなることによる影響が考えられる．ヒートアイランド現象は近年特に大都市において顕著であり，気温プロセスについて考察する場合には重要な要素となる．したがって，都市ごとにトレンドが異なる可能性も大きくなる．

図3.2は東京の41年にわたる日時平均気温の変化を示している．東京においてもやはり温暖化の傾向がみられる．このように，特定の都市の気温時系列プロセスについて考察する場合には温暖化のトレンドがみられる場合が多く，それが地球温暖化によるものなのかヒートアイランド現象によるものなのかにかかわらず，モデルに取り込むことが重要である．

また，図3.2の温暖化トレンドは1年間気温全体でみたときに観測されているが，一般には例えば冬の気温は過去数十年で上昇傾向にあるが，夏の気温はそれほど変化がないなど，時期によって気温の上昇傾向に違いがある場合も考えられ

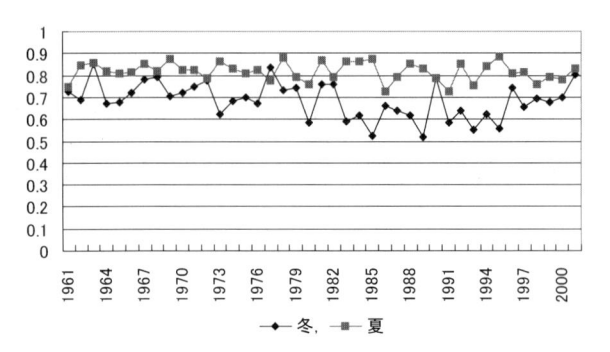

図3.3 東京の夏の気温と冬の気温の1次の相関の推移

るので，その点に関しても注意が必要である．

⑤ 日次平均気温は日次自己相関をもつ

図3.3は各年の東京の夏（7〜9月；92日）と冬（1〜3月；90日）の日次平均気温について，前日の日次平均気温との1次の自己相関係数を示したものである．調べた期間を通じて日次平均気温は，その前日の日次平均気温と強い相関をもっていることがわかる．興味がある点として，この傾向は冬より夏のほうが顕著である．このことは，夏において前日が暑いと安定的に翌日も暑くなる可能性が高いことを意味している．あるいは，夏より冬のほうが変動性が高くなる可能性を示している．このように気温プロセスについては，季節に応じてその特徴に違いがみられる場合もある．

⑥ 将来も過去と同様の傾向が続く

参考にした過去の気温データと同様の傾向が将来も続くことは，当然気温時系列モデルをつくる前提となる．その中には，長期的にゆっくりと変動していくものもデータ情報に含まれている．トレンド的な変動がその代表的なものであるが，ヒートアイランド現象のように特定地域の都市構造のあり方や経済活動のあり方に関係してゆっくり変わるものもある．あるいは制度的な環境規制と関係して変わっていくかもしれない．例えば，京都議定書の発効により当然将来の気候もそれにより影響を受けると考えなければならない．したがって，当然のことながら気温モデルは比較的近い将来のほうがより信頼性がもてるということになる．われわれの分析は，データ期間の外の直近1年間を視野に入れる．

そのほか，気温にはエルニーニョ現象など数年に一度起こるといわれている現

象も夏や冬の気温に大きな影響を与えることが知られている．このような現象がモデルの中に取り込まれているのかについては常に考慮しなければならない問題である．例えば，前の年にエルニーニョ現象の影響により日本で暖冬，冷夏だったとしても，今年そのようなことが繰り返される可能性が高いとは一概にはいえないのである．

データの中にはこのような現象の結果も含まれているが，分離して分析できるほど気温とこのような現象の関係がわかっていない．また分離不能な関係であるかもしれない．さらにそれがわかったとしても，今後それがどのように起こるかについて不明であろう．その意味では，エルニーニョのような現象を含めた全体的な気温プロセスの変動をモデル化することになる．われわれの主たる狙いであるリスク分析は，そのようなことが一定の確率で起こり，結果として利益に大きな影響を与えることを記述する．

データ利用の仕方のもう一つの問題として，データ期間（標本期間）のとり方の問題がある．データ期間を長くとると長期的な変動の影響が顕著となるのに対して，それをうまく考慮しないと全体として過小過大予測傾向をつくりかねない．他方，短くとるとモデルが不安定になりかねない．例えば，2004年は猛暑であったが，2005年以降の変動予測（リスク）分析ではその影響が大きく出る可能性がある．この問題の現実的対処法は，いくつかの期間を試すことである．あとは専門的視点からの判断となろう．

3.3 時系列モデル分析の基本

a. 概要および注意 3.2節で述べたような気温変動プロセスの特徴に留意しつつ，気温時系列モデルを構築するにはどのようにすればよいのであろうか．本節ではその考え方と具体的手法をみるために，刈屋・Tee・郷古（2004 A）を例にとりながら解説する．詳細な検証過程については論文を参考にされたい．

本節で提案する方法は段階的な気温モデル構築法である．これは気温プロセスを季節性やトレンドなどに分解し，安定的なものを段階的に定式化していく方法であり，前節で述べた①，②，④に関するモデルを構築するものである．この作業を行った後も，特定の構造をもつ時系列が残る．それが⑥の部分である．これについては第4章で分散変動モデルとして条件付分散変動モデルや確率的分

散変動モデルとして表現される．本章では，モデル構築のための時系列分析の基本として
- (1) トレンド，季節変動，についてのモデルの定式化と推定法，
- (2) トレンドと季節調整除去後の日次時系列を AR（自己回帰）モデルでモデル化，

の二つを考察する．(1), (2) の段階は変動の大きさの順になっている．これらの分解と推定法は時系列分析の基本である．通常時系列分析をする場合，トレンドや季節変動はある程度わかったものとして，それを原系列から「除去」して，そこからの乖離を興味ある時系列変動分析対象として議論する場合が多いが，気温の場合，変動の大きさとしてはトレンド・季節変動が大きく，その水準が基本的な気温水準を決定するので丁寧な分析が必要となる．

さらに注意したい点として，将来の変動プロセスをシミュレーションで予測するためには，推定結果のモデルの安定性に関わる問題がある．一般に複数の複雑な時系列的要素を個別的に表現し，それらのモデルを統合したモデルでパラメータを同時推定する場合，データの変動に対する各要素の寄与が正確に反映されない場合がある．その結果，シミュレーション結果として，夏にマイナスの気温のパスが生じたりすることもある．本章では，この不安定性問題を避けるためにモデルの各要素に対して段階的に推定する方法を採用する．

b．トレンド，季節調整モデルの概要　　本節では，気温の季節変動とトレンドを同時に調整するモデルとして
- (O) トレンドなし・日次季節調整モデル
- (Tr) 線形トレンド・日次季節同時調整モデル
- (S) SAR 型季節・トレンド同時調整モデル

の 3 種類のモデルについて考察していく．なお，SAR は季節自己回帰（seasonal autoregressive）の略である．以下ではこれらのモデルの概要，およびその意味についてそれぞれ述べていく．なおすでに述べたように，すべてのモデルの構築にあたっては，うるう年の 2 月 29 日のデータを無視することにする．

日次気温時系列 $\{y_{yr,t}\}$ の期間が N 年として，時点を yr 年，t 日の二つで表現すると，$yr=1, 2, ..., N$，$t=1, 2, ..., 365$ となる．以下では，モデルのパラメータ推定過程においては東京の 1961 年 5 月 1 日～2001 年 4 月 30 日の 40 年間のデータを用いることになるので，$N=40$ とする．また，1961 年 5 月 1 日に対

応するのは $yr=1$, $t=1$ ということになる．それゆえ $yr=1$, $t=365$ は 1961 年 4 月 30 日を意味することになる．1962 年 5 月 2 日は $yr=2$, $t=2$ と表記される．なぜ 5 月 1 日を出発点としてデータをモデル化の対象としているかは，第 5 章で夏の気温変動リスクを交換（スワップ）する企業取引の事例を想定しているからである．そこでは，4 月 30 日までのデータに基づいて分析し，夏の気温変動リスクに対して意思決定を行う主体を扱う．

(O) トレンドなし・日次季節調整モデル

まず，3 種類のモデルの中で最も単純なモデルとして，トレンドなし・日次季節調整モデルを説明する．そのモデルでは，与えられた日次気温の系列 $\{y_{yr,t}\}$ の季節変動構造は過去 N 年間の各日の平均値で表現されるとして，

$$y_{yr,t} = \bar{Y}_t + v_{yr,t} \tag{3.1}$$

と定式化する．ここで，$\bar{Y}_t = \sum_{yr=1}^{N} y_{yr,t}/N$ は第 t 日の N 年間の平均値である．これは各年の第 t 日の平均季節値とみることができる．例えば 5 月 1 日の気温のモデルを考えてみよう．1961〜2000 年までの過去 40 年間の 5 月 1 日の気温の平均が $\bar{Y}_1$ であるが，これは 40 年間の 5 月 1 日の平均的な気温の水準を示し，過去の経験からみた 5 月 1 日の季節的な期待水準としてみることができる．この平均からの各年の乖離を $v_{yr,1}$ で表す．これを季節調整後日次系列とよぶ．40 年のような長い期間をとると，$\bar{Y}_t$ ($t=1, ..., 365$) の 1 年間の値は，夏の値は大きく冬の値は小さいという季節性の構造が安定的に表現される．(3.1) ではこのようにして 365 日分の平均を各日の季節値として季節構造を表現する．このアプローチでは，例えば 7 月 10 日であれば，その 40 年間平均値を中心として考えるので，7 月 10 日の中に潜むトレンド的な傾向が最近のものと過去のものとが一緒に平均されている．各日の平均値の変動 $\bar{Y}_t$ ($t=1, ..., 365$) が年を表す変数 yr に依存していないので，トレンドなしということになる．各日の平均季節値（水準）からの乖離の系列 $\{v_{yr,t}\}$ は，日次の比較的短い期間の時系列構造をもつプロセスで，これをトレンドなし・日次季節調整系列，もしくは O 調整系列ということにする．これが次のステップで時系列モデル化の対象になる．

(Tr) 線形トレンド・日次季節同時調整モデル

トレンドなし・日次季節調整モデルにトレンドを組み込むこともできる．トレンド・日次季節同時調整モデルは日次平均気温 $y_{yr,t}$ が次式のように各日 t に依存した定数項と，yr の 1 次トレンド項とその残りの系列 $\{v_{yr,t}\}$ に分解される

モデルである．

$$y_{yr,t} = c_t + b_t yr + v_{yr,t} \tag{3.2}$$

このモデルは，日次平均季節値 $\bar{Y}_t$ が，日次季節項 c_t とトレンド項 $b_t yr$ に分解されて $c_t + b_t yr$ に変更されている．このうち c_t で基本的な季節変動を扱い，$b_t yr$ の部分で過去 40 年間での気温の上昇トレンドを扱う．ただし，上昇トレンドは例えば 1 月 1 日と 8 月 1 日など，異なる月日に対しては異なる値である可能性がある．そこで，モデルにおいてもトレンドを表すパラメータ b_t を各日ごとに推定する．推定では，各 t に対して $yr=1, ..., 40$ 個の値から c_t, b_t が最小 2 乗法によって決定される．そして，線形トレンド・季節同時調整モデルからの乖離の系列 $\{v_{yr,t}\}$ をトレンド・季節同時調整系列，あるいは Tr 調整時系列とよぶ．この残差系列も次のステップで時系列モデル化の対象となる．

(S) SAR 型季節・トレンド同時調整モデル

SAR 型季節・トレンド同時調整モデルは，時系列モデル分析法で有名なボックス-ジェンキンス法のアプローチを採用するものである．それは，

$$y_{yr,t} = c_t + \sum_{i=1}^{D} d_i y_{yr-i,t} + \sum_{i=1}^{E} e_i y_{yr,t-i} + \varepsilon_{yr,t} \tag{3.3}$$

と表現される．このモデルの基本的な考え方は以下のとおりである．例えば 2001 年の 5 月 1 日（$t=1$）の気温について考えてみる．まず，各年の 5 月 1 日の気温が 5 月 1 日のトレンドと季節の情報をもつと考えられるので，$c_t + \sum_{i=1}^{D} d_i y_{yr-i,t}$ でそれをモデル化する．c_t によって固定的な季節部分を捉え，$\sum_{i=1}^{D} d_i y_{yr-i,t}$ が確率的な季節変動および温暖化傾向などのトレンドを含んでいる．

また，各日の気温は日次時系列構造として，その日以前の気温にも依存していよう（3.2 節⑤）．その日次間の時系列相関構造の部分については，$\sum_{i=1}^{E} e_i y_{yr,t-i}$ でモデル化する．このモデルでは，(3.3) のパラメータ d_i, e_i を最小 2 乗法で同時推定する．$\{\varepsilon_{yr,t}\}$ の系列は，構造的な変動からの乖離として，誤差系列またはノイズとよぶ．

第 2 段階：O 調整系列，Tr 調整系列の AR モデル

(O) モデルおよび (Tr) モデルの調整系列 $\{v_{yr,t}\}$ については日次時系列構造を表現するためにさらにモデル化を行う．すでに行った作業によってトレンドや季節変動の年次レベルでの依存性は調整されているので，$v_{yr,t}$ をすべての年とすべての日にわたる時系列（$yr=1, ..., 40, t=1, ..., 365$）として，ここでは

v_t と書くことにする．そして，この系列は自己回帰モデル

$$v_t = \sum_{i=1}^{l} \gamma_i v_{t-i} + \eta_t \tag{3.4}$$

に従うものとする．このモデルについては次節で説明する．

3.4 パラメータの推定

3.4.1 基礎概念の復習

モデル推定に用いるデータと基本的統計概念について

モデル推定を行うためには，分析対象となる一定期間のデータが必要である．ここでは刈屋・Tee・郷古（2004 A）と同様に東京管区気象台大手町地点で観測された日時平均気温の 1961 年 5 月～2001 年 4 月の 40 年間のデータを用いる．そして統計的モデリングの基準によって，モデルのパラメータを有効に推定する．ここでは今後の議論を進めるために必要な統計学の基本的な考え方について説明しておく．簡便な解説書としては刈屋・勝浦(1995) が参考になろう．

(1) AR(q)モデル

ある時系列変数 X_t に関して

$$X_t = A_1 X_{t-1} + A_2 X_{t-2} + A_3 X_{t-3} + U_t \tag{3.5}$$

のように X_t を過去の X の値の 1 次式として説明するモデルを AR モデル（autoregressive，自己回帰モデル）とよぶ．上の式の例では X_t は過去 3 期の値 ($X_{t-1}, X_{t-2}, X_{t-3}$) に依存している（AR(3)モデル）．そして，過去 3 期の値で説明しきれない部分を誤差項 U_t とする．誤差項 U_t はその期の新しいノイズであり，通常平均 0，分散一定と仮定する．またそれは X_t に対して説明能力がなく，U_t と U_{t-s} は互いに無相関もしくは独立と仮定する．この仮定によりパラメータ推定では最小 2 乗法が利用可能となる．また正規分布をするという仮定が近似的に成立すれば，推定では最尤法も利用される．AR モデルは時系列分析において最も基本的なモデルの一つで，非常に汎用性のあるモデルであり，幅広い研究に応用されている．もちろん誤差項の仮定の妥当性をデータから検証し，仮定が満たされない場合，モデルを変更する．

ここで自己相関について復習しよう．自己回帰モデルが推定されると，データから誤差項の推定値として残差時系列 $\{\hat{U}_t\}$ が得られる．以下では記号の簡単

化のために，誤差項が直接観測できるものとして U_t を使う．このとき次数 i の自己相関係数は U_t の標本期間中の平均を $\bar{U}$，標準偏差を $\hat{\sigma}$ と表すと，

$$\hat{\rho}_i = \frac{(1/N)\sum_{t=i+1}^{N}(U_t - \bar{U})(U_{t-i} - \bar{U})}{\hat{\sigma}^2},$$

$$\hat{\sigma}^2 = \frac{1}{N}\sum_{t=1}^{N}(U_t - \bar{U})^2 \tag{3.6}$$

で定義される．自己相関係数 $\hat{\rho}_i$ は，U_t と U_{t-i} の標本期間 $t = i+1, ..., N$ に対する相関係数である．相関係数の絶対値が大きいほど i 日離れた二つの日次平均気温には強い相関があることになる．その相関が 0 に近いと無相関と判断され，系列 $\{U_t\}$ は無相関系列とみなされる．その結果，AR モデル (3.5) の最小2乗法による推定が妥当なものと判断される．

(2) **AIC**（赤池情報量基準）

モデルが AR など特定の形式に決まったとしても AR(q) と記述する際のモデルの次数 q をいくつにするのかという問題が残る．この次数 q の決定にはなんらかの基準に基づくことが必要である．このモデルの次数選択の基準のひとつに，次式で与えられる AIC（Akaike's information criterion，赤池の情報量基準）がある．

$$\text{AIC} = \{-2 \times (\text{最大対数尤度}) + 2 \times (\text{モデルのパラメータ数})\}/T \tag{3.7}$$

ここで T はモデルの自由度を表す．AIC が小さいほど適合度が高いモデルであると考えられる．対数尤度は，誤差項が正規分布と仮定される場合，

$$-(T/2) \times \{\log(2\pi) + (\text{残差の平方和}/T)\} \tag{3.8}$$

と書ける．最大対数尤度ということは，文字どおり尤度が最大となるようにパラメータを推定するので，結局残差の平方和が最小のものを最もよく当てはまるモデルとして選択することと同等となる．ただし，モデルのパラメータが増えるとAIC の (3.7) の第2項の値も増加する．すなわち，パラメータの増加に対してはそれに見合う説明力の増加がないと，AIC が増加するという一種のペナルティーが第2項により課されている．一般に，パラメータ数（q の次数）を増やしていけばそれだけ残差2乗和が小さくなり結局右辺第1項は小さくなるのだが，上に述べたペナルティーの効果により適当なパラメータ数で AIC が最小になるのである．なぜ AIC が基準としてふさわしいのかなど，詳細は省略する．最小の AIC をもたらす次数 q のもとでのモデルが，最適なモデル AR(q) モデルと

(3) **SBIC**

モデルの選択の情報量基準にはAICのほかにもSBIC基準（Schwarz Bayesian information criterion, シュワルツのベイズ情報量基準）が有名である．これは，

　　SBIC＝{－2×(最大対数尤度)＋(モデルのパラメータ数)×log(T)}/T

の値が最小の場合にそのモデル次数 q を選択する基準である．モデルの自由度が大きい（分析に使用するデータの数が多い）場合には，SBICはAICと比べてパラメータが増加したときに第2項が急激に大きくなるという特徴をもつ．したがってAICと比較すればSBICはパラメータ節約的なモデルを最適なモデルとして選択するという傾向をもつ．本章では誤差項は近似的に正規分布とみなして，モデル選択ではこのSBIC基準を採用する．

(4) **最小2乗法**

モデルを選択する際には，モデルの次数のみならずパラメータの値そのものも推定しなくてはならない．推定法としてよく用いられている方法は最小2乗法である．すなわちわれわれのモデルを例にすれば，それは1961年5月1日〜2001年4月30日の40年間のデータ（365×40個）について $v_{yr,t}$ もしくは $\varepsilon_{yr,t}$ の2乗和を最小にするようにパラメータを推定する方法である．

(5) **自己相関係数**

T 個の観測可能な時系列データ（$w_1, w_2, ..., w_T$）で，その平均が0であるとする．このとき，k 次の自己相関係数は

$$\hat{\rho}_k = \frac{1}{T}\sum_{t=k+1}^{T}\frac{w_t w_{t-k}}{\hat{\sigma}^2} \quad \text{ただし} \quad \hat{\sigma}^2 = \frac{1}{T}\sum_{t=1}^{T}w_t^2$$

で表される．この値は，w_t に対する k 期前の値 w_{t-k} が $t=k+1, ..., T$ に対して平均的にどの程度線形的に影響しているのかを示すものである．

3.4.2　気温モデルの定式化

a．第1段階

(O) モデル

平均 $\overline{Y}_t$（$t=1, ..., 365$）は簡単に計算できる．したがって，第2段階でその残差 $\{v_{yr,t}\}$ が（3.4）のARモデルとしてモデル化の対象となる．

(Tr)モデル

$$y_{yr,t} = c_t + b_t yr + v_{yr,t} \tag{3.9}$$

では，b_t および c_t は，各 t に対して $yr=1, ..., 40$ 個のデータをもとに 365 回の最小 2 乗法を用いて日次ごとのトレンドを推定した．具体的な推定結果については論文（刈屋・Tee・郷古（2004 A））を参照していただきたい．このトレンド式から各 (yr, t) に対して得られる値 $\hat{y}_{yr,t} = c_t + b_t yr$ は，トレンドと季節値を考慮した当該特定日の平均的な値を与える．

ここで，モデルがどの程度現実の気温プロセスを再現（内挿）しているのかを図でみてみよう．図 3.4 は 1999 年 5 月 1 日～2001 年 4 月 30 日まで期間の実際の気温，トレンド・季節系列 $\hat{y}_{yr,t} = c_t + b_t yr$ と，実現値からこれを引いた残差を示したものである．図 3.4 をみると，(3.2) のモデルが気温プロセスの基本部分を的確に記述していることがわかる．特に気温の季節的な循環についてはほぼ完全に捉えている．$b_t \equiv 0$ としたのが (O) モデルであるので，当然のことながら (Tr) モデルのほうが説明力が高い．

トレンドを仮定するモデルの適切性を調べる方法として，仮説検定法により有意水準を定めて t-値を調べる方法がある．ここで t-値は，推定されたパラメータ（ここでは b_t および c_t）が統計学的な観点からどの程度仮説 $b_t \equiv 0$ を正しくないものとして棄却できるかの強さを示す値である．この値の絶対値が大きいほど有意である．有意水準はトレンド項が存在しないという帰無仮説が成立する場合，それを間違って棄却する確率である．t-値が有意水準 5％ に対応する t-値

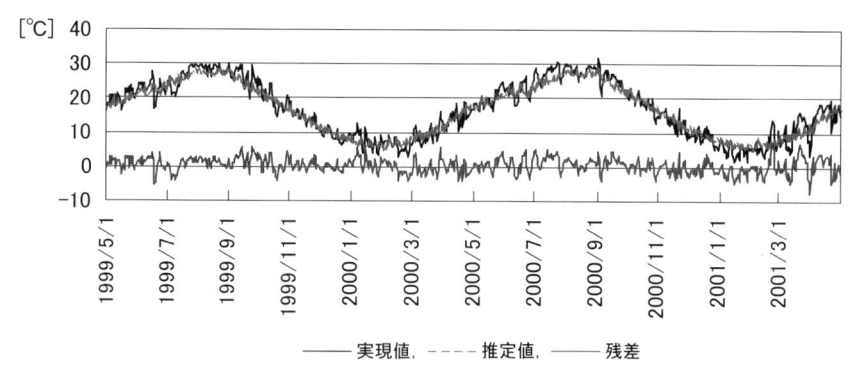

図 3.4 (Tr) モデルによる気温プロセスの推定結果と残差

の値を超えた場合，帰無仮説は棄却されトレンド項が存在すると判断される．標本数（自由度）がある程度大きいと，有意水準5%のt-値はほぼ2となる．

この仮説検定方式に従ってt-値を調べた結果，トレンド項のt-値が2を超えた日は74日しかなかった．したがって仮説検定方式に従ってデータからみるかぎり，365日の中で強い上昇傾向をもつ日は相対的に多くないことになる．このような場合にはこの74日の部分だけトレンドの存在を仮定するようなモデルを考えることもできる．しかしながらここでは日次データの連続性を考慮して全期間に対してトレンドを考慮することとした．予測への有効性の基準では，$|t|$値が1以上であれば受入れという基準もある．$|t|$値はほとんど1以上である．いずれにしてもトレンド項を入れても，その説明能力が弱い場合$|b_t|$は小さくなるので入れておいても害は少ない．

(S)モデル

SAR型季節・トレンド同時調整モデル（(3.3)）

$$y_{yr,t} = c + \sum_{i=1}^{D} d_i y_{yr-i,t} + \sum_{i=1}^{E} e_i y_{yr,t-i} + \varepsilon_{yr,t} \tag{3.10}$$

においては次数D, Eおよびパラメータc, d_i, e_iを推定しなければならない．この際，パラメータc, d_i, e_iを同時にすべてを推定することも考えられる．しかし，この場合には推定の不安定性が残る．つまり，このように一度に推定してしまうと，見掛け上のフィットを追いすぎて本来のパラメータ依存性を的確に抽出できるかという点で問題がある．そこで，最初に最も変動が大きい部分として，季節変動とトレンドを表す年次ラグの自己回帰を行い，ラグの次数Dを決めることにした．このような段階的推定プロセスは，情報のあり方の違いを分離

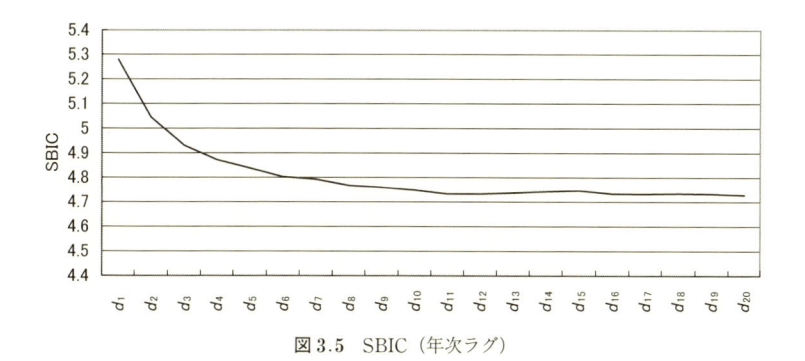

図3.5 SBIC（年次ラグ）

表 3.1 年次ラグ推定の結果

	係数推定値	t-値	補正 r^2	残差2乗和	F 値	AIC	SBIC
c	0.4641	7.8868					
d_1	0.0915	9.4866					
d_2	0.0643	6.6934					
d_3	0.0851	8.8246					
d_4	0.0806	8.3806					
d_5	0.0641	6.6463	0.8914	69694.3623	7902.2450	4.7248	4.7331
d_6	0.1010	10.5265					
d_7	0.0740	7.6953					
d_8	0.0892	9.2401					
d_9	0.0806	8.3310					
d_{10}	0.1394	14.3668					
d_{11}	0.1171	12.0457					

して結果を安定させ，シミュレーションによるリスク分析を有効にさせるものとして重要である．年次ラグの自己回帰の SBIC では，図 3.5 のように SBIC が最小になる場合を発見できなかった．そこで減少が小さくなり，SBIC が極小になる SAR(11) を選択した．推定結果については表 3.1 に掲載しておく．

結果として年次ラグは 11 を選択することになったが，この点については少し注意が必要である．われわれが推定のために使ったデータは 40 年分にすぎない．これは気象庁から入手可能なデータがこの程度のものであるためである．もちろん 40×365 個のデータはそれ自体は多いのであるが，20 年のラグを入れたモデルでは一挙に半減する．実際，SBIC は次数 20 を超えてもまだ小さくなり続けるのであるが，あまりにも長い期間を考察することは推定の自由度の減少による推定値の不安定性をもたらすことになる．われわれは SBIC が最初に極小となる次数 11 を選択した．11 年という数字に何か特別な意味があるのかはわからない．ちなみに，太陽黒点の活動周期が地球の気温に影響を与えるといわれているが，その周期のひとつがおよそ 11 年であるというのはよく知られている事実である．表 3.1 の d_i をみるとすべて正で，その大きさはラグが長いところでも小さくなっていない．また t-値は有意である．(3.10) の右辺第 2 項の役割は，季節変動だけでなくトレンドも表現する役割を果たす．補正決定係数が 0.8914 であるから，(3.3) の第 1 項と第 2 項で気温変動の約 90% を説明する．

さて，年次推定の次数 D が 11 に決まったので，その次数を固定して (3.3) のモデルについて日次部分の次数 E およびパラメータ e_i を推定することにな

る．ここでは年次推定の次数 D は 11 に固定したまま，各パラメータ c, d_i, e_i については同時に推定し直すことにした．推定の結果，図 3.6 からわかるように，SBIC は次数 $E=7$ で最小になった．つまり，日次の部分では，ある特定の日の気温を推定する場合に 1 週間前までの気温を使用することになる．表 3.2 をみると，最初の 3 日前の値の影響が大きい．そこで同時推定モデルとして採用されたモデルを SAR(11, 7) とよぶことにする．推定結果については表 3.2 に掲載

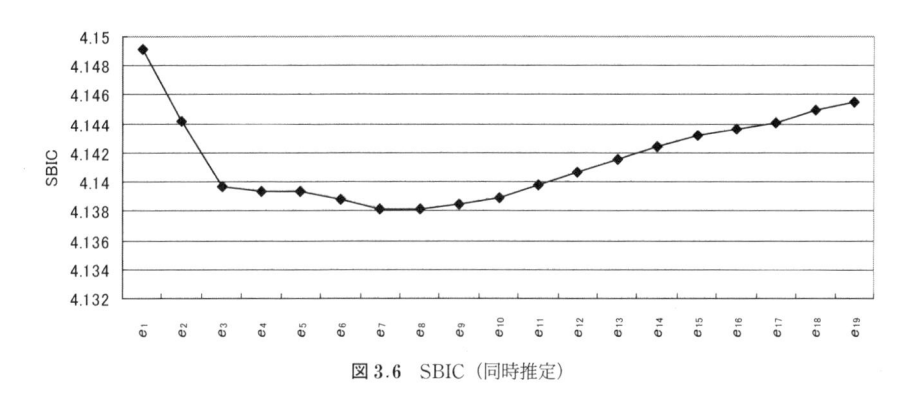

図 3.6 SBIC（同時推定）

表 3.2 (S) モデルの係数推定結果

	係数推定値	t-値	補正 r^2	残差 2 乗和	F 値	AIC	SBIC
c	0.1297	2.9556					
d_1	0.0294	4.0880					
d_2	0.0184	2.5756					
d_3	0.0327	4.5514					
d_4	0.0229	3.1841					
d_5	0.0046	0.6389					
d_6	0.0386	5.3854					
d_7	0.0195	2.7188					
d_8	0.0213	2.9548					
d_9	0.0210	2.9147	0.9404	38209.9023	9286.1550	4.1251	4.1382
d_{10}	0.0472	6.4719					
d_{11}	0.0386	5.2995					
e_1	0.7131	73.2755					
e_2	-0.1265	-10.5912					
e_3	0.0484	4.0295					
e_4	0.0137	1.1380					
e_5	0.0077	0.6381					
e_6	0.0083	0.6929					
e_7	0.0378	3.9634					

しておく．この表をみると，季節効果に加えて日次のラグ効果を入れると，季節変動パラメータ d_i の大きさが1/3程度の大きさに減少する．これは日次変動の有意性を示すものでもある．実際，補正決定係数は 0.94 となっている．

b．第2段階：残差分析
残差の相関

ここで，本節で取り上げている3種類のモデル（(O)，(Tr)，(S)モデル）のそれぞれについて，第1段階の作業を行った後の残差（(3.1) と (3.2) では $\{v_{yr,t}\}$，(3.3) では $\{\varepsilon_{yr,t}\}$）の性質をみておく．(O)モデルと(Tr)モデルについては，季節・トレンド除去後の残差の日次変動構造を (3.4) のようにモデル化する．第2段階の作業を行い，(S)モデルでは日次ラグ構造をすでにモデル化してあるので，その作業を行わないのはこの残差（$\varepsilon_{yr,t}$）の性質に違いがあるからである．時系列としての残差の性質の違いをみる前に，残差のヒストグラムとその基本統計量をみてみよう．残差の数は 365×40＝14,600 である．

図3.7～3.9をみると，残差の分布は対称な形ではなく左裾を長くして右に偏って歪んでいることがわかる．このことは表3.3の歪度の値が負になっていることからも確認できる．したがって残差の分布は正規分布ではない．特に図3.7，3.8の分布は形状的にも中太りがあり，正規分布の均斉のとれた釣鐘形から乖離しており，情報が残っていることがうかがえる．このような残差の性質について

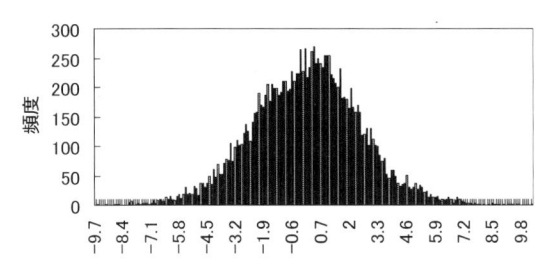

図3.7　トレンドなし・季節同時調整(O)モデルの残差ヒストグラム

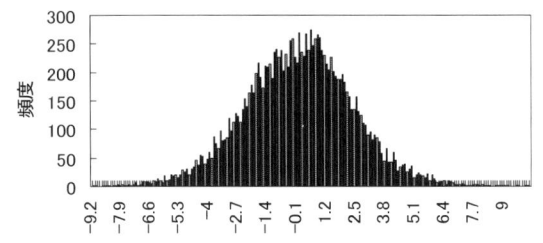

図3.8　トレンド・季節調整(Tr)モデルの残差のヒストグラム

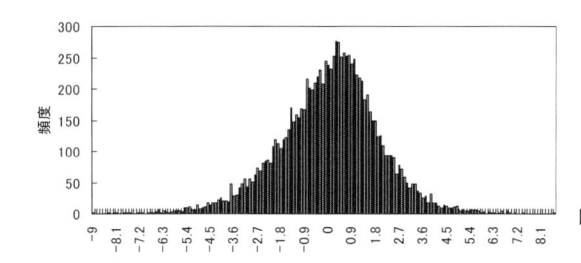

図 3.9 SAR モデルの残差のヒストグラム

表 3.3　残差の基本統計量

	トレンド・季節同時調整モデル	トレンドなし・季節調整モデル	SAR 型季節・トレンド同時調整モデル
平均	6.52 E-11	−4.1 E-16	−1.1 E-15
標準偏差	2.4031	2.4643	1.9000
歪度	−0.0152	−0.0076	−0.2325
歪度検定統計量	−0.6214	−0.3082	−9.7628
尖度	3.3319	3.2928	3.8539
尖度検定統計量	8.1865	7.2229	17.9270

は第 4 章で詳しく述べる．

次に (O) モデルおよび (Tr) モデルの残差と，(S) モデルの残差の時系列の性質の違いをみていく．これらの残差の性質の違いは当然それぞれのモデルの構造の違いによってもたらされる．図 3.7, 3.8 では日次時系列変動構造が残っていて，山が滑らかではない．実際，(O) モデル ((3.1)) および (Tr) モデル ((3.2)) においてはある特定の日の気温を推定するにあたって，その前日や前々日の気温との時差（ラグ）相関関係は考慮されていないが，(S) モデルにおいてはこの相関関係が (3.3) の $\sum_{i=1}^{D} d_i y_{yr-i,t}$ によって考慮されている．それゆえ，

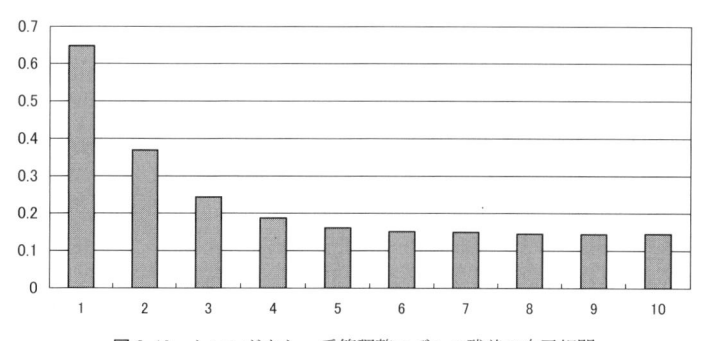

図 3.10　トレンドなし・季節調整モデルの残差の自己相関

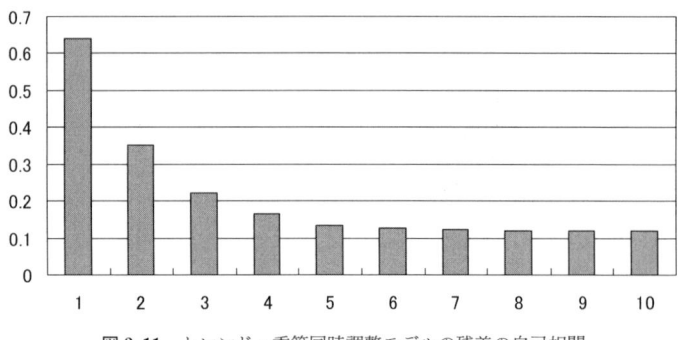

図 3.11 トレンド・季節同時調整モデルの残差の自己相関

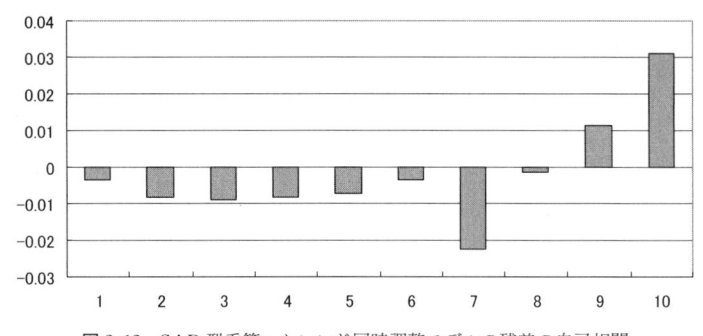

図 3.12 SAR 型季節・トレンド同時調整モデルの残差の自己相関

残差の自己相関係数について (O) モデルおよび (Tr) モデルについは有意な値が観測され，(S) モデルについては自己相関は 0 に近い値になるはずである．このことを確かめたのが図 3.10〜図 3.12 である．

当然のことながら予想したとおり，(O) モデルおよび (Tr) モデルについは残差 $\{v_{yr,t}\}$ の自己相関に有意な値が観測され，(S) モデルについては残差 $\{\varepsilon_{yr,t}\}$ の自己相関がほとんどないことがわかる．

(O) モデルおよび (Tr) モデルの残差 $\{v_{yr,t}\}$ の AR モデルの次数決定

(3.4) のように (O) モデルおよび (Tr) モデル残差を AR でモデル化する．

(O) モデル

平均除去後の残差系列に対して，(3.4) のもとで AR 推定を行った．図 3.13 のように AR(10) が最小 SBIC を与えるので，平均除去後の残差系列を AR(10) でモデル化することにした．以下ではこのモデルを O-AR(10) モデルとよぶ．

3.4 パラメータの推定

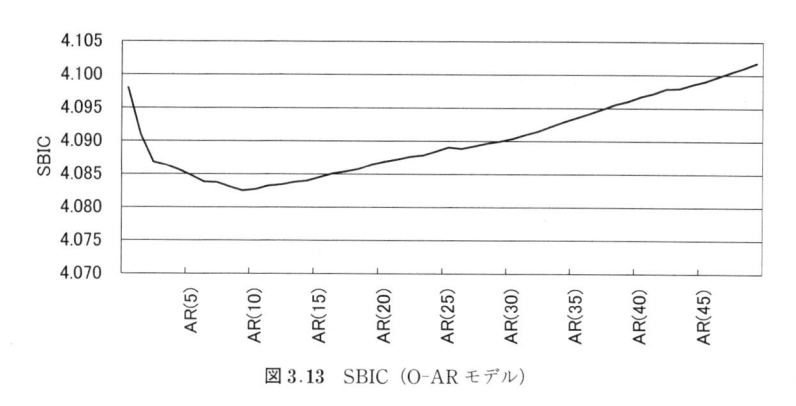

図 3.13 SBIC（O-AR モデル）

(Tr) モデル

トレンド季節変動除去の残差系列に対して，(3.4) のもとで AR モデル選択を行う．AR(1)〜AR(50) までの推定を行った．結果を図 3.14 に示す．図はラグ 1〜50 までの SBIC 値を示してある．図からわかるように AR(10) で SBIC は最小となるから，(Tr) モデルの残差系列は AR(10) に従うとした．以下 T-AR(10) モデルとよぶ．

本節では刈屋・Tee・郷古 (2004 A) を参考に気温時系列モデルの構築の過程を追ってきたが，モデル化の作業はこれで終わりではない．以降の作業については第 4 章で詳しく述べる．本節においては O モデル，Tr モデルの残差の AR モデル次数決定までの作業を行った．

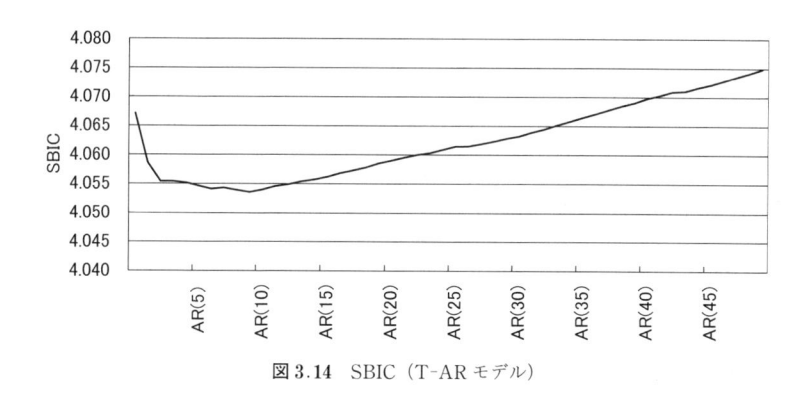

図 3.14 SBIC（T-AR モデル）

3.5 Cao-Wei モデルによるアトランタの気温時系列分析

　気温デリバティブの研究において気温時系列プロセスのモデルはさまざまである．一方には，連続時間のディフュージョンモデル（対数正規プロセス）など，資産価格プロセスとして採用されるマルコフ型連続時間モデルを採用して形式的にデリバティブをプライシングするものもある．しかし第1章で述べたように，気温はノンマルコフで季節変動があり，また他の資産で複製できないという非完備性をもっているので，このアプローチによるモデルは，現実的な妥当性が低いであろう．他方，本書のような時系列モデルによるものでも，温暖化トレンドや季節構造を仮定したり，日次平均気温の相関関係をARモデルで取り扱うなど，伝統的なアプローチに加えて，ボラティリティ（変動性）の季節構造に注目したモデルを提案するCao-Wei(2003)モデルもある．彼らはそれを決定論的な三角関数で表現している．もちろん気温のボラティリティのプロセスは，このような確定的な要素だけで説明しきれるものではない．

　本書においては，次章で自己回帰モデルの誤差項自体に分散変動構造があることを検証し，さらにモデルを精緻化するが（第4章参照），一般には残差を正規分布だとみなして正規乱数を発生させて予測気温分布を作成してしまうことが多い．このようにして得られた予測気温分布をもとに対象期間のHDDやCDDを計算している論文が多くみられる．

　本節では，ボラティリティ（分散）変動構造として三角関数を利用するCao-Weiモデルを利用して，アトランタの気温時系列プロセスの時系列モデル化のプロセスを示す．

　Cao-Weiの米国5都市（アトランタ・シカゴ・ダラス・ニューヨーク・フィラデルフィア）の過去20年間（1979〜1998年）の日次平均気温データについての研究では，次の点を観察している．

- 北にある都市のほうが気温の分散（ボラティリティ）が大きい，
- 都市間の相関がきわめて高い，
- ボラティリティは，冬の気温のほうが夏よりも大きい，

　図3.15は，アトランタとシカゴについて1979〜1998年までの気温の日時平均気温（米国では最高気温と最低気温を2で割ったもの）の各日の標準偏差を示し

3.5 Cao-Wei モデルによるアトランタの気温時系列分析

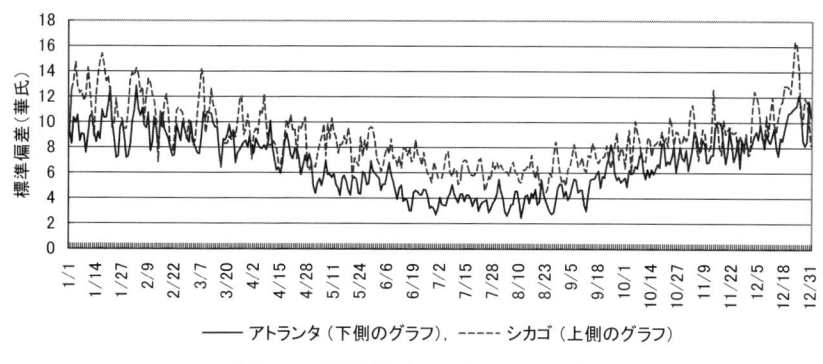

図 3.15 標準偏差（シカゴ・アトランタ）

たものである．この図からも，1) シカゴのほうが全体的に標準偏差が大きい，2) 両都市とも冬のほうが夏より標準偏差が大きい，ことがわかる．

a．AC と PAC　以下の分析は遠藤（2002）に基づいている．1979〜2001 年までの 23 年間のアトランタの日次平均気温 $y_{yr,t}$ をモデル化する．対象となる年を yr で表し，1979 年を $yr=1$ とする．また 1 年間の日付を t で表し，1 月 1 日を $t=1$ として 3.3，3.4 節の分析と同様に以下のように表現する．

$y_{yr,t}$：yr 年の日付 t における気温，　$yr=1, 2, ..., 23$，　$t=1, 2, ..., 365$

日付 t における 22 年間の平均気温および標準偏差を，次のように定義する．

$$\overline{Y}_t = \frac{1}{23}\sum_{yr=1}^{23} y_{yr,t} \quad (3.11)$$

この $\overline{Y}_t$ は各日に対する季節値となる．1979〜2001 年までの 23 年間のアトランタの日次平均気温 $Y_{yr,t}$ の季節変動からの乖離を，$\overline{Y}_t$ との偏差

$$U_{yr,t} = y_{yr,t} - \overline{Y}_t, \quad yr=1, 2, ..., 22, \quad t=1, 2, ..., 365 \quad (3.12)$$

で表す．この $U_{yr,t}$ について，年と日の表記を区別せずに単に時系列として並べたものを U_t と書くことにする．

図 3.16 は，U_t について自己相関係数 AC（autocorrelation）と偏自己相関係数 PAC（partial autocorrelation）をプロットしている．PAC の意味を説明する．自己相関係数，例えば U_t と U_{t-2} の自己相関係数が大きい場合でも，それは U_t と U_{t-1}，および U_{t-1} と U_{t-2} の相関が大きいために見掛け上相関が大きいようにみえるだけで，実際にはある時点での気温と 2 日前の気温はそれほど相関していないのかもしれない．このような場合，U_t から U_{t-1} の影響を最小 2

乗法で取り除いた $U_t-a_1U_{t-1}$ と U_{t-2} の相関係数を求めて，直接的な相関をみるのが2次の偏自己相関係数である．同様に

$$U_t = a_1 U_{t-1} + \cdots + a_{t-k+1} U_{t-k+1} + v_t$$

とおくと，残差 v_t と U_{t-k} の相関係数が k 次の偏自己相関係数である．さらなる内容は時系列分析の本を参照されたい．いずれにしても k 次の偏自己相関係数 PAC は，U_t から U_{t-k+1} までの自己相関構造の影響を取り除いた残差 v_t と U_{t-k} の相関係数である．ボックス-ジェンキンス法は，AC と PAC をみて AR などのモデル化を行う方法である．

　図3.16，3.17では，自己相関，偏自己相関について次数10まで計算してある．検証結果をみると，まず自己相関については次数10まで有意な値をもっていることがわかる．しかしながら，偏相関係数をみると有意な値をもっているのは次数3までである．そこで，ここではボックス-ジェンキンス法の視点から，1979～2001年までの23年間のアトランタの日次平均気温について，3次のARモデルを仮定して自己回帰を行った．結果は表3.3のようになった．

　表中の P-値とは，有意水準をどのような値にすると検定結果が有意になるの

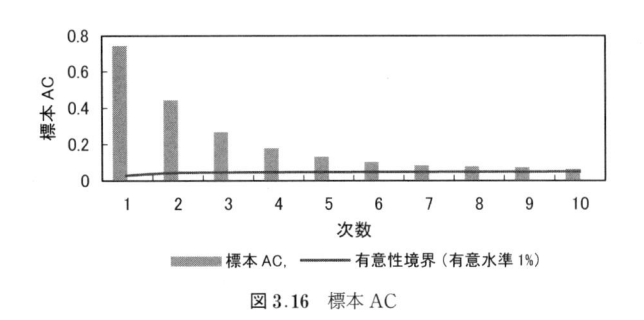

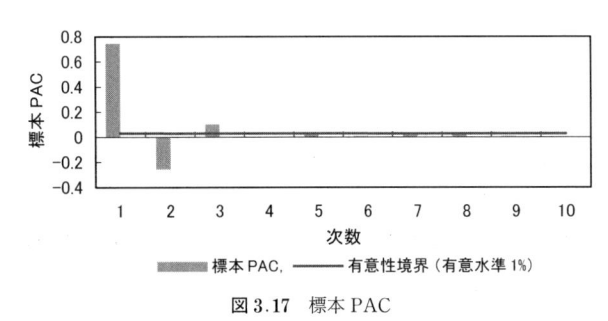

図3.16　標本 AC

図3.17　標本 PAC

3.5 Cao-Wei モデルによるアトランタの気温時系列分析　　79

表 3.3 AR(3) の推定結果

	係数	t-値	P-値
補正 R2	0.590431525		
観測数	8392		
切片	0.001511883	0.030584534	0.975601604
ラグ 1	0.962826526	88.68117537	0
ラグ 2	-0.351551502	-24.05860098	9.8381 E-124
ラグ 3	0.103374456	9.531608977	1.98771 E-21

かを示す値である．P-値が小さいほど有意性が高い．表の P-値を利用してラグ 1〜3 までの係数が有意であり切片は 0 であるとして $U_{yr,t}$ を推定した AR(3) のモデルの妥当性をみてみよう．まず，2001 年の 1 年間の気温について，実際の値（実現値）とモデルで算出された値（回帰値）を比較してみる．図 3.18 は 2001 年の 1 年間について，図 3.19 はそのうち 10〜12 月ものである．図をみるとモデルは簡単であるが適合度が高いことがわかる．

b．モデルの検証と Cao モデル　　しかし問題はこのような簡単なモデルで気温の重要な変動構造を把握しているかである．そのため，誤差項についての仮定

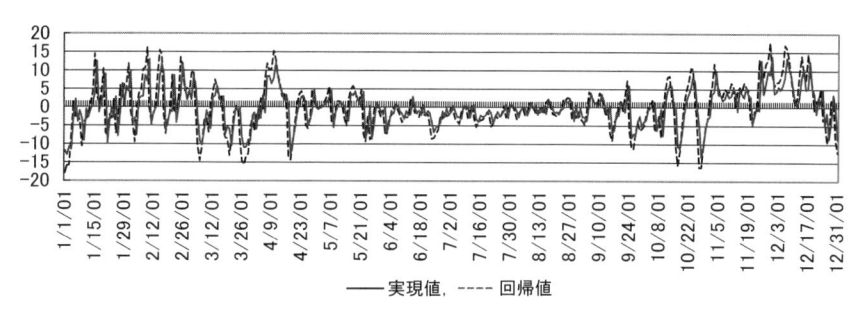

図 3.18　$U_{yr,t}$ の実現値と回帰値（2001 年）

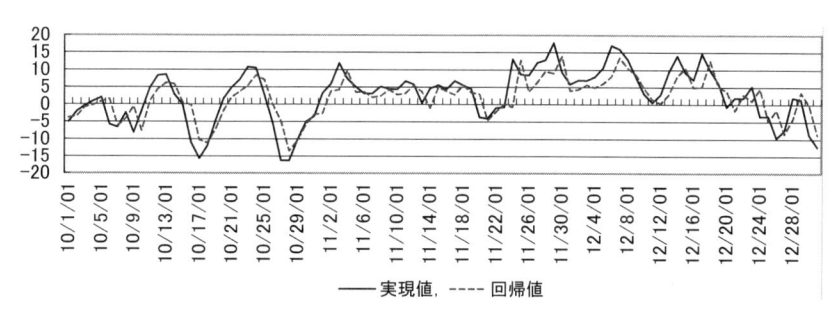

図 3.19　$U_{yr,t}$ の実現値と回帰値（2001 年 10〜12 月）

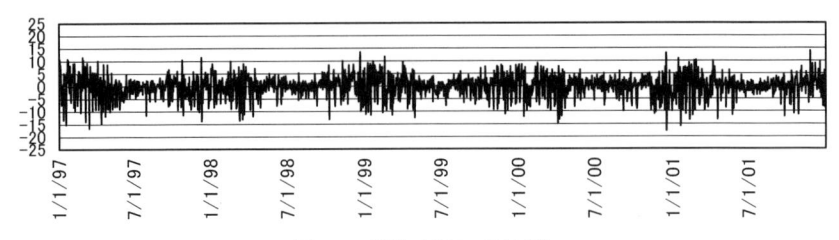

図 3.20 残差（1997〜2001 年）

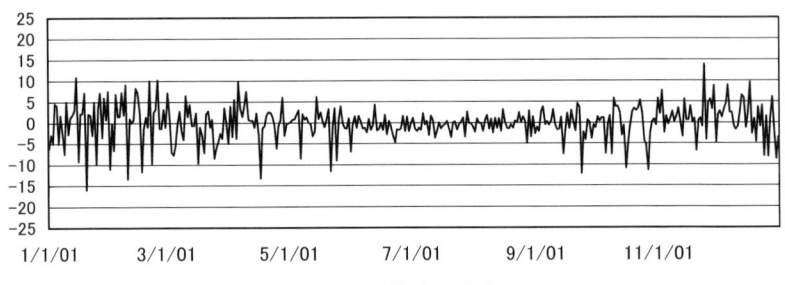

図 3.21 残差（2001 年）

を検証する必要がある．そこで誤差項の推定値である残差の性質を検証する．図 3.20，3.21 は 5 年間の残差変動と 1 年間の残差変動である．

最小 2 乗法の仮定では誤差項は平均 0，分散一定のノイズとする．残差をランダムなノイズだと考えると，残差の変動性（分散）は一定でなくてはならない．しかし両図からは，残差の変動性は夏は小さく，冬は大きいということが観察される．すなわち 1 年の間に残差の変動性（分散）に季節性がある，という特徴をもっている．この残差の変動性を説明するモデルとして，一つの候補として残差の標準偏差 $\sigma_{yr,t}$ が三角関数の決定論的な標準偏差の変動モデルを想定したのが Cao のモデルである．

日付 t における 22 年間の平均気温および標準偏差を，次のように定義する．

$$\bar{Y}_t = \frac{1}{22}\sum_{yr=1}^{22} Y_{yr,t}, \quad \phi_t = \sqrt{\frac{1}{22}\sum_{yr=1}^{22}(Y_{yr,t}-\bar{Y}_t)^2}, \quad t=1,2,\ldots,365 \quad (3.11)$$

そして $Y_{yr,t}$ と季節値 $\bar{Y}_t$ との偏差が

$$U_{yr,t} = Y_{yr,t} - \bar{Y}_t, \quad yr=1,2,\ldots,22, \; t=1,2,\ldots,365 \quad (3.12)$$

次の AR(3) モデルに従うと仮定する．

3.5 Cao-Wei モデルによるアトランタの気温時系列分析

$$U_{yr,t} = \sum_{i=1}^{3} \rho_i U_{yr,t-i} + \sigma_{yr,t} \xi_{yr,t} \tag{3.13}$$

このモデルの特徴は，誤差項 $v_{yr,t} = \sigma_{yr,t} \xi_{yr,t}$ が時間とともに三角関数で変わる標準偏差

$$\sigma_{yr,t} = \sigma - \sigma_1 \left| \sin\left(\frac{\pi t}{365} + \phi\right) \right| \tag{3.14}$$

をもち，分散変動モデルである点である．ここで確率的な部分 $\xi_{yr,t}$ は，標準正規分布に従うと仮定されている．

$$\xi_{yr,t} \sim i.i.d. N(0, 1), \qquad yr = 1, 2, \ldots, 22, \quad t = 1, 2, \ldots, 365 \tag{3.15}$$

残差変動の季節性を表すモデルとして，このモデルの妥当性をみるため，少し唐突ではあるが $\sigma = 7$，$\sigma_1 = 5$，$\phi = 0$ とおき，標準正規乱数を用いてパスを発生させてみた．

図 3.22，3.23 をみればわかるように，シミュレーション結果は残差の特徴を非常によく再現している．

c．モデルの推定　　アトランタのデータをもとにこのモデルを推定すると

$$\hat{\rho}_1 = 0.9748, \quad \hat{\rho}_2 = -0.3566, \quad \hat{\rho}_3 = 0.1072$$

ただし (3.11) の標準偏差の推定値 ψ_t と (3.14) の標準偏差モデル $\sigma_{yr,t}$ の関係

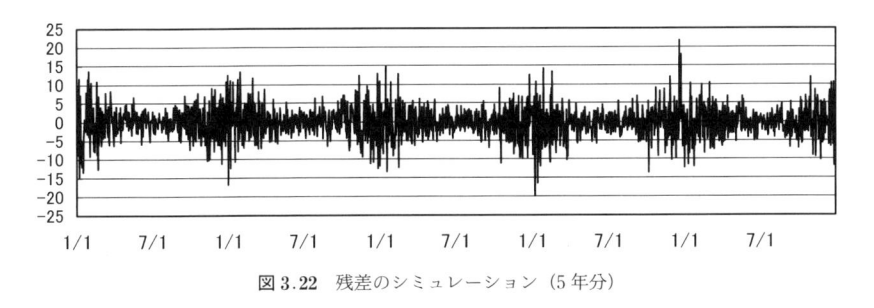

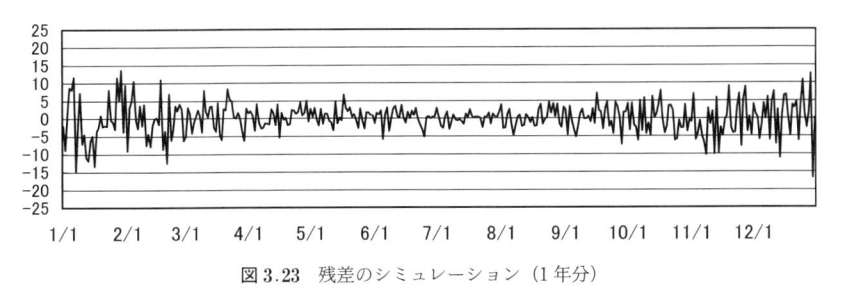

図 3.22　残差のシミュレーション（5 年分）

図 3.23　残差のシミュレーション（1 年分）

から最小2乗法でパラメータを推定すると，近似的に $\hat{\sigma}=7$, $\hat{\sigma}=5$, $\hat{\phi}=0$ が最適となった．結局，推定されたモデルは次のように表すことができる．

$$U_{yr,t}=0.9748\,U_{yr,t-1}-0.3566\,U_{yr,t-2}+0.1072\,U_{yr,t-3}+\left\{7-5\sin\left(\frac{\pi t}{365}\right)\right\}\xi_{yr,t}$$

ただし，$\xi_{yr,t}\sim i.i.d.N(0,1),\ \forall yr=1,2,...,22,\ t=1,2,...,365$

d．モデルを用いた予測　推定したモデルを用いて，2001年の日次平均気温を予測する（図3.24）．まず標準正規乱数を365個発生させ，それらを $\xi_{23,1},...,\xi_{23,365}$ とする．これを用いて，以下の手順で $U_{23,t}$ の予測パス $\hat{U}_{23,t}$ を一つ発生させる．

1. $\hat{U}_{23,1}=\hat{\rho}_1 U_{22,365}+\hat{\rho}_2 U_{22,364}+\hat{\rho}_3 U_{22,363}+\left\{\hat{\sigma}-\hat{\sigma}_1\sin\left(\frac{\pi}{365}\right)\right\}\xi_{23,1}$

2. $\hat{U}_{23,2}=\hat{\rho}_1 \hat{U}_{23,1}+\hat{\rho}_2 U_{22,365}+\hat{\rho}_3 U_{22,364}+\left\{\hat{\sigma}-\hat{\sigma}_1\sin\left(\frac{2\pi}{365}\right)\right\}\xi_{23,2}$

3. $\hat{U}_{23,3}=\hat{\rho}_1 \hat{U}_{23,2}+\hat{\rho}_2 \hat{U}_{23,1}+\hat{\rho}_3 U_{22,365}+\left\{\hat{\sigma}-\hat{\sigma}_1\sin\left(\frac{3\pi}{365}\right)\right\}\xi_{23,3}$

⋮

365. $\hat{U}_{23,365}=\hat{\rho}_1 \hat{U}_{23,364}+\hat{\rho}_2 \hat{U}_{23,363}+\hat{\rho}_3 \hat{U}_{23,362}+\{\hat{\sigma}-\hat{\sigma}_1\sin(\pi)\}\xi_{23,365}$

この予測パス $\hat{U}_{23,t}$ を用いて，以下のように日次平均気温の予測パス $\hat{Y}_{23,t}$ を作成できる．

$$\hat{Y}_{23,t}=\bar{Y}_t+\hat{U}_{23,t},\qquad t=1,2,...,365$$

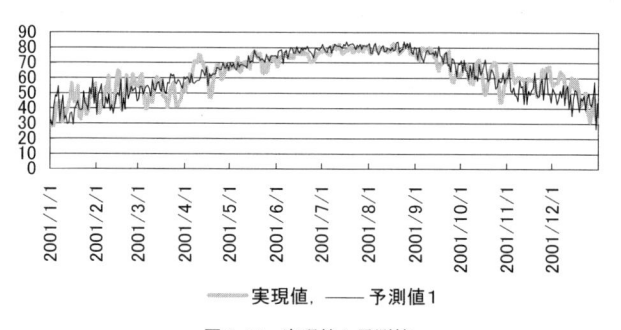

図3.24　実現値と予測値

3.5 Cao-Wei モデルによるアトランタの気温時系列分析

繰り返しになるが，予測パス作成の過程を以下の図で説明する．

まず，平均値 $\overline{Y}_t$ を計算し，$\hat{U}_{23,t}$ の回帰値を足し，さらに乱数の部分を足し合わせることにより予測パスを得るのである．乱数部分はすでに述べたように $\sigma_{yr,t}\xi_{yr,t}$ のように，変動する標準偏差の部分と正規乱数の積になっている．

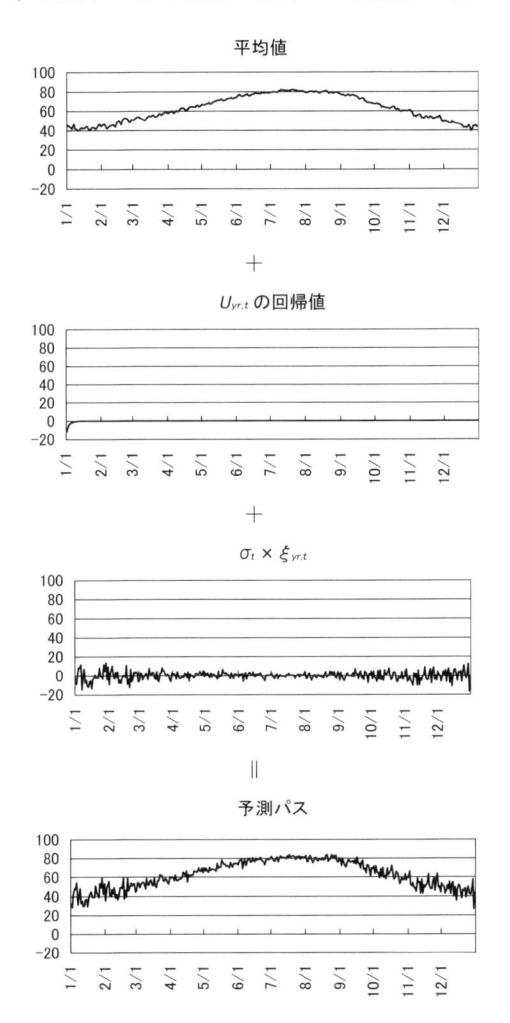

平均値

$+$

$U_{yr,t}$ の回帰値

$+$

$\sigma_t \times \xi_{yr,t}$

$=$

予測パス

第3章　気温モデル分析への視点

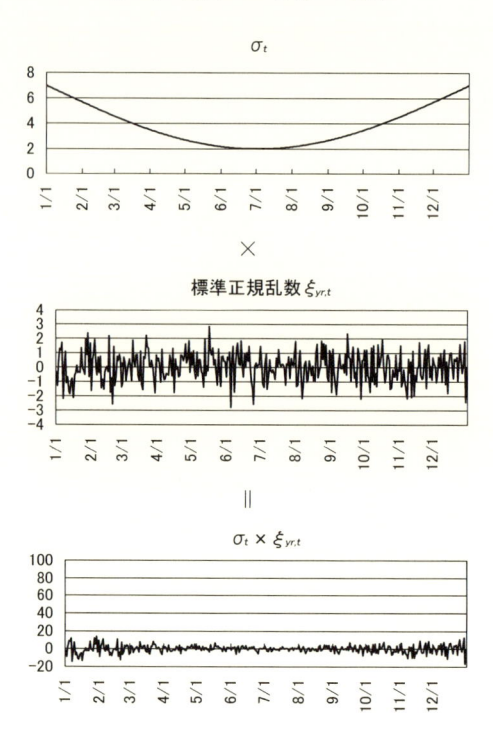

σ_t

×

標準正規乱数 $\xi_{yr,t}$

‖

$\sigma_t \times \xi_{yr,t}$

第4章

分散変動気温モデル

=== 4.1 は じ め に ===

　金融業界や保険業界では天候デリバティブのプライシングにあたって，金融工学の派生証券プライシングの流れから，天候のプロセスにディフュージョン・マルコフプロセスや正規プロセスを仮定して評価する場合も多い．しかし，第3章でみたように，まずは季節変動に加えて東京の夏および冬の日々の気温の自己相関構造に違いがあり，トレンドなし・季節調整モデルおよびトレンド・季節同時調整モデルの残差についての分析では系列相関があることもわかった．また，系列相関を除去した残差についても分散（散らばり）は一定ではない（4.2節で説明する）．それゆえ，気温のプロセスはマルコフではないし，正規プロセスに従うものでもない．その意味では，データと整合的な気温モデルの構築と，そのもとでのデリバティブのプライシングが要求される．そこで，本章は気温のデリバティブのプライシングモデルとして利用可能な分散変動モデルを提案する．

　分散変動モデルはボラティリティが時間とともに確率的に変動するモデルであり，非正規なモデルである．一般的に多くの場合，経済時系列を分析する際には分散を時間 t に関係なく一定である（均一分散（homoskedasticity））と想定する．しかし，株価収益率や資産価格などの金融時系列の分散は，時間 t とともに変化する（不均一分散（heteroskedastic））現象が観察される．例えば株価の変動について t 期に大きな変動があった場合，t 期以降の期間にも大きな変動がしばらく続く．また，小さい変動があった場合，小さい変動がしばらく続くという

現象がよく知られている．この性質をボラティリティ・クラスタリングという．投資家は将来の収益の変動を重視しているので，保有する資産の将来のリスクを予測することが重要となる．分散変動モデルは株価などの金融時系列の変動に当てはまるので，収益の変動の推定や予測をするためにしばしば用いられている．

東京の夏の日々の気温の相関が高いことから日々の気温変動が小さいと考えられる一方，冬の日々の気温の相関は夏ほど高くないので日々の気温変動は夏と比べて大きいと考えられる．つまり，相関構造に季節性があるのである．本章では，これを説明できるモデルとして分散変動モデルを利用する．第5章ではこのモデルをもとに将来の気温の予測確率分布を導出する．また第6，7章ではこのモデルによる予測確率分布をもとに，電力会社とガス会社の夏の気温変動による収益構造の違いに基づいたリスク・スワップ契約（デリバティブの交換）の公平性を評価する．

本章で考察する分散変動モデルは，**ARCH**（autoregressive conditional heteroskedasticity，自己回帰条件付分散不均一）モデルと**SV**（stochastic volatility，ストキャスティック・ボラティリティ）モデルである．本章の分散変動モデルの概説および分析結果は刈屋・牛山・遠藤（2003）と刈屋・Tee・郷古（2004 A）による．4.2節では系列相関を除去した後の残差系列について分析を行い，分散変動モデルが利用可能なモデルであることを示す．4.3節ではARCHモデルについて説明する．4.4節ではSVモデルについて説明する．

4.2 AR モデル適用後の残差系列の構造

本節では AR 残差の無相関性と非独立性，非線形性を検証する．

4.2.1 O-AR(10)モデルと Tr-AR(10)モデルの残差の正規性

気温シミュレーションを行うにあたっては，想定するモデルの誤差項の確率分布の構造が重要である．例えば誤差項が正規分布でないのに，正規分布を仮定して気温シミュレーションを行った結果から得られる平均気温などの予測確率分布は，誤ったデリバティブズのプライシングを与える可能性があるからである．

第3章では，東京の平均気温時系列にトレンドなし・季節調整（O）モデル，トレンド・季節同時調整（Tr）モデルとSAR型季節・トレンド同時調整（SAR）モ

4.2 ARモデル適用後の残差系列の構造

デルを適用した．SARモデルには季節とトレンド以外に日次相関AR構造がモデルの中に含まれている．一方，(O)モデルと(Tr)モデルは季節変動やトレンドを調整するもので，その残差系列の日次相関構造を直接的には含んでいない．それゆえ，(O)モデルと(Tr)モデルの残差（トレンドや季節調整などによって説明できなかった部分）については日次の自己相関をARモデルでモデル化した．本節はそのARモデルの残差 $\{\hat{\eta}_t\}$ の正規性について調べる．

まず，第3章の(O)モデル，(Tr)モデルの残差系列をARモデルで説明し，その後の残差 $\hat{\eta}_t$ を図示する．図4.1はO-AR(10)モデルの残差のヒストグラムを示してある．図4.2はTr-AR(10)モデルの残差のヒストグラムを示してある．図4.1と図4.2をみるかぎり，残差の確率分布は，負の歪み（左に偏っている）があり，正規分布（左右対称な分布）ではないことが推察される．この分布の歪度や尖度を求めたのが表4.1である．正規分布ならば歪度が0，尖度が3となるが，表4.1をみるかぎり，歪度，尖度の有意性について検定統計量が2を大

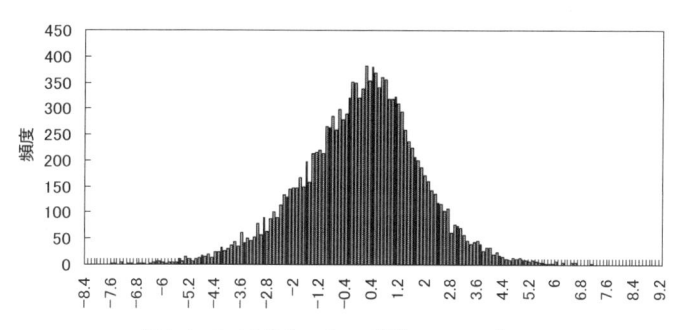

図4.1 O-AR(10)モデルの残差のヒストグラム

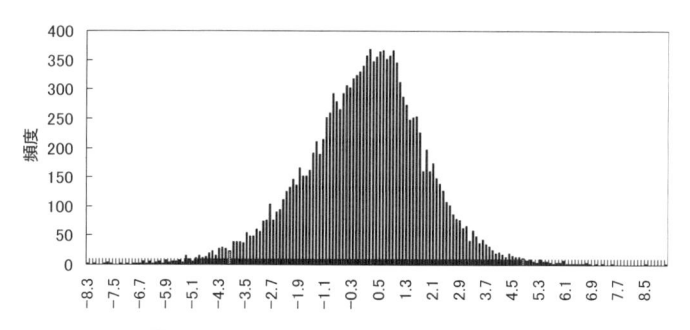

図4.2 Tr-AR(10)モデルの残差ヒストグラム

表 4.1 系列相関除去後の残差の基本統計量

	O-AR(10)モデル	Tr-AR(10)モデル
平均	$-2.2\,\text{E-}14$	$3.58\,\text{E-}15$
標準偏差	1.8566	1.8299
歪度	-0.2300	-0.2137
歪度検定統計量	-9.3901	-8.7223
尖度	3.8637	3.8349
尖度検定統計量	21.3022	20.5926

きく超えているから有意と判断され，正規分布でないことを示している．

次にARモデルの残差に対して自己相関係数を計算し，系列相関が除去できたかどうかについて調べる．図4.3はO-AR(10)モデルの残差の自己相関係数を，図4.4はTr-AR(10)モデルの残差の自己相関係数を示してある．図4.3と図4.4をみると両モデルの残差の自己相関が最大であるラグ10の相関係数でもそれぞれ-0.016と-0.011と小さく，自己相関がほとんどないことがわかる．

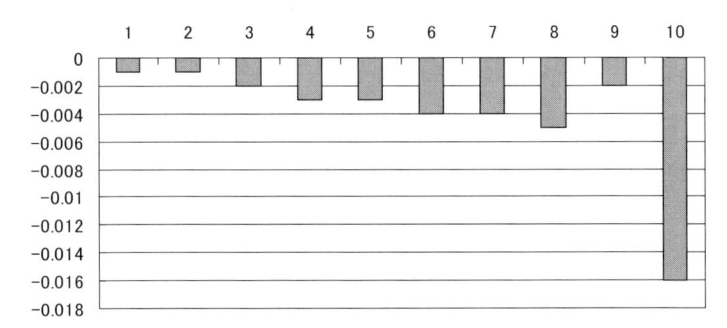

図 4.3 O-AR(10)モデルの残差の自己相関

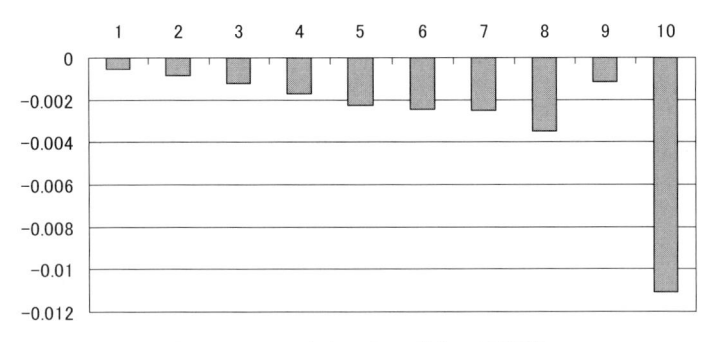

図 4.4 Tr-AR(10)モデルの残差の自己相関

4.2 AR モデル適用後の残差系列の構造

系列相関が全体としてあるかどうかを検定する方法として，Ljung-Box の Q 統計量がある．Ljung-Box の Q 統計量は，時系列の自己相関係数を使って次のように計算される．

$$Q(m) = T(T+2) \sum_{l=1}^{m} \frac{\hat{\rho}_l^2}{T-l} \tag{4.1}$$

T は標本数，$\hat{\rho}_l$ は標本自己相関係数である．l は自己相関の次数であり，$m \approx \ln(T)$ とする．帰無仮説は今期と 1 期前（ρ_1）から今期と m 期前（ρ_m）までの自己相関係数がすべて 0 という

帰無仮説　（$\rho_1 = \rho_2 = \cdots = \rho_m = 0$）

であり，対立仮説はそれらのうち少なくとも一つが 0 ではないという仮説である．

(4.1) の Q 統計量は帰無仮説のもとで漸近的に自由度 m のカイ 2 乗分布に従う．

(O)モデルと(Tr)モデルの推定に用いられた東京の平均気温データの数は 14600 日である．その残差について AR モデルを推定するときに 10 期のラグ（AR(10)）まで使っているので，系列相関を除去後の残差の標本数は 14590 日である．一方，SAR モデルの季節変動とトレンドを推定するとき 11 年のデータを使っているので，残差の標本数は 10585 日である．m については O-AR(10) モデルと Tr-AR(10)モデルは 10，SAR(11,7)モデルは 9 とした．すなわち，O-AR(10)モデルと Tr-AR(10)モデルは帰無仮説：$\rho_1 = \rho_2 = \cdots = \rho_{10} = 0$ であり，SAR(11,7)モデルは帰無仮説：$\rho_1 = \rho_2 = \cdots = \rho_9 = 0$ である．(4.1) に従って，Q 統計量を計算すると，O-AR(10)モデルの残差の $Q(10)$ 統計量は 4.9306 であり，P-値は 0.8958 である．Tr-AR(10)モデルの残差の $Q(10)$ 統計量は 2.3362 であり，P-値は 0.99 である．SAR(11,7)モデルの残差の $Q(9)$ 統計量は 9.8314 であり，P-値は 0.3643 である．P-値は帰無仮説が棄却できる有意水準を示している．P-値が大きいほど，帰無仮説が支持されることを意味する．3 モデルの P-値が高いことから，帰無仮説は棄却できないことになる．よって，3 モデルの残差は系列相関がないと判断される．

4.2.2 残差の非独立性と非線形性

第 3 章で観察したように冬よりも夏のほうが気温の相関が高い．すなわち夏季

において今日が暑かったら明日も暑いと予測される確率と，冬季において今日が寒かったら明日も寒いと予測される確率を比べた場合には前者のほうが高い．気温の日々の変動は冬季よりも夏季のほうが小さいことを意味する．図4.5と図4.6は1999年と2000年のTr-AR(10)モデルの残差を図示してある．図4.5と図4.6をみると7〜9月までの日々の変動とそれ以外の月の日々の変動が違うことがわかる．残差の分散は時間とともに変動する可能性があることを示している．その他のモデルの残差も同様な傾向がみられる．

刈屋・矢島・田中・竹内(2003)には時系列の分散が変動する（非線形性）可能性について調べる手順が示されている．彼らによれば，もし時系列の非正規性（正規分布でない）と非独立性（系列相関がある）がいえるならば非線形性がいえる．時系列が正規分布で独立かつ同一分布（independently and identically

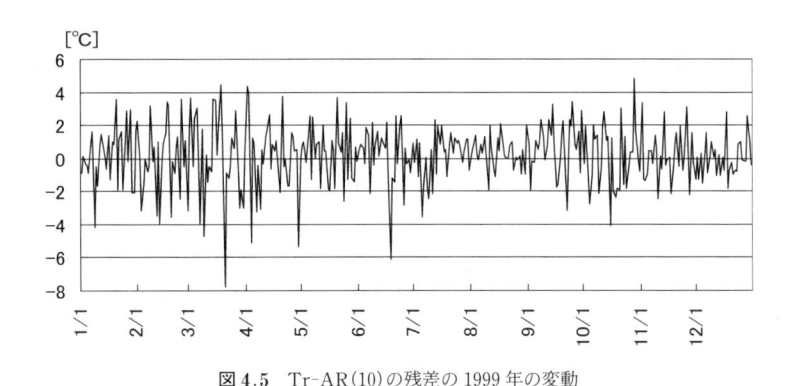

図4.5 Tr-AR(10)の残差の1999年の変動

図4.6 Tr-AR(10)の残差の2000年の変動

4.2 ARモデル適用後の残差系列の構造

distributed, $i.i.d.$)であるためには歪度と尖度がそれぞれ0と3である必要がある．よって，$i.i.d.$正規でないことをみるには時系列の歪度と尖度を調べればわかる．そして，上のQ値の場合のように長いラグにわたり時系列の標本自己相関係数が小さいと判断されても，当該系列の絶対値や2乗の系列の自己相関係数が有意であるとき非独立性と非線形性がいえる（詳しくは刈屋・矢島・田中・竹内(2003)の第1章を参照されたい）．

表4.1に示してある歪度と尖度からO-AR(10)モデルとTr-AR(10)モデルの残差は正規分布で独立かつ均一分布ではないことがわかる．また，第3章の表3.3からSAR(11,7)モデルの残差も同様なことがいえる．よって，3モデルの残差は$i.i.d.$正規でないことがいえる．

前述のLjung-BoxのQ統計量から，3モデルの残差の自己相関がないことがわかる．3モデルの残差の絶対値時系列（$|\eta_t|$）の自己相関係数を使ってLjung-BoxのQ統計量を計算する．

$Q(10)$（O-AR(10)モデルとTr-AR(10)モデル），$Q(9)$（SAR(11,7)）の値は，それぞれ454.2903（O-AR(10)モデル），393.0827（Tr-AR(10)モデル）と292.6021（SAR(11,7)モデル）である．P-値はともに0であり，帰無仮説が棄却され，残差の絶対値時系列は自己相関構造があることを意味する．よって，3モデルの残差の非独立性と非線形性がいえる．

さらに3モデルの残差の2乗時系列（η_t^2）の自己相関係数によるLjung-BoxのQ統計量は，それぞれ305.2050，269.3027と192.2690である．P-値はともに0であり，帰無仮説が棄却され，残差の2乗時系列も有意な自己相関構造があり，非独立性と非線形性がいえる．

図4.7はTr-AR(10)の残差の絶対値のラグ1〜10までの自己相関係数を示してある．また，図4.8はTr-AR(10)の残差の2乗のラグ1〜10までの自己相関係数を示してある．両図からわかるように，残差の絶対値と2乗は正の自己相関がある．また，その他のモデルも同様に正の自己相関がある．

残差の平均が0（表4.1と第3章の表3.3をみよ）であることから，残差の絶対値は平均値を差し引いた後の絶対偏差とみることができる．そして残差の2乗は偏差の2乗とみることができる．それゆえ，残差の絶対値時系列と2乗時系列は変動（ボラティリティ）の相関構造を計測しているといえる．両系列は正の自己相関があることから，ショックによって大きな変動が起こるとしばらく大きな

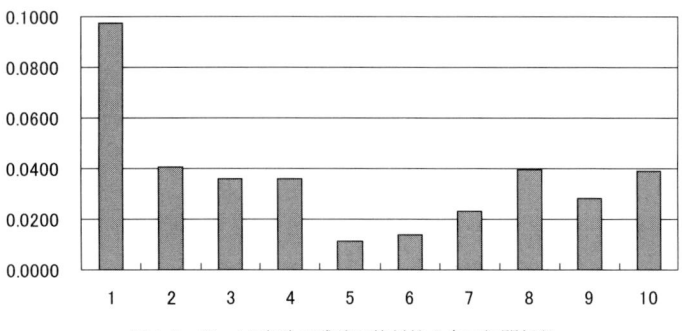

図 4.7 Tr-AR(10) の残差の絶対値の自己相関係数

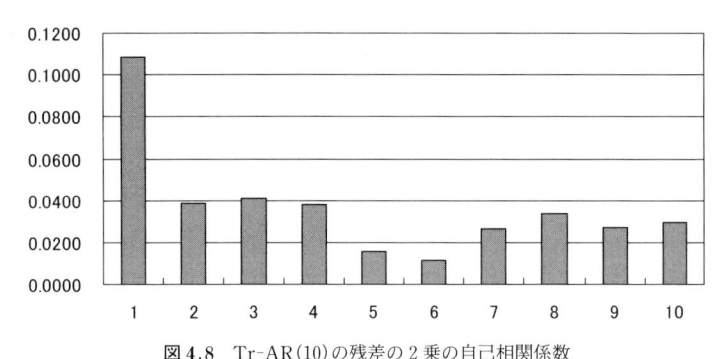

図 4.8 Tr-AR(10) の残差の 2 乗の自己相関係数

変動が続くことを意味する．気温のプロセスにもボラティリティ・クラスタリングがあることがわかる．

以上で O-AR(10) モデル，Tr-AR(10) モデルと SAR(11,7) モデルの残差が $i.i.d.$ 正規でないことかつ自己相関がないことをみた．さらに，残差の絶対値時系列と 2 乗時系列には系列相関があることをみた．それゆえ，3 モデルの残差は非線形プロセスに従うことになる．したがって，以下は非線形プロセスの定式化として残差の分散変動の分析を行う．まず，次節では ARCH モデルを説明する．

4.3 ARCH モデル

4.3.1 ARCH モデルの概要

分散変動を分析するモデルとして，Engle(1982) が提案した ARCH モデルが

ある．刈屋・矢島・田中・竹内(2003)によると，一般に一つの時系列において標本自己相関が小さく，その2乗の自己相関が正でかつ長いラグにわたって相関が大きいときに，ARCHモデルが候補になりうる．4.2節では第3章で考察した気温モデルの残差系列$\{\hat{\eta}_t\}$について標本自己相関が小さく，その絶対値と2乗の自己相関が正でかつ長いラグにわたって相関が大きいことをみた．すなわち，残差の変動はボラティリティ・クラスタリング現象を呈していることが確認できた．したがって，残差の変動を分析するにあたって，ARCHモデルが候補になりうる．本節で説明するARCHモデルは刈屋・Tee・郷古(2004 A)によるものである．

第3章の(O)モデルと(Tr)モデルの誤差のAR分析の表現を使って，AR-ARCHモデルを以下のように示すことができる．

$$\begin{cases} v_t = \gamma_1 v_{t-1} + \gamma_2 v_{t-2} + \cdots + \gamma_p v_{t-p} + \eta_t \\ \eta_t = \sqrt{h_t}\xi_t, \quad \xi_t \sim i.i.d., \quad E(\xi_t) = 0, \quad Var(\xi_t) = 1 \end{cases} \quad (4.2)$$

SARモデルは$\gamma_j = 0$を仮定したものとなる．η_tは誤差項，h_tは条件付分散，ξ_tは標準正規分布に従う確率変数である．

(4.2)は，(O)モデルと(Tr)モデルの誤差ε_tはp次の自己回帰モデル（AR(p)モデル）に従うことを示す．また，AR(p)モデルによって説明できない誤差項η_tは平均0，条件付分散h_tのARCHモデルに従うことを示す．予測不可能な誤差項η_tは条件付分散の平方根と確率変数の積からなる．

Engle(1982)によって提案された条件付分散の定式化は次式である．

$$h_t = \omega + \alpha_1 \eta_{t-1}^2 + \alpha_2 \eta_{t-2}^2 + \cdots + \alpha_m \eta_{t-m}^2 \quad (4.3)$$

(4.3)は，条件付分散は定数項ωと誤差項の2乗時系列$\{\eta_t^2\}$によって定式化されることを示す．これは誤差項η_tのt期の条件付分散h_tは，$t-1$期においてη_{i-1}からη_{i-m}までの値がわかっていれば決まることを意味する．正の定数項ωは常に条件付分散h_iに一定の影響を与える部分である．パラメータα_1, ..., α_mは$\eta_{t-1}^2, ..., \eta_{t-m}^2$の条件付分散$h_t$への影響度を示す．すなわち，ある予期せぬ大きなショックが発生すれば，条件付分散h_tがその影響をしばらく受け，気温はしばらく大きな変動が続く．一方，小さなショックが続けば，分散h_tがその影響をしばらく受け，気温はしばらく小さな変動が続く．(4.3)のARCHモデルはη_{t-j}の符号に依存しない対称ARCHモデル（以下，SymARCHモデ

ルとよぶ) である.

対称 ARCH モデル以外に非対称 ARCH モデルが考えられる. 非対称 ARCH モデルは, 誤差 η_t の符号によって条件付分散 h_t (気温の変動) への影響が異なることを想定している. ここでは, (4.4) と (4.5) のような非対称 ARCH モデルを想定する.

$$h_t = \omega + (\alpha_1 + \tau S_{t-1})\eta_{t-1}^2 + (\alpha_2 + \tau S_{t-2})\eta_{t-2}^2 + \cdots + (\alpha_m + \tau S_{t-m})\eta_{t-m}^2 \quad (4.4)$$

$$h_t = \omega + \alpha_1 \eta_{t-1}^2 (1 - S_{t-1}) + \cdots + \alpha_m \eta_{t-m}^2 (1 - S_{t-m}) + \beta_1 \eta_{t-1}^2 S_{t-1} + \cdots + \beta_m \eta_{t-m}^2 S_{t-m} \quad (4.5)$$

$$S_t = \begin{cases} 1, & \eta_t < 0 \\ 0, & その他 \end{cases}$$

S_t はダミー変数であり, t 期における誤差 η_t が負の場合のみ 1 という値をとる. それ以外は 0 である.

(4.4) の非対称 ARCH モデルでは, 誤差 η_{t-j} ($j = 1, 2, ..., m$) が正のときは η_{t-j}^2 の条件付分散 h_t への影響の割合は α_j, η_{t-j} が負のときはその影響の割合が $\alpha_j + \tau$ となる定式化である. 一方, (4.5) の非対称 ARCH モデルでは η_{t-j} が正のときは η_{t-j}^2 の h_t への影響の割合は α_j, η_{t-j} が負のときはその割合が β_j となる定式化である.

典型的な ARCH モデルでは, (4.2) の ξ_t に標準正規分布や t-分布などを仮定して, 上述の (4.2) と (4.3) を組み合わせたもの, もしくは第 3 章の SAR モデル (3.3) で, 誤差項に (4.3) を組み合わせたものに対して最尤法などでパラメータを同時推定する. しかし, 刈屋・Tee・郷古(2004 A) で述べたようにモデルの不安定性の理由により, ここでは O-AR モデルもしくは Tr-AR モデルの残差ならびに SAR モデルの残差に対して, (4.3)～(4.5) を最小 2 乗法で推定する. それは例えば (4.3) では, η_t が 4 次定常であるかぎり, η_t の 2 乗は m 次の自己回帰モデル AR(m) に従うことになるからである (詳しくは刈屋・矢島・田中・竹内(2003) を参照されたい).

4.3.2 ARCH モデル分析

分析では 1961 年 4 月 1 日～2001 年 3 月 31 日の 40 年間の東京の平均気温データを用いる. トレンドなし・固定季節調整モデルの ARCH モデルの分析には

4.3 ARCHモデル

O-AR(10)モデルの残差を用いる．トレンド・季節同時調整モデルのARCHモデルの分析にはTr-AR(10)モデルの残差を用いる．SAR型季節・トレンド同時調整モデルのARCHモデルの分析にはSAR(11,7)モデルの残差を用いる．

ARCHモデルの推定はARCH(1)～ARCH(10)まで行う．モデルの選択基準はシュワルツの情報統計量であるSBIC最小化基準を採用する（SBICの計算式は第3章をみよ）．本節は対称ARCHモデルのみを紹介する．非対称モデルの詳しい結果は刈屋・Tee・郷古(2004 A)を参照されたい．

図4.9はO-AR(10)-SymARCHモデル，Tr-AR(10)-SymARCHモデルとSAR(11,7)-SymARCHモデルのARCH(1)～ARCH(10)までのSBICを示してある．図からO-AR(10)-SymARCHモデルとT-AR(10)-SymARCHモデルはともに次数4が最小のSBICを与えるので，ARCH(4)モデルを採用した．一方，SAR(11,7)-SymARCHは次数3が最小のSBICを与えるので，ARCH(3)モデルを採用した．表4.2～4.4はそれぞれの推定結果を示す．表に示してあるt-値は推定されたパラメータ（係数）の有意性をみる統計量である．表から

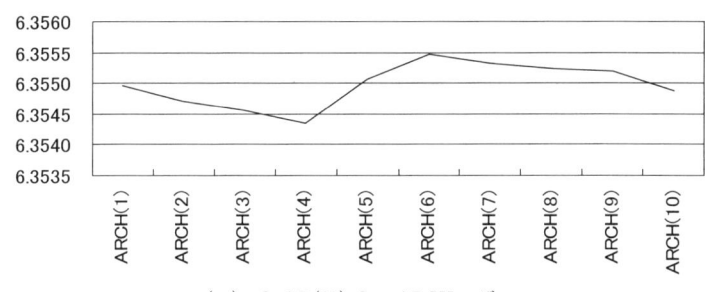

(a) O-AR(10)-SymARCHモデル

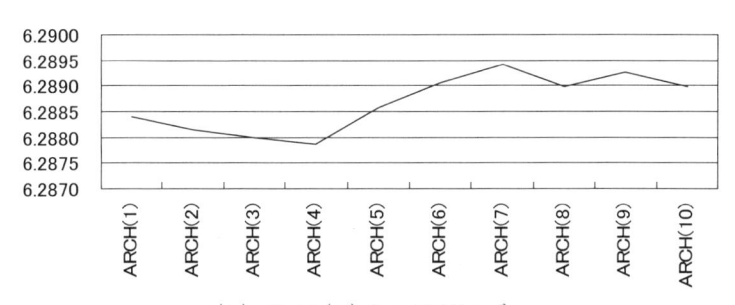

(b) T-AR(10)-SymARCHモデル

図4.9 SymARCHモデルのSBIC統計量

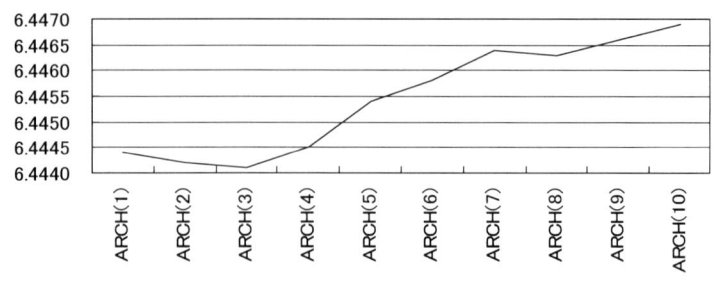

(c) SAR(11,7)-ARCH モデル

図 4.9 つづき

表 4.2　O-AR(10)-SymARCH(4) の推定結果

	係数推定値	t-値	補正 r^2	残差 2 乗和	F 値	AIC	SBIC
ω	2.8144	40.0187					
α_1	0.0992	11.9830					
α_2	0.0275	3.3090	0.0133	489435.2900	50.3027	6.3518	6.3544
α_3	0.0263	3.1657					
α_4	0.0304	3.6759					

表 4.3　T-AR(10)-SymARCH(4) の推定結果

	係数推定値	t-値	補正 r^2	残差 2 乗和	F 値	AIC	SBIC
ω	2.7592	40.3424					
α_1	0.0925	11.1738					
α_2	0.0278	3.3492	0.0119	457954.7249	44.7886	6.2853	6.2879
α_3	0.0267	3.2163					
α_4	0.0289	3.4954					

表 4.4　SAR(11,7)-SymARCH(3) の推定結果

	係数推定値	t-値	補正 r^2	残差 2 乗和	F 値	AIC	SBIC
ω	3.0446	37.4299					
α_1	0.0959	9.8649	0.0118	388685.8287	64.3705	6.4421	6.4441
α_2	0.0297	3.0413					
α_3	0.0308	3.1682					

推定されたパラメータがすべて有意（t-値が 1.96 よりも大きい）であることがわかる．このことは気温の変動（ボラティリティ）のショックに持続性があることを示している．非対称 ARCH モデルでも同様な結果が得られている．

4.4 SV モデル

4.4.1 SV モデルの概要

分散変動を分析するモデルとして，ARCH モデル以外にストキャスティック・ボラティリティ（SV）モデルがある．本節で説明する SV モデルは刈屋・牛山・遠藤(2003) によるものである．第3章の気温モデルの構築の説明時と同じ表現を使うと，標本期間としては N 年間のデータが利用可能とし，時系列の時点を yr 年，t 日の二つで表現する．ここで $yr=1, ..., N$，$t=1, ..., 365$ である．SV モデルは，日次平均気温 $y_{yr,t}$ が次のようにトレンド項と変動項に分解されるモデルである．

$$y_{yr,t} = \mu_{yr,t} + \sigma_{yr,t}\zeta_{yr,t} \tag{4.6}$$

ここで $\mu_{yr,t}$ は特定の年 yr とその年の特定の日 t の過去のデータからみた気温の期待トレンド項，$\sigma_{yr,t}\zeta_{yr,t}$ はその平均的な値からの乖離を示す変動項である．変動項はストキャスティック・ボラティリティ（SV）$\sigma_{yr,t}$ と基準化時系列 $\zeta_{yr,t}$ に分解されて，それぞれは

1) $\{\sigma_{yr,t}\}$ は SV を表す正の確率プロセス
2) $\{\zeta_{yr,t}\}$ は平均ゼロ，標準偏差1をもつ時系列プロセスで，$\{\sigma_{yr,t}\}$ と独立である

と想定する．

この変動項は (4.2) の誤差項の想定と同じである．(4.2) の誤差項に ARCH モデルの定式化を行っているのに対して，ここでは $\{\sigma_{yr,t}\}$ と $\{\zeta_{yr,t}\}$ に別々の定式化を行っている．

気温データでは，(4.6) のモデルに対応して

$$y_{yr,t} = T_{yr,t} + s_t V_{yr,t} \tag{4.7}$$

なる形でみる．

トレンド項 $\mu_{yr,t}$ は，利用するデータの標本期間に内包するトレンド的な動きであるので，$T_{yr,t}$ は

$$T_{yr,t} = \bar{Y}_t = \sum_{yr=1}^{N} \frac{y_{yr,t}}{N} \tag{4.8}$$

$$T_{yr,t} = c_t + b_t yr \tag{4.9}$$

と定式化でき，第3章で説明したトレンド，季節調整モデルの定式化と同じである．すなわち，トレンド項 $\mu_{yr,t}$ に対応する (4.8) と (4.9) は第3章で述べたトレンドなし・固定季節調整 (3.1) とトレンド・季節同時調整 (3.2) と同じである．

次に SV 系列 $\{\sigma_{yr,t}\}$ のモデルとしては，多くの可能性から結果として次のモデルを選択した．まず直接観測できない $\sigma_{yr,t}$ のモデルとして，次の二つのモデル

$$\sigma_{yr,t}=\exp\{\phi(t)+w_{yr,t}\},$$
$$\text{ただし } \phi(t) \text{ は } t \text{ の多項式，} w_{yr,t} \text{ は AR モデル} \quad (4.10)$$
$$\sigma_{yr,t}=\sigma_{yr-1,t}\exp\{u_{yr,t}\}, \text{ただし } u_{yr,t} \text{ は AR モデル} \quad (4.11)$$

の定式化をする．(4.10) はボラティリティ $\sigma_{yr,t}$ が時間 t の指数関数と，t によって説明できない部分（誤差項）からなることを意味する．そして，誤差項は自己回帰型モデルに従うとする．(4.11) はボラティリティ $\sigma_{yr,t}$ が1年前のボラティリティ $\sigma_{yr-1,t}$ とそれによって説明できない部分（誤差項）からなることを意味する．誤差項は (4.10) の誤差項と同様に自己回帰型モデルに従うとする．

実際には $\sigma_{yr,t}$ は直接観測不能であるから，それらをなんらかの推定値で置き換える必要がある．そこで，標本期間の最後の年 N の $\sigma_{yr,t}$ の推定値を

$$s_{N,t}=\sqrt{\frac{1}{N-1}\sum_{yr=1}^{N}(y_{yr,t}-T_{yr,t})^2} \quad (4.12)$$

とみなす．(4.12) の右辺の $T_{yr,t}$ はある t 日，例えば1月1日の気温が (O) モデルや (Tr) モデルによって説明できた部分を示している．現実の気温データ $y_{yr,t}$ からこの部分を差し引いた残りの部分はモデルによって説明できない残差である．すなわち，これは期間 N 年における t 日の気温の標準偏差 $s_{N,t}$ を $\sigma_{yr,t}$ の代わりに使うことを意味する．ゆえにデータ数は365日である．

(4.10) と (4.11) に対応するモデルは次のモデルである．

① $\ln s_{N,t}$ を時間 t の多項式に回帰し，その残差が AR モデルに従うモデルとする．

(s1 モデル)

$$s_{N,t}=\exp\left\{a_0+a_1\left(\frac{t}{365}\right)+a_2\left(\frac{t}{365}\right)^2+\cdots+a_p\left(\frac{t}{365}\right)^p+w_{N,t}\right\} \quad (4.13)$$

$$w_{N,t}=b_1w_{N,t-1}+b_2w_{N,t-2}+\cdots+b_pw_{N,t-p}+v_{N,t} \quad (4.14)$$

ただし，$w_{N,0}=w_{N,365}$, $w_{N,-1}=w_{N,364}$, $w_{N,-2}=w_{N,363}$ とする．

② 対数の差分系列 $u_{N,t}=\ln s_{N,t}-\ln s_{N-1,t}$ が AR モデルに従うモデルとする．
(s2 モデル)
$$s_{N,t}=s_{N-1,t}\exp\{u_{N,t}\} \tag{4.15}$$
$$u_{N,t}=d_1 u_{N,t-1}+d_2 u_{N,t-2}+\cdots+d_p u_{N,t-p}+v_{N,t} \tag{4.16}$$

ただし，$u_{N,0}=u_{N,365}$, $u_{N,-1}=u_{N,364}$, $u_{N,-2}=u_{N,363}$ とする．以下では，必要でないかぎり添え字 N を省略する．

基準化時系列 $\zeta_{yr,t}$ のモデルは，AR モデルを仮定する．SV モデルの推定値のつくり方とモデルの定式化に対応して，次のように $\zeta_{yr,t}$ の推定値として $V_{yr,t}$ のデータ時系列をつくり，AR モデルでモデル化する．

$$V_{yr,t}=\frac{y_{yr,t}-T_{yr,t}}{s_t} \tag{4.17}$$

$$V_{yr,t}=\sum_{j=1}^{p}c_j V_{yr,t-j}+e_{yr,t} \tag{4.18}$$

このつくり方から $V_{yr,t}$ の平均は 0，標準偏差は 1，かつ s_t の系列とは無相関である．(4.17) から $V_{yr,t}$ のデータ時系列のつくり方は，毎年 yr ($yr=1, 2, 3, ..., N$) の t 日 ($t=1, 2, 3, ..., 365$) に対して計算を行っていることがわかる．ゆえにデータ数は N 年 $\times 365$ 日である．

本節で想定した SV モデルと前節の ARCH モデルの違いは，分散に関する定式化である．ARCH モデルの場合，t 期の条件付分散は $t-1$ 期までの誤差がわかれば決まる．それに対して SV モデルの場合，s1 モデルの (4.13) と (4.14) あるいは s2 モデルの (4.15) と (4.16) からわかるように誤差項 v_t が存在するため t 期の条件付分散は $t-1$ 期には決まらないのである．

4.4.2 SV モデル分析

刈屋・牛山・遠藤(2003) の SV モデルの分析は 1961 年 1 月 1 日～2000 年 12 月 31 日の 40 年間の東京の平均気温データを用いている．この分析ではトレンドを無視したトレンドなし T0 モデルと，温暖化などの影響によって線形トレンドがあるとしたトレンド有 T1 モデルの 2 種類のモデルを考える．第 3 章の表現を用いると T0 モデルはトレンドなし・固定季節調整モデル((O)モデル)であり，T1 モデルはトレンド・季節同時調整モデル((Tr)モデル)である．ただし，トレンドありモデルにおいても推定されたトレンド項の係数が有意とならな

い日については，トレンドなしモデルと同じ N 年間の平均気温をドリフトとしている．本項は T0 モデルの分析結果を紹介する．T1 モデルに関しては刈屋・牛山・遠藤(2003) を参照されたい．また，彼らの分析では気温を 10 倍したものを分析しているので，本項ではそのまま従うことにする．

a．T0s1 モデルの分析結果　トレンドなし T0 モデルの場合，トレンド項はすべての yr に対して (4.8) で与えられる．そして，(4.12) によって標準偏差 s_t をつくる．s_t のモデル化は (4.13) に対して対数変換を行い，時間 t の多項式に回帰を行う．多項式の次数はパラメータの t-値，補正決定係数 (r^2)，AIC などの基準から 3, 4, 5, 10, 15 次の中から 4 次を選択した．よって，4 次のモデルを T0s1 モデルとした．表 4.5 は分析結果を示す．図 4.10 は $\ln s_{N,t}$ の実現値と時間 t の 4 次多項式による推定値をグラフに示している．推定値は必ずしもフィットはよいものではないが，1 年間の変動構造のトレンド的な動きを表すものとみなされる．

T0s1 モデルの残差 w_t のモデル化は (4.14) に対して，AR(1) から AR(10) まで推定を行った．AR の次数はパラメータの t-値，補正決定係数 (r^2)，AIC

表 4.5　T0s1 モデルの推定結果

	係数推定値	t-値	補正 r^2	残差 2 乗和	F 値	AIC
a_0	2.9786	83.3988				
a_1	3.4130	6.9356				
a_2	−11.3726	−5.7096	0.2340	6.4866	28.8041	1376.9058
a_3	13.6917	4.5905				
a_4	−5.6271	−3.8134				

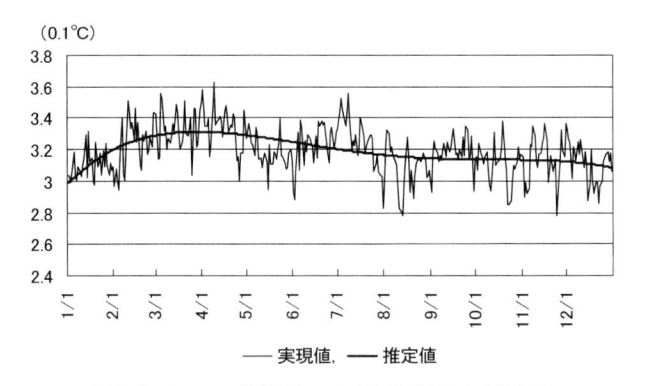

図 4.10　$\ln s_{N,t}$ の実現値と t の 4 次多項式による推定値

4.4 SV モデル

表 4.6 T0s1 モデルの残差 w_t の推定結果

	係数推定値	t-値	補正 r^2	残差2乗和	F 値	AIC
b_1	0.5134	9.7555				
b_2	-0.0343	-0.5790	0.2663	4.7121	44.9608	1130.2935
b_3	0.0814	1.5458				

などの基準から AR(3) とした．表 4.6 は分析結果を示す．

w_t の AR(3) モデルの残差 v_t

$$v_t = w_t - \hat{w}_t, \quad t=1, 2, ..., 365, \quad \hat{w}_t = \sum_{j=1}^{3} \hat{b}_j w_{t-j}$$

ただし，$w_0 = w_{365}$, $w_{-1} = w_{364}$, $w_{-2} = w_{363}$ とする

について正規性を調べる．図 4.11 には w_t のモデルの残差 v_t のグラフと図 4.12 にはそのヒストグラムを描いてある（365 個による）．表 4.7 はその基本統計量を示してある．残差のグラフには若干システマティックな動きも観察されるが，

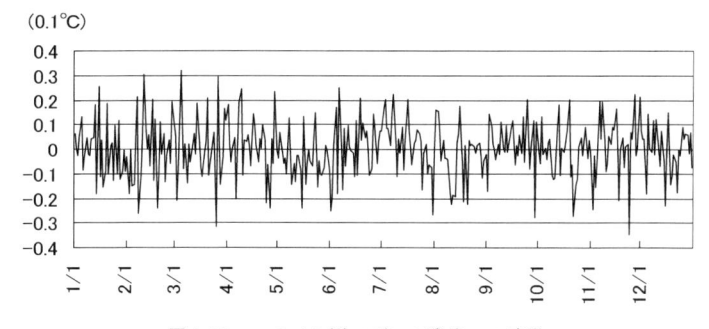

図 4.11 w_t の AR(3) モデルの残差 v_t の変動

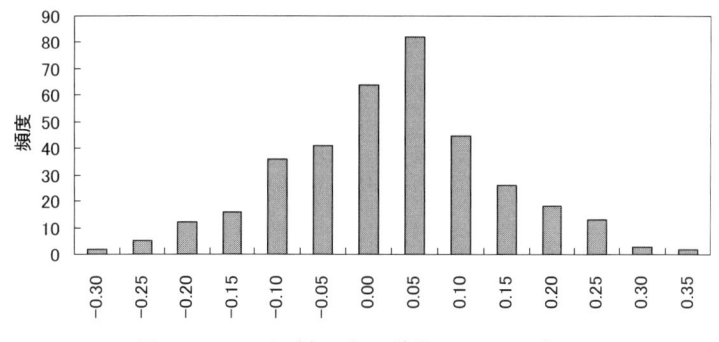

図 4.12 w_t の AR(3) モデルの残差 v_t のヒストグラム

表 4.7 w_t の AR(3) モデルの残差 v_t の基本統計量

	統計量	検定統計量
平均	9.79 E-11	
標準偏差	0.1138	
歪度	−0.0903	−0.7046
尖度	3.1920	0.7489

変動の大きさも小さい（絶対値で 0.02 度）ので，ホワイトノイズとみなし得よう．

図 4.12 からこの残差の分布に若干の歪みがみえるが，表 4.7 の検定統計量の値は有意でない．したがって，歪度と尖度からみるかぎり正規性と矛盾していない．また v_t が正規分布であったとしても，s_t は対数正規分布になるにすぎない．

b．T0s2 モデルの分析結果 T0s2 モデルの場合，(4.12) を使って 1961～1999 年までの 39 年間の気温データと，1961～2000 年までの 40 年間の気温データを用いて各日の標準偏差 $s_{39,t}$ と $s_{40,t}$ を計算する．$s_{39,t}$ と $s_{40,t}$ を使って (4.15) において $s_{40,t}=s_{39,t}\exp\{u_t\}$ の場合を考察する．1999 年と 2000 年の s_t の対数階差 u_t のモデル化は (4.16) に関して AR(1)～AR(10) までの推定を行う．AR の次数はパラメータの t-値，補正決定係数 (r^2)，AIC などの基準から AR(3) とした．表 4.8 は分析結果を示す．

u_t の AR(3) モデルの残差 v_t

$$v_t = u_t - \hat{u}_t, \quad t=1, 2, ..., 365, \quad \hat{u}_t = \sum_{j=1}^{3} \hat{b}_j u_{t-j}$$

ただし，$u_0=u_{365}$, $u_{-1}=u_{364}$, $u_{-2}=u_{363}$ とする．

について正規性を調べる．図 4.13 には u_t の AR(3) モデルの残差のグラフ，図 4.14 には残差のヒストグラムが描いてある．表 4.9 は基本統計量を示してある．T0s1 モデルと比べるとその残差の分布は歪度や尖度が大きくなっている．表

表 4.8 T0s2 モデルの残差 u_t の分析結果

	係数推定値	t-値	補正 r^2	残差 2 乗和	F 値	AIC
d_1	0.2846	5.5299				
d_2	0.0153	0.2856	0.1373	0.1039	20.2661	−1631.1904
d_3	0.1968	3.8240				

4.4 SV モデル

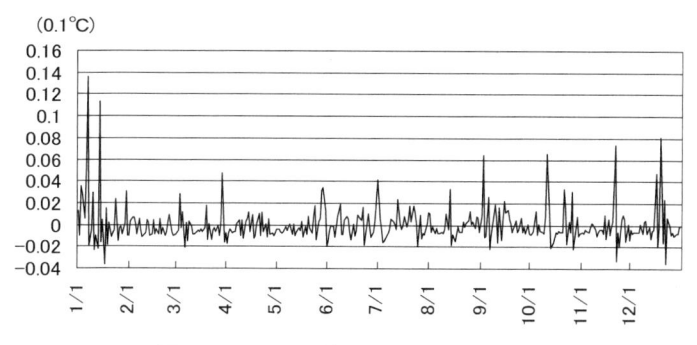

図 4.13　u_t の AR(3) モデルの残差 v_t の変動

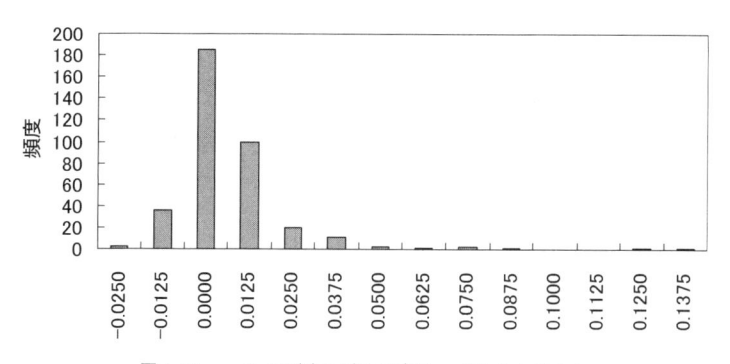

図 4.14　u_t の AR(3) モデルの残差 v_t のヒストグラム

表 4.9　残差 v_t の基本統計量

	統計量	検定統計量
平均	$-4.7\,\text{E-}05$	
標準偏差	0.0170	
歪度	3.3451	73.3505
尖度	21.8089	26.0905

4.9 の歪度と尖度の検定統計量が 2 を大きく超えていることから，正規性が棄却される．

c．$V_{yr,t}$ の分析結果　　基準化時系列 $V_{yr,t}$ のモデル化については，まず (4.17) によって時系列をつくる．そして (4.18) について，AR(1)〜AR(10) までの推定を行う．AR の次数はパラメータの t-値，補正決定係数（r^2），AIC などの基準から AR(4) とした．表 4.10 は分析結果を示す．

表 4.10 $V_{yr,t}$ モデルの分析結果

	係数推定値	t-値	補正 r^2	残差 2 乗和	F 比	AIC
c_1	0.7022	84.8739				
c_2	-0.1284	-12.7128	0.4256	8168.2973	2704.7854	262971.9960
c_3	0.0483	4.7800				
c_4	0.0377	4.5524				

次に残差項 $e_{yr,t}$ の正規性を調べる．$V_{yr,t}$ のデータ数は 14600 日あるので，AR(4) モデルの残差系列のデータ数は 14596 日となる．図 4.15 には $V_{yr,t}$ の AR(4) モデルの 2000 年分の残差系列のグラフ，図 4.16 には全体のヒストグラムを示してある．図 4.15 から 2000 年分の残差の大きさがほぼ -0.2〜0.2 の範囲内にあることがわかる（40 年間の残差はほぼ -0.3〜0.3 の範囲内にある）．図 4.16 をみるかぎり残差系列の確率分布は負の歪みがあり，正規分布でないことが推察される．実際，表 4.11 の分布の歪度と尖度の検定統計量が 2 より大きく

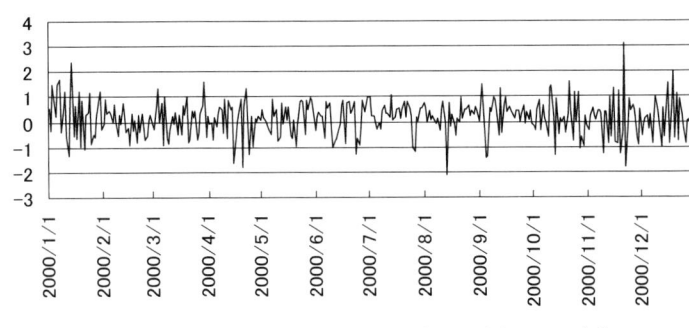

図 4.15 $V_{yr,t}$ の AR(4) モデルの 2001 年分の残差 $e_{yr,t}$ の変動

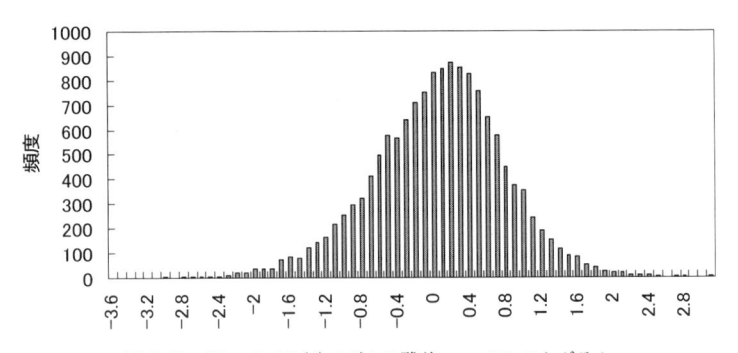

図 4.16 $V_{yr,t}$ の AR(4) モデルの残差 $e_{yr,t}$ のヒストグラム

4.4 SVモデル

表 4.11 残差 $e_{yr,t}$ の基本統計量

	統計量	検定統計量
平均	0.000207	
標準偏差	0.7481	
歪度	-0.2172	-10.7110
尖度	3.6594	16.2623

超えていることからも正規性が棄却されることがわかる．

　以上が気温における分散変動の分析である．以上の分析結果によって気温の変動（ボラティリティ）は時間とともに変動することがわかった．ゆえに，気温予測を行うときにボラティリティが一定と仮定することは適切でない．また，SVモデルの分析において，誤差が正規分布でないことをみた．よって，SVモデルの気温シミュレーションを行うときに，誤差項を正規分布と仮定することはできない．次章では気温シミュレーションについて説明し，リスク・スワップの検証結果を紹介する．

第5章

予測気温確率分布の導出とモデル比較

5.1 はじめに

　金融デリバティブの場合，仮定するディフュージョン・モデルが完備であれば，デリバティブのペイオフの基礎となる原資産とリスクフリー資産を組み合わせてペイオフを複製することが可能なので，リスク中立評価（派生証券のプライシングを求める方法）は意味をもつ．しかし，その評価は仮定するモデルの完備性に基礎をおくもので，現実のプロセスがそのモデルに従うかどうかは別の話である．ちなみにモデルの完備性とは，当該デリバティブのペイオフの一意的な複製可能性と同義語である．一方，天候デリバティブのような場合，気温や雨量などのプロセスはモデルとしてもノンマルコフで完備生を保証するものではなく，さらにデリバティブのペイオフの基礎となる気温や雨量自体の原資産は存在しないため，それは複製可能でない．それゆえこの領域では一般にデリバティブがリスク中立評価の基礎をもっている，とは考えられない．しかし理論的な論文では，金融的なモデルを仮定してその議論を展開する思考実験的なものもある．

　例えば夏の7～9月の92日間の気温の平均値に対して，25℃を超えたら100万円を支払うデリバティブを考えよう．実際にこの気温デリバティブをプライシングする場合，その3か月の平均値の確率分布が必要となる．そしてその確率分布のもとで気温が25℃を超える確率に100万円を掛けた期待値がプライシングの基本となるが，そこからの乖離としてのリスクを考慮に入れざるを得ない．そ

れが保険のプライシングの考え方である．リスク測度をどのように理解するかでも結果は変わる．いずれにしても重要となるのは，与えられたデータにより将来の気温変動構造を把握するモデルを構築することであり，そのモデルのシミュレーションにより確率変動分析を行い，92日間の平均値など当該デリバティブにとって必要な将来の確率分布を予測することがプライシングの基礎となる．そこから必要ならば，デリバティブペイオフの平均値やリスクを計算できる．いずれにしても，天候デリバティブのプライシングは気温シミュレーションが重要となるのである．

気温のプロセスのモデル化として，第3章では気温構造のモデル化についてトレンド，季節調整などを考慮した．第4章では気温のボラティリティが時間とともに変動することを確認し，ARCHモデルとSVモデルを用いて気温変動についてのモデル化を行った．本章は第3章と第4章の分析モデルに基づいてエンピリカルな立場から気温シミュレーションを行う．第6章では気温シミュレーションの結果をもとに確率分布を導出し，東京電力と東京ガスのリスク・スワップ契約の等価性について検証する．

2001年6月に東京電力と東京ガスは，東京都千代田区大手町地点の8月と9月の平均気温に関してのリスクを交換する契約を行った．東京電力の場合，夏の平均気温が高いと収益は増加するが，気温が低いと期待される収益は得られない．東京ガスの場合はこの逆である（詳しくは第1章または気象庁委託調査(2002)を参照されたい）．収益構造がこのような関係にある企業が，ゼロコストのもとで互いに保険を掛け合う方法がリスク・スワップである．次章でこのリスク・スワップ契約の等価性を検証する．

以下，5.2節ではわれわれのモデルについて，モンテカルロ・シミュレーションの方法を述べる．5.3節では各モデルによる気温予測シミュレーションによる予測確率分布を日別に導出し，モデル間の結果の比較を行う．本章の結果は，刈屋・遠藤・牛山(2003)，刈屋・牛山・遠藤(2003)および刈屋・Tee・郷古(2004A)の分析結果に従う．

5.2 気温シミュレーション

本節では，第4章のARCHとSVの気温時系列のボラティリティ変動モデル

をもとに,東京の気温パスを発生させるモンテカルロ・シミュレーション(以下MCとよぶ)を行う.本節の説明は,刈屋・遠藤・牛山(2003)と刈屋・Tee・郷古(2004 A)によるものである.

(1) ARCH モデル

$$\begin{cases} v_t = \gamma_1 v_{t-1} + \gamma_2 v_{t-2} + \cdots + \gamma_p v_{t-p} + \eta_t \\ \eta_t = \sqrt{h_t}\xi_t, \quad \xi_t \sim i.i.d., \quad E(\xi_t)=0, \quad Var(\xi_t)=1 \end{cases} \quad (5.1)$$

では誤差項 η_t のボラティリティが時間とともに変動し,t 期の誤差項は $\sqrt{h_t}$ と標準正規乱数 ξ_t の積からなることを示した.乱数 ξ_t は独立かつ均一分布 ($i.i.d.$)で平均0,分散1の正規分布に従う,と仮定する.よって,ARCH モデルによる気温 MC では標準正規分布に基づくシミュレーションを行う.他方,刈屋・Tee・郷古(2004 A)では残差 η_t の経験分布から直接乱数を発生させる気温 MC も行っているが,ここでは省略する.

(2) SV モデル

$$y_{yr,t} = T_{yr,t} + s_t V_{yr,t} \quad (5.2)$$

は t 期の誤差項は時間とともに変動し,ストキャスティック・ボラティリティ s_t と基準化時系列 $V_{yr,t}$ の積からなることを示す.そして,ARCH モデルは h_t について定式化を行うのに対して,SV モデルは s_t と $V_{yr,t}$ の定式化を別々に行った.第4章の SV モデルの分析では s_t と $V_{yr,t}$ の残差は正規分布でないことをみた.そのため,正規乱数を利用することができない.よって,SV モデルによる気温 MC は残差(s_t と $V_{yr,t}$ の分析を行ったときに,モデルによって説明できなかった部分)の経験(エンピリカル)分布から直接に乱数を発生させる方法をとる.

5.2.1 標準正規分布に基づくシミュレーション法

最初に ARCH 構造をもつモデルに関して,以下では (Tr) モデルによる 2001年5月1日〜2002年4月30日の気温シミュレーションの手順を説明する.(O) モデル,SAR モデルも同様の手順のもとでシミュレーションを行っている.

(Tr) モデルでは東京の平均気温はトレンドと季節調整後の系列が AR(10) に従う.すなわち,$v_t \sim$ AR(10) モデルである.さらに第4章の ARCH 分析により,v_t の誤差 η_t のボラティリティが4日前までのボラティリティの影響を受け

5.2 気温シミュレーション

る.すなわち,$h_t \sim$ARCH(4)モデルに従う.これらの結果を踏まえて以下の手順のもとでMCを行う.

(1) まずARCH(4)モデルのもとで,誤差項 η_t は平均 0,分散 h_t (given Φ_{t-1} $\sim N(0, h_t)$) の条件付正規分布に従うことから,t 時点までの残差 η の系列が与えられると $t+1$ 時点のボラティリティ h^*_{t+1}(シミュレーションで生成するという意味で*をつけている,以下同様)は以下のように計算される.また,初期値として2001年4月27〜30日までの η を使う.

$$h^*_{t+1}=\hat{\omega}+\sum_{j=0}^{3}\hat{a}_{j+1}\eta^2_{t-j}$$

ただし,$\eta^2_t=\eta^2_{2001/4/30}$,$\eta^2_{t-1}=\eta^2_{2001/4/29}$,…,$\eta^2_{t-3}=\eta^2_{2001/4/27}$ とする.

この h^*_{t+1} を使用して $t+1$ 期の誤差 η^*_{t+1} を以下のように生成する.

$$\eta^*_{t+1}=\sqrt{h^*_{t+1}}(\xi_{t+1})$$

ξ_{t+1} は平均 0,分散 1 の正規乱数である.

(2) この η^*_{t+1} を利用して h^*_{t+2} を次式で計算し,それを用いて η^*_{t+2} を以下のように計算する.

$$h^*_{t+2}=\hat{\omega}+\hat{a}_1\eta^{*2}_{t+1}+\sum_{j=0}^{2}\hat{a}_{j+2}\eta^2_{t-j}$$

$$\eta^*_{t+2}=\sqrt{h^*_{t+2}}(\xi_{t+2})$$

ここで,ξ_{t+2} は平均 0,分散 1 の正規乱数である.

(3) 同様に h^*_{t+3} 以降は以下のように生成される.これで1年分の誤差項が生成される.

$$h^*_{t+k}=\hat{\omega}+\sum_{j=1}^{4}\hat{a}_j\eta^{*2}_{t+k-j}$$

$$\eta^*_{t+k}=\sqrt{h^*_{t+k}}(\xi_{t+k}), \qquad k=3, 4, …, 365$$

(4) 生成された1年分の誤差 η^* 系列を使って,(5.1)モデルにより v^* 系列を生成する(トレンド除去後の残りの部分はAR(10)モデルが選択された).初期値として2001年4月21〜30日の10日間の ϕ を使う.

$$v^*_{t+1}=\sum_{i=0}^{9}\hat{\gamma}_{i+1}v_{t-i}+\eta^*_{t+1}$$

$$v^*_{t+2}=\hat{\gamma}_1v^*_{t+1}+\sum_{i=0}^{8}\hat{\gamma}_{i+2}v_{t-i}+\eta^*_{t+2}$$

$$\vdots$$

$$v^*_{t+11} = \sum_{i=0}^{10} \hat{\gamma}_i v^*_{t+i} + \eta^*_{t+11}$$
$$\vdots$$
$$v^*_{t+k} = \sum_{i=1}^{10} \hat{\gamma}_i v^*_{t+k-i} + \eta^*_{t+k}$$

(5) 生成された1年分の ϕ^* 系列を使って，2001年5月1日～2002年4月30日の1年間の気温プロセスのパス（時系列）を予測する．40年分のデータを用いて（Tr）モデルを推定しているので，シミュレーションにおいて第3章の(3.2) の yr は41となる．

$$y^*_{5/1} = \hat{c}_{5/1} + \hat{b}_{5/1}*41 + v^*_1$$
$$y^*_{5/2} = \hat{c}_{5/2} + \hat{b}_{5/2}*41 + v^*_2$$
$$y^*_{5/3} = \hat{c}_{5/3} + \hat{b}_{5/3}*41 + v^*_3$$
$$\vdots$$
$$y^*_{4/30} = \hat{c}_{4/30} + \hat{b}_{4/30}*41 + v^*_{365}$$

以上の手順を用いて1万本のパスを発生させる．

5.2.2 残差の経験分布に基づくシミュレーション法

次に SV モデルに関して，T0s1 モデルによる 2001年5月1日～2002年4月30日の気温シミュレーションの手順を説明する．T0s2 も同様の手順で行う．

第4章の SV モデルの分析に用いたデータは，東京の平均気温データから各日の40年間の平均を差し引いたものである（第3章のトレンドなし・固定季節調整モデル，すなわち (O) モデルに相当する）．季節調整によって説明できなかった部分は SV の部分と基準化時系列 $V_{yr,t}$ の部分に分けられると想定した．T0s1 モデルの場合，SV の部分について時間 t の指数関数と想定して，対数変換したデータに対して時間 t の多項式に回帰した．その結果から8次多項式が採択された．また，時間 t の多項式によって説明できなかった部分に対して自己回帰モデル（AR）を想定し，回帰を行った結果 AR(1) モデルが採択された．基準化時系列 $V_{yr,t}$ について AR モデルを想定し，回帰を行った結果 AR(10) モデルが採択された．これらの結果を踏まえて以下の手順のもとで MC を行う．

(1) 乱数の発生方法：SV モデルによる気温 MC を行う際，$V_{yr,t}$ の AR モデルの残差 $e_{yr,t}$ と T0s1, T0s2 モデルの残差 $v_{N,t}$ の経験分布を用いて乱数を発生

させる．

過去に実現した K 個のデータ $\{x_1, x_2, ..., x_K\}$ に基づいた乱数 e^* の発生方法は以下のとおりである．

1) データを小さい順に並べ替えたものを $\{y_1, y_2, ..., y_K\}$ とする．
2) 紺順序統計量に基づく経験分布は階段関数であるが，それを線形補完して次のような連続的分布関数 $F(y)$ を考える．分布関数 $F(y)$ は図5.1のような関数である．

$$F(y) = \begin{cases} 0, & y < y_1 \\ \dfrac{i-1}{N-1} + \dfrac{1}{N-1} \cdot \dfrac{y-y_i}{y_{i+1}-y_i}, & y_i \leq y < y_{i+1} \\ 1, & y \geq y_N \end{cases}$$

この関数は $y_i \leq y \leq y_N$ で逆関数が存在し

$$F^{-1}(u) = y_i + \{(N-1)u - (i-1)\}(y_{i+1} - y_i)$$

ただし $i = [(N-1)u]$，$[x]$ は x を超えない最大の整数を表す．

3) $[0,1]$ 上の一様乱数 u^* を発生させて $e^* = F^{-1}(u^*)$ とする．図5.2は一様乱数 u^* から e^* が決まることを示している．

データの発生方法により，乱数は y_1 と y_K の間の値をとり，区間 $[y_i, y_{i+1})$ の値をとる確率は $1/(N-1)$ となる．

(2) 基準化時系列 $V_{yr,t}$ の誤差項 $e^*_{yr,t}$ および T0s1 モデルの誤差項 $v^*_{N+1,t}$ に，(1)の乱数の発生方法から得られた乱数を代入する．

基準化時系列（AR(10)モデルが選択された）：$V^*_{yr,t} = \sum_{j=1}^{10} \hat{c}_j V^*_{yr,t-j} + e^*_{yr,t}$

ただし，yr（年）と t（日）は2001年5月1日～2002年4月30日を表す．初

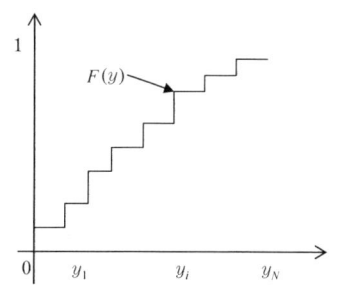

図5.1 関数 $F(y)$

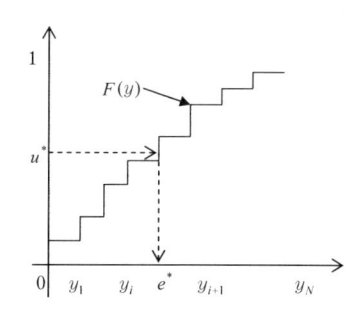

図5.2 u^* から e^* が決まる

期値として $V^*_{yr,0}=V_{2001,4/30}$, $V^*_{yr,-1}=V_{2001,4/29}$, …, $V^*_{yr,-9}=V_{2001,4/20}$ とする.

T0s1 モデル（AR(1)モデルが選択された）：$w^*_{N+1,t}=\hat{b}_1 w^*_{N+1,t-1}+v^*_{N+1,t}$

ただし，$N+1$ は41年目を表し，t は $1, 2, …, 365$ を表す．初期値として $w^*_{N+1,0}=w_{N,365}$ とする．

(3) $w^*_{N+1,t}$ を使って $N+1$ 年の各日の SV である $s^*_{N+1,t}$ を生成する（第4章の分析結果により時間 t の8次多項式が選択された）．

$$s^*_{N+1,t}=\exp\left\{\hat{a}_0+\hat{a}_1\left(\frac{t}{365}\right)+\hat{a}_2\left(\frac{t}{365}\right)^2+\cdots+\hat{a}_8\left(\frac{t}{365}\right)^8+w^*_{N+1,t}\right\}$$

(4) (2)の基準化時系列と(3)の SV によって 2001 年 5 月 1 日～2002 年 4 月 30 日の気温を予測する．

$$y^*_{yr,t}=T_{yr,t}+s^*_{N+1,t}V^*_{yr,t} \quad \text{ただし} \quad T_{yr,t}=\sum_{yr=1}^{N}\frac{y_{yr,t}}{N}$$

以上の手順を用いて1万本のパスを発生させる．

5.3 気温予測シミュレーションによるモデル間の比較

本節では 2001 年 4 月 30 日までのデータに基づく，第 4 章のモデルのもとに，2001 年 5 月からの 1 年間にわたる気温のパスをシミュレーションにより 1 万本発生させ，モデルを比較する．この予測シミュレーションにより 2001 年 5 月からの各日の 1 万個からなる予測確率分布が得られる．

a. 日別予測確率分布 以下の図には 2001 年の 5 月 1 日（図 5.3），8 月 1 日（図 5.4），12 月 1 日（図 5.5），3 月 1 日（図 5.6）の

(1) トレンドなし・固定季節調整 ARCH モデル（(O)モデル）
(2) トレンドあり・季節同時調整 ARCH モデル（(Tr)モデル）
(3) SAR 型季節・トレンド同時調整 ARCH モデル（SAR モデル）
(4) トレンドなし・固定季節調整 SV モデル 1，T0s1 モデル
(5) トレンドなし・固定季節調整 SV モデル 2，T0s2 モデル

の気温の予測確率分布（ヒストグラム）を掲載してある．表 5.1～5.4 はそれぞれの基本統計量（分布の特性）を掲載してある．図では気温予測シミュレーションによって各日の 1 万個の気温がどのように散らばっているかを示してある．図の両端にやや高い頻度（棒の高さがやや高い）を示してあるのは，左端では目盛

5.3 気温予測シミュレーションによるモデル間の比較　　113

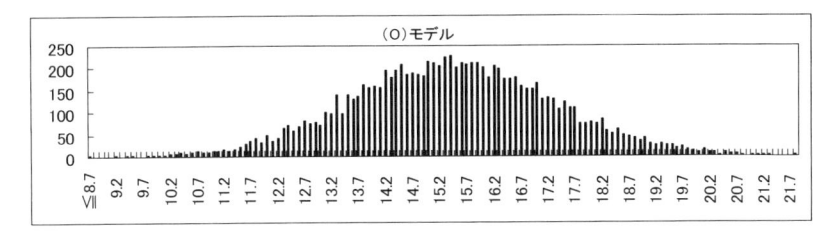

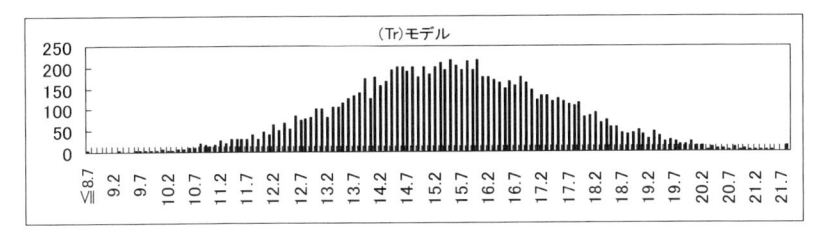

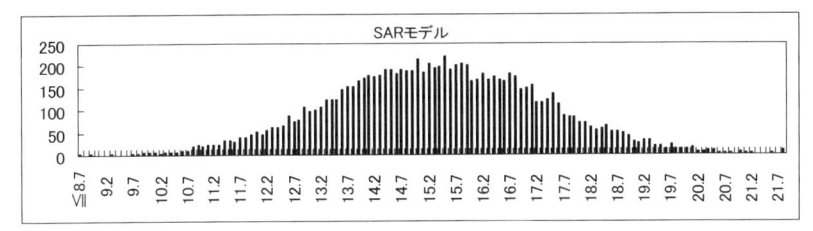

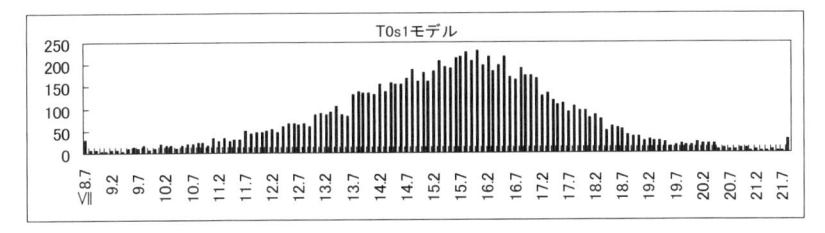

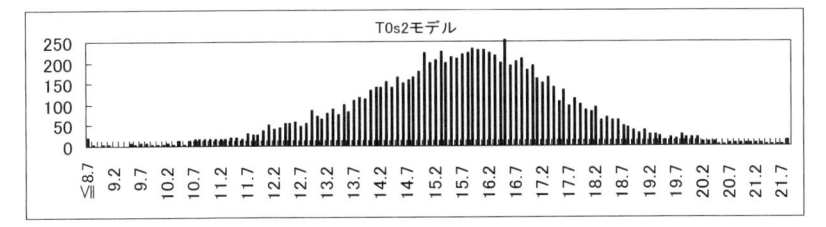

図5.3　2001年5月1日の予測気温分布

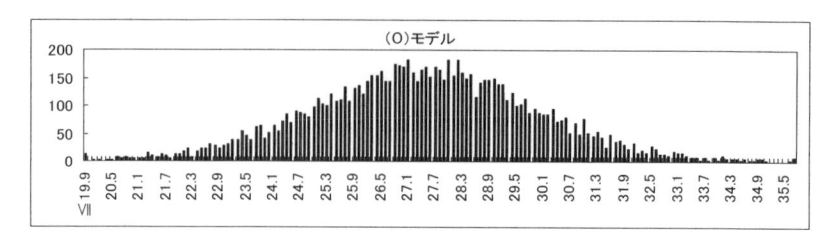

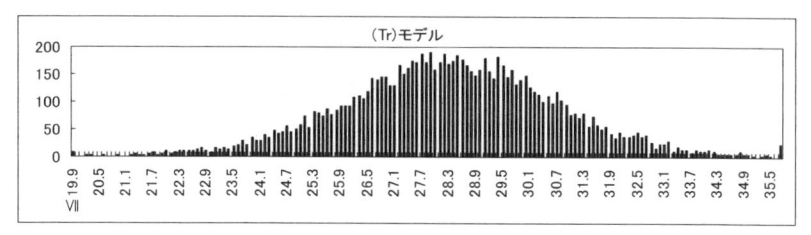

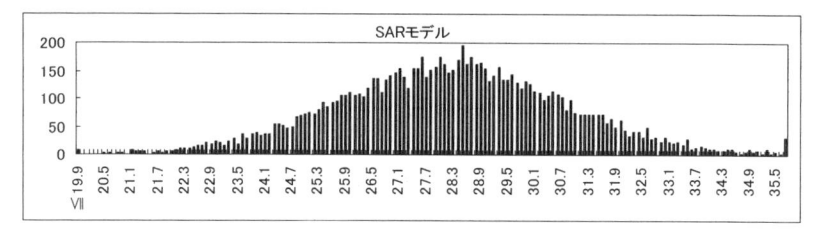

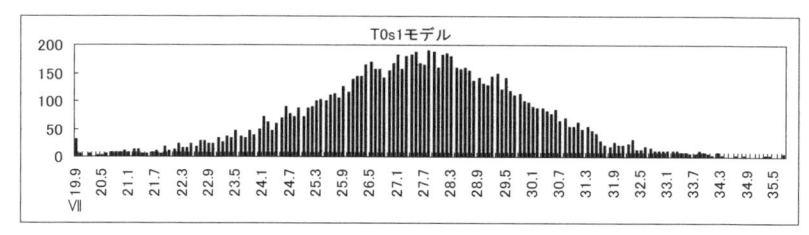

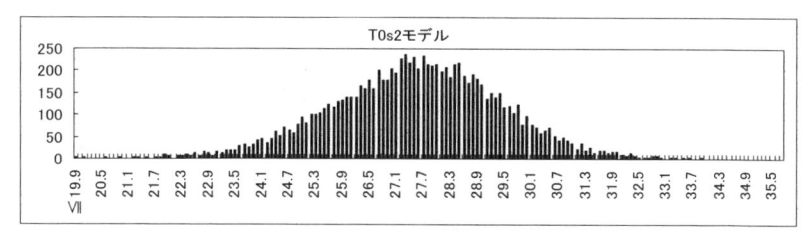

114　第5章　予測気温確率分布の導出とモデル比較

図 5.4　2001 年 8 月 1 日の予測気温分布

5.3 気温予測シミュレーションによるモデル間の比較

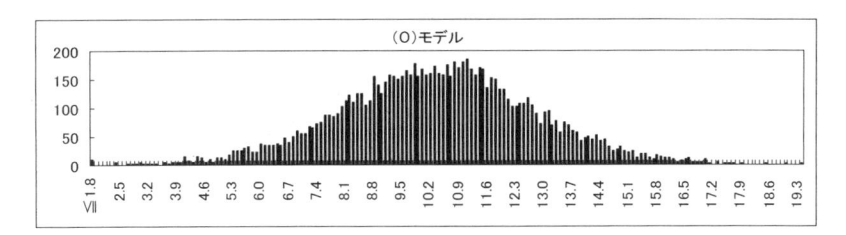

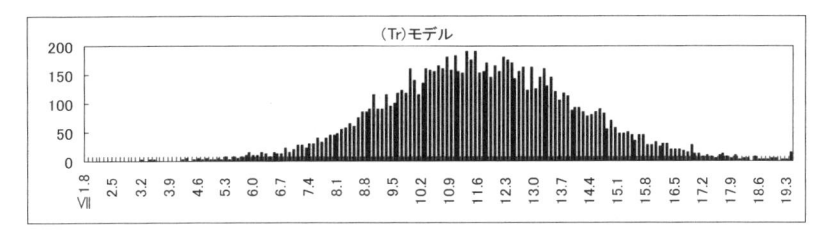

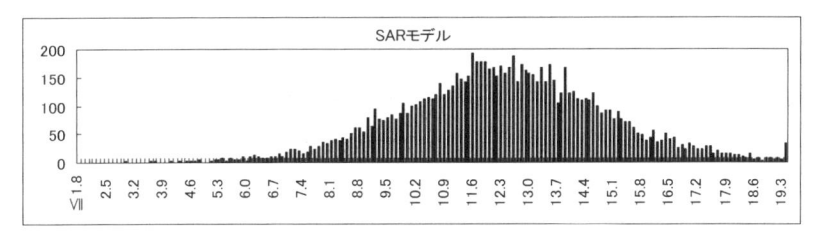

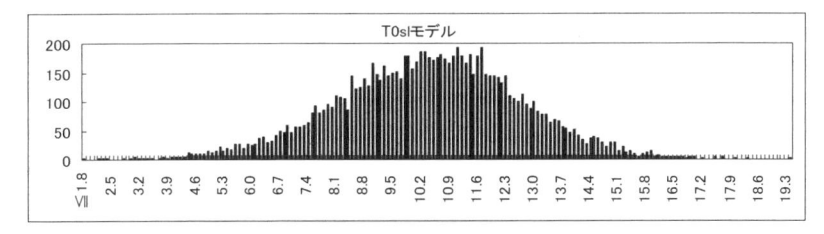

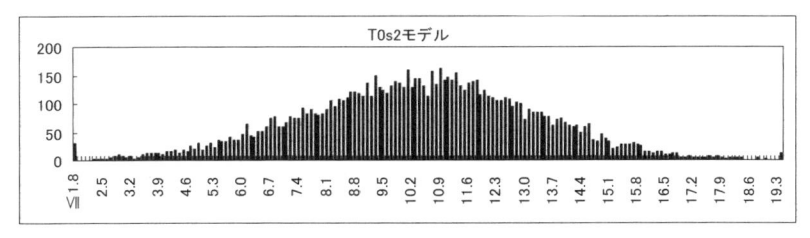

図 5.5 2001 年 12 月 1 日の予測気温分布

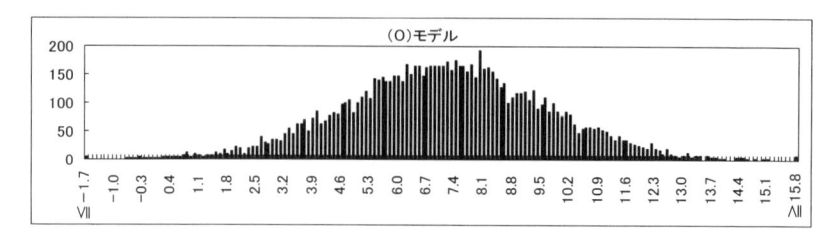

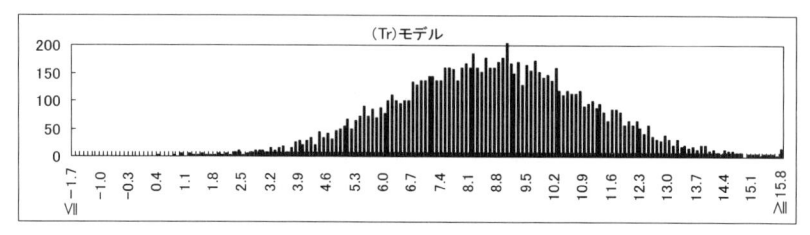

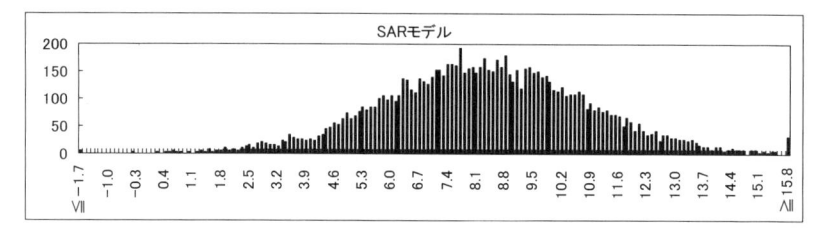

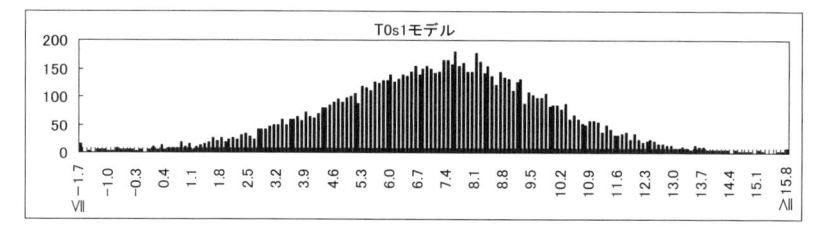

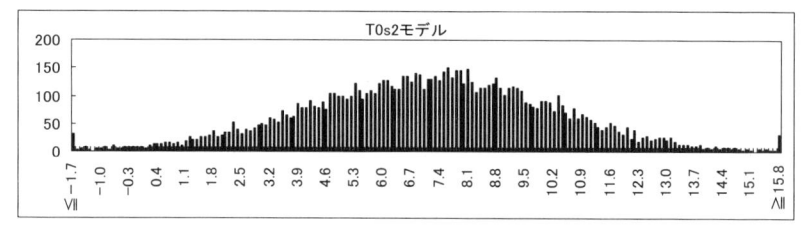

116　　　　　　第5章　予測気温確率分布の導出とモデル比較

図 5.6　2002年3月1日の予測気温分布

5.3 気温予測シミュレーションによるモデル間の比較

表 5.1 2001 年 5 月 1 日の予測気温分布の基本統計量

	(O)モデル	(Tr)モデル	SAR モデル	T0s1 モデル	T0s2 モデル
平均	15.4207	15.4849	15.3342	15.4573	15.6289
中央値(メジアン)	15.4	15.5	15.3	15.6	15.7
最頻値(モード)	15.4	15.5	15.5	16	16.5
標準偏差	1.8929	2.0031	1.9529	2.1817	1.9851
歪度	0.0225	0.0412	0.0160	−0.2610	−0.2323
歪度検定統計量	0.9198	1.6812	0.6518	−10.6545	−9.4843
尖度	3.0083	3.0043	3.0020	3.8008	3.7416
尖度検定統計量	0.1689	0.0880	0.0407	16.3470	15.1375
最小	7.5	7.9	7.6	4.1	6.7
最大	22	23.6	24.3	24.5	23.9

表 5.2 2001 年 8 月 1 日の予測気温分布の基本統計量

	(O)モデル	(Tr)モデル	SAR モデル	T0s1 モデル	T0s2 モデル
平均	27.4680	28.3335	28.2411	27.5038	27.5298
中央値(メジアン)	27.5	28.3	28.3	27.6	27.6
最頻値(モード)	27.1	27.9	28.5	27.8	27.3
標準偏差	2.4829	2.3970	2.5479	2.4230	1.9047
歪度	0.0148	−0.0047	0.0425	−0.1993	−0.1465
歪度検定統計量	0.6032	−0.1921	1.7357	−8.1359	−5.9798
尖度	3.1515	3.3996	3.1906	3.4081	3.2742
尖度検定統計量	3.0934	8.1571	3.8904	8.3297	5.5972
最小	18.2	18.6	17.8	17.2	19.8
最大	37.4	39.1	41	36.8	35.5

表 5.3 2001 年 12 月 1 日の予測気温分布の基本統計量

	(O)モデル	(Tr)モデル	SAR モデル	T0s1 モデル	T0s2 モデル
平均	10.3677	11.6642	12.3458	10.3859	10.3677
中央値(メジアン)	10.4	11.6	12.3	10.4	10.4
最頻値(モード)	11.1	11.3	11.6	11.7	10.9
標準偏差	2.4541	2.4000	2.5198	2.3151	2.8999
歪度	−0.0162	0.0992	−0.0056	−0.1063	−0.0805
歪度検定統計量	−0.6607	4.0514	−0.2291	−4.3398	−3.2849
尖度	3.4255	3.5305	3.2377	3.3343	3.1691
尖度検定統計量	8.6857	10.8280	4.8523	6.8229	3.4511
最小	−1.1	2	2.6	−0.2	−2.6
最大	22.7	27.5	24.4	20.5	22.2

表5.4 2001年3月1日の予測気温分布の基本統計量

	(O)モデル	(Tr)モデル	SARモデル	T0s1モデル	T0s2モデル
平均	7.1501	8.6186	8.2894	7.1362	7.1310
中央値(メジアン)	7.2	8.6	8.3	7.3	7.2
最頻値(モード)	8	9	7.7	7.6	7.6
標準偏差	2.4695	2.3979	2.5414	2.7045	3.0601
歪度	−0.0125	−0.0307	0.0008	−0.1741	−0.0843
歪度検定統計量	−0.5092	−1.2549	0.0332	−7.1058	−3.4411
尖度	3.2053	3.1566	3.3671	3.3703	3.1511
尖度検定統計量	4.1899	3.1969	7.4928	7.5585	3.0841
最小	−3.1	−1.4	−3	−6.5	−5.8
最大	17	18.7	20	17.9	18.9

に示してある気温より低い気温をまとめ集計してあり，右端では目盛に示してある気温より高い気温をまとめて集計してあるためである．例えば図5.6の場合，左端では−1.7より低い気温をまとめて集計してあり，右端では15.8より高い気温をまとめて集計してある．表では気温予測シミュレーションによって得られた各日の1万個の値の平均，中央の値，最頻値，最小値と最大値を示してある．そして分布の形を表す歪度と尖度，正規性を検定するための統計量も示してある．図と表から以下のようなことが観察できる．

1) 5月1日以外の日はトレンドを考慮した (Tr) モデルと SAR モデルの平均値がトレンドを考慮していないモデルの平均値より大きいことがわかる．図から両モデルの分布がその他のモデルよりも中心が右側にあることがわかる．

2) 5月1日において ARCH モデルを採用した (O) モデル，(Tr) モデルと SAR モデルの分布の形について，歪度と尖度の検定統計量が2より小さいことから正規性と矛盾しない．これは ARCH モデルにおける2001年5月1日のシミュレーションでは初期値として2001年4月27～30日までのηを使っているからである．すなわち $\eta_{4/27}^2, ..., \eta_{4/30}^2$ によって5月1日の条件付分散 $h_{5/1}^*$ が決まる．条件付分散の平方根 $\sqrt{h_{5/1}^*}$ と標準正規乱数 $\xi_{5/1}$ を掛け合わせた値 $\eta_{5/1}^*$ が5月1日の気温の誤差項となる．よって1万個の5月1日のみ条件付分散 $h_{5/1}^*$ は同じとなり，1万回の5月1日の気温予測シミュレーションでは乱数 $\xi_{5/1}$ 以外の値が既知となる．$\xi_{5/1}$ は標準正規分布に従うことから5月1日の1万個の気温予測分布も正規分布に従うこと

になる．例えば5月2日では $\eta^2_{4/28}, ..., \eta^{2*}_{5/1}$ によって条件付分散 $h^*_{5/2}$ が決まる．1万回のシミュレーションでは標準正規乱数 $\xi_{5/1}$ が違う値をとるので5月2日の条件付分散 $h^*_{5/2}$ は同じとならない．よって，5月1日以外の日では正規性が採択されないはずである．表5.2〜5.4の尖度統計量はこのことを示している．

3) すべての日に対してT0s1モデルとT0s2モデルの分布の形については，歪度が負の値（左に歪んでいる）で歪度と尖度の検定統計量の値が大きく正規性は棄却される．これは経験分布によるシミュレーションを用いたため，各々の乱数の値が正規分布でなかったことから必然の結果である．

4) 全体を通して(Tr)モデルは他のモデルと比べて標準偏差が小さい．標準偏差が小さいことは分布の両裾（両端）の値が他のモデルと比べて小さく，異常値の値が他のモデルよりも平均値に近いので，予測確率モデルとしての重要性を示す．

b．予測平均値の比較　2001年5月1日〜2002年4月30日の1年間の各モデルの予測平均値差をみるために，以下の図はそれぞれのモデルで発生させた予測パスの平均をとって，モデルの間の平均値の差を計算した結果を示してある．すなわち

(1) トレンドあり・季節同時調整ARCHモデル（(Tr)モデル）の予測平均値からトレンドなし・固定季節調整ARCHモデル（(O)モデル）の予測平均値を引いたもの（図5.7），

(2) トレンドあり・季節同時調整ARCHモデル（(Tr)モデル）の予測平均値からSAR型季節・トレンド同時調整ARCHモデル（SARモデル）の予測平均値を引いたもの（図5.8），

(3) トレンドなし・固定季節調整SVモデル，T0s1モデルの予測平均値からT0s2モデルの予測平均値を引いたもの（図5.9），

(4) トレンドなし・固定季節調整ARCHモデル（(O)モデル）の予測平均値からトレンドなし・固定季節調整SVモデル（T0s1モデル）の予測平均値を引いたもの（図5.10），

を描いてある．この平均値でみると以下のようなことがいえる．

1) 図5.7からトレンドを考慮したモデルのほうがトレンドを考慮しなかったモデルよりも予測気温が高くなる．

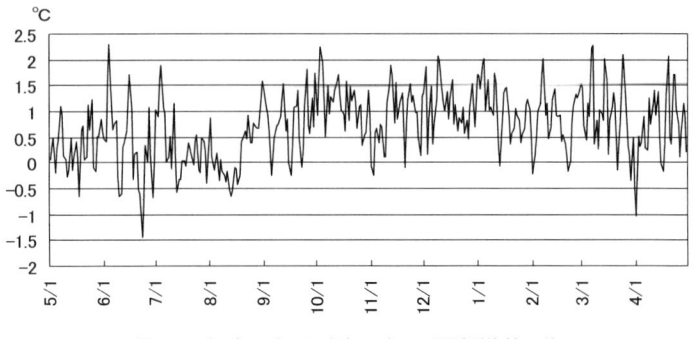

図 5.7 (Tr) モデルと (O) モデルの予測平均値の差

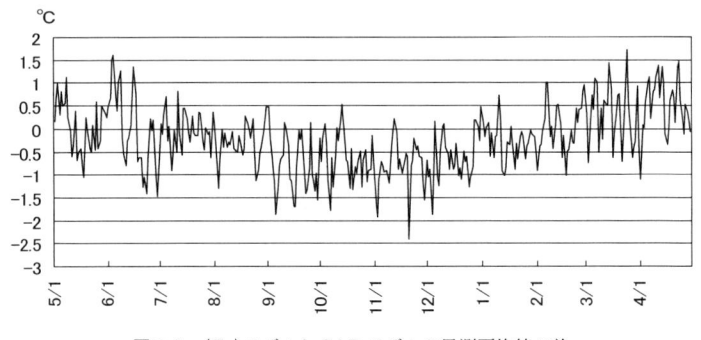

図 5.8 (Tr) モデルと SAR モデルの予測平均値の差

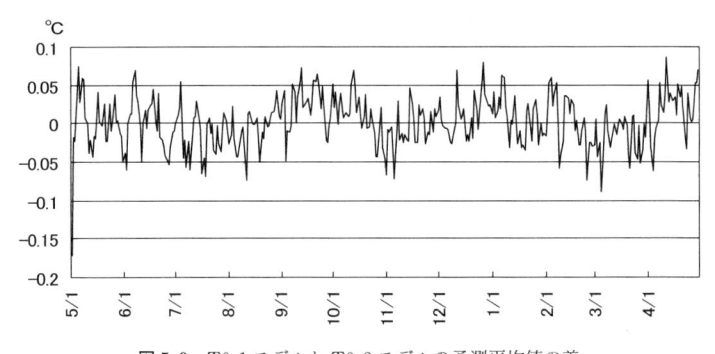

図 5.9 T0s1 モデルと T0s2 モデルの予測平均値の差

2) 図 5.8 から全般的に SAR モデルのほうが (Tr) モデルよりも予測気温が高い．特に 2001 年 7 月〜2002 年 1 月までの予測気温について顕著である．これは，ここで採用した SAR 型トレンド・季節同時調整モデルは

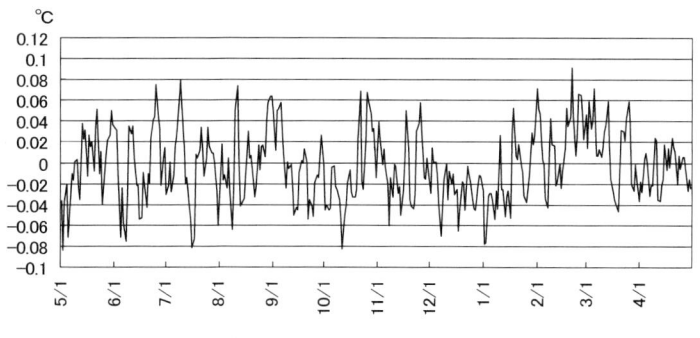

5.3 気温予測シミュレーションによるモデル間の比較

図 5.10 (O)モデルと T0s1 モデルの予測平均値の差

1〜11年前までの同じ日の気温の影響を受けるからである．

図 5.11 と図 5.12 は 1999 年 5 月〜2000 年 4 月まで，2000 年 5 月〜2001 年 4 月までと 1961 年 5 月〜2001 年 4 月までの 40 年間の各日の平均気温を比較したものである．両図からもわかるように，1999 年 7 月〜2000 年 1 月と 2000 年 7 月〜2001 年 1 月の気温が 40 年間の平均気温より高いことがわかる．そこで，11 年前までに 40 年間の平均気温よりも高い年が多ければ多いほど，SAR モデルはその影響を受け，予測気温が高くなる．また，40 年間の平均気温とあまり変わらない 1999 年と 2000 年の 5 月，6 月，2000 年と 2001 年の 2〜4 月では確実にトレンドを考慮した (Tr) モデルのほうが SAR モデルよりも気温が高くなる．図 5.8 はこのことを示している．

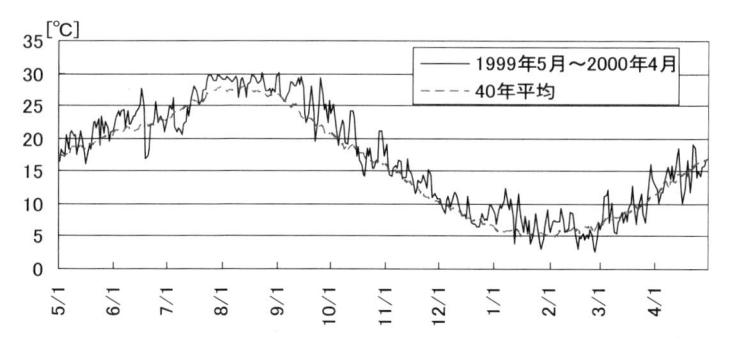

図 5.11 1999 年 5 月〜2000 年 4 月の気温と 1961 年 5 月〜2001 年 4 月の 40 年間の平均気温との比較

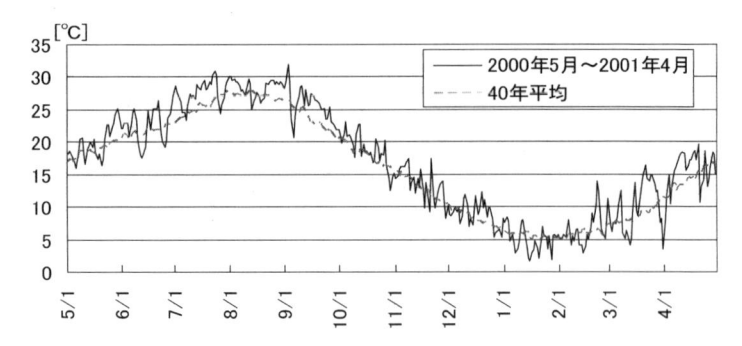

図5.12 2000年5月～2001年4月の気温と1961年5月～2001年4月の40年間の平均気温との比較

3) 図5.9からT0s1モデルとT0s2モデルの予測気温の平均値の差が小さい．
4) 図5.10から(O)モデルとT0s1モデルの予測気温の差が小さい．よって，平均値でみるとトレンドなし・固定季節調整モデルを用いた場合，ARCHモデルとSVモデルには大きな違いがないことがわかる．

c．予測パス平均と実現値の比較　モデルごとに発生させたパスの平均値と実際の2001年5月～2002年4月の東京の平均気温を比較する．前節でみたように季節調整のみを考慮した(O)モデル，T0s1モデルとT0s2モデルの予測パスの平均値にあまり差がないことから，ここではその中でT0s1モデルのみ実現値と比較する．図5.13～5.15はそれぞれ(Tr)モデル，SARモデル，T0s1モデルと実現値を示してある．図に示したとおり，パスの平均値は実際の東京の気温の大まかな動きを捉えていた．表5.5は各日のモデル平均値と実現値の差を示してある．表5.5からわかるように実現値からかなりの差がある．予測という観点からはそれ自体あたっていないが，どのモデルでも標準偏差が2.5～3.0程度であることからその乖離は自然である．またそもそも目的はある特定日の気温の予測確率分布を導くことである．ここでは実現値はあくまでも予測確率分布の中から一つの実現であると考える．この結果から得られる重要な点は，特定日の気温にリンクしたデリバティブに関わるときは，この程度の変動を見越す必要があることである．

表5.6は実現値が予測分布のどのあたりにあるかを示してある．実際の気温より低い予測パスをカウントしてある（例えば図5.1の11.4℃より左側をカウントする）．表では2001年5月1日と2002年3月1日の実際の気温は予測確率分

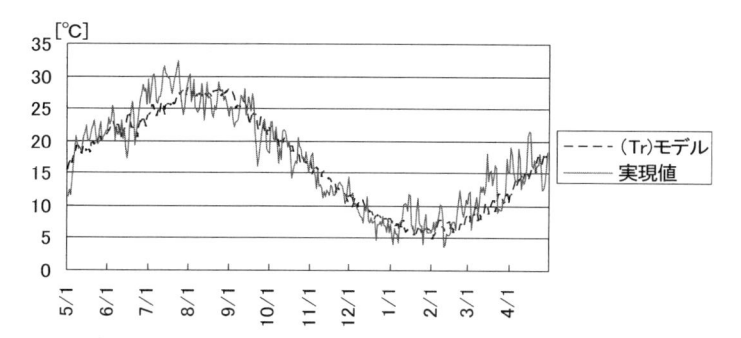

5.3 気温予測シミュレーションによるモデル間の比較

図 5.13 2001 年 5 月〜2002 年 4 月の (Tr) モデルによる予測パスの平均値と実際の気温

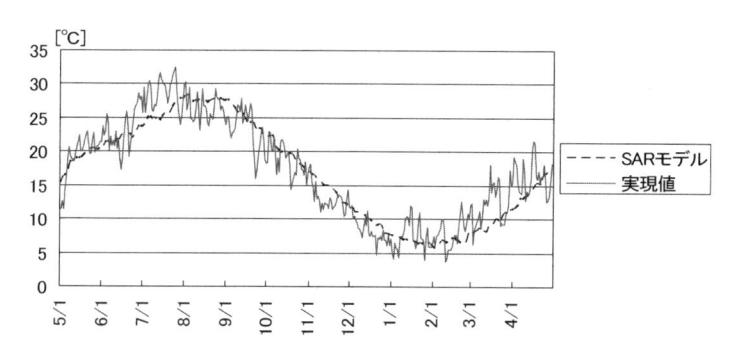

図 5.14 2001 年 5 月〜2002 年 4 月の SAR モデルによる予測パスの平均値と実際の気温

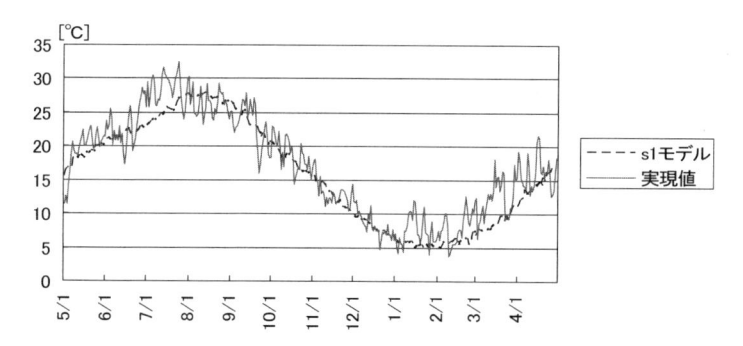

図 5.15 2001 年 5 月〜2002 年 4 月の T0s1 モデルによる予測パスの平均値と実際の気温

表5.5 各モデルによる予測パスの平均値と実際の気温との差 [°C]

	実現値(X)	(O)モデル-X	(Tr)モデル-X	SARモデル-X	T0s1モデル-X	T0s2モデル-X
2001/5/1	11.4	4.0	4.1	3.9	4.1	4.2
2001/8/1	30.3	−2.8	−2.0	−2.1	−2.8	−2.8
2001/12/1	11.8	−1.8	−0.4	0.7	−1.7	−1.8
2002/3/1	12	−4.8	−3.4	−3.7	−4.9	−4.9

表5.6 予測確率分布における実現値の位置

	(O)モデル	(Tr)モデル	SARモデル	T0s1モデル	T0s2モデル
2001/5/1	1.66%	2.21%	2.38%	4.29%	2.58%
2001/8/1	87.98%	80.98%	79.98%	88.86%	93.61%
2001/12/1	74.05%	53.83%	41.89%	74.28%	69.83%
2002/3/1	97.65%	92.52%	93.21%	96.98%	95.06%

布（図5.3と図5.6）の端にあることを示し，2001年8月1日と12月31日の実際の気温は予測確率分布（図5.4と図5.5）の平均値より右側にあることを示す．すなわち，これらのモデルによれば2001年8月1日と12月31日の気温は2001年5月1日と2002年3月1日の気温より実現する確率が高いことを意味する．

2001年5月1日の実現値について以下のように解釈できよう．実際の気温は11.4°Cであった．図5.1の予測確率分布から気温が11.4°Cを下回る確率が小さいことがわかる．表5.6により五つのモデルのうち気温が11.4°Cを下回る確率が一番低かったのは(O)モデルの1.66%である．他のモデルによる予測確率分布も気温が11.4°Cを下回る確率が小さいことがわかる．この日の気温は40年間の平均が17°Cであったことからも記録的に低い気温であった．しかし，確率的に低いが起こり得ることである．

第6章

東京電力と東京ガスの
リスク・スワップの検証

6.1 はじめに

　2001年6月に東京電力と東京ガスは，東京千代田区大手町の8月と9月の平均気温の変動に関してのリスクを互いにスワップするという契約を行った．以下ではこのリスク・スワップをTTRSとよぶ．東京電力の場合，夏の平均気温が高いと利益は増加するが，それが低いと期待される利益が得られない．東京ガスの夏の収益構造はこの逆にあるという．この互いのリスクを交換するのがTTRS契約である．その内容の詳細は以下のとおりである．[東京電力，東京ガス発表プレスリリースおよび気象庁委託調査（2002）]

1. 対象期間：2001年8月1日〜9月30日（61日）
2. 指標値：気象庁大手町地点で観測した対象期間の平均気温の合計値
3. 基準気温：26°C
4. 金銭授受内容
    - 対象期間の平均気温が基準気温を0.5°Cを超えて下回る場合，東京ガスが東京電力に0.1°C当たり80万円×61日を支払う．逆に0.5°Cを超えて上回る場合，東京電力が東京ガスに同じ対価を支払う．
    - 対象期間の平均気温が基準気温を2°C下回る，あるいは上回る場合，支払額が約7億円となり，これが最大支払い額となる．

平均気温が基準気温より±0.5°Cの範囲内では金銭授受が発生しないと設定し

てあるのはこの範囲内では両社ともに損益があまり発生しないためである．

　TTRS の内容は，夏の平均気温の変動による収益変動リスクを，次の (6.1) のオプションペイオフ構造として識別し，二つのデリバティブを等価とみなして交換したことと同等である．デリバティブの指標は東京管区気象台が毎時間発表する気温の 24 個の平均を日次平均気温とし，その日次平均の 8, 9 月の 61 日間の平均気温 X をデリバティブの指標とする．すなわち TTRS は，東京電力と東京ガスの X に対するペイオフをヨーロピアンコールとヨーロピアンプットのゼロコストの交換として，

$$\begin{cases} (東京電力のペイオフ)： W^{TE} = \min\{70000, 800 \cdot 61 \max(25.5 - X, 0)\} \\ (東京ガスのペイオフ)： W^{TG} = \min\{70000, 800 \cdot 61 \max(X - 26.5, 0)\} \end{cases}$$
(6.1)

と表現される（単位：万円）．ただし，X は指標値（単位：℃）である．この式によれば，8, 9 月の平均気温 X が 25.5℃ より 1℃ 下落するごとに，東京ガスが東京電力に 1 日当たり 800 万円支払うことになる．平均気温 X が 25.5℃ よりも高ければ，東京ガスから金銭の支払いはない．逆に 26.5℃ より 1℃ 上昇するごとに，東京電力は東京ガスに同様の対価を支払うことになる．26.5℃ よりも低ければ，東京ガスから金銭の支払いはない．最高支払額は 7 億円である．実績は 24.8℃ であって，61 日分として東京ガスは東京電力に 3 億 2 千万円支払ったとのことである．

　以上が東京電力と東京ガスが交わした気温リスク・スワップの内容である．このリスク・スワップの合理性を検証するために，刈屋(2003) と刈屋・牛山・遠藤(2003) が次節で説明する方法を提案した．6.2 節ではリスク・スワップを評価する概念的枠組みを解説する．6.3 節では気温シミュレーションの結果をもとにリスク・スワップの検証を行う．6.5 節は本章のまとめを述べる．

6.2　リスク・スワップの評価法

　リスク・スワップ契約の等価性の検証に際して，まず等価性の定義を与える．

完全等価性とモーメント等価性の定義（刈屋(2003)）

　確率変数で示される二つの非負ペイオフ W_1 と W_2 をもつデリバティブのゼロコスト交換において完全等価性と k 次モーメント等価性を次のように定義する．

(i) W_1 と W_2 が完全等価$\iff W_1$ と W_2 の確率分布が等しい

(ii) W_1 と W_2 が k 次モーメント等価$\iff W_1$ と W_2 の k 次までのモーメントが等しい（1～4次のモーメントは平均，分散（標準偏差），歪度，尖度の順である）．

$$E[W_1^j] = E[W_2^j], \quad j=1, ..., k \tag{6.2}$$

ただし $j=0$ のときは，$P(W_1>0) = P(W_2>0)$

完全等価性とは二つのペイオフの確率分布が完全に等しいことをいう．モーメント等価性とは分布のモーメントが等しいことをいう．

完全等価性の評価測度として，刈屋・牛山・遠藤(2003)はペイオフの分布のスミルノフ-コルモゴロフ距離

$$d(W^{TE}, W^{TE}) = \sup abs[F^{TE}(y) - F^{TG}(y)] \tag{6.3}$$

を用いている．ここで $F^{TE}(y)$，$F^{TG}(y)$ はそれぞれ W^{TE}，W^{TE} の分布関数であり，abs は y を与えたときの二つの分布関数の差の絶対値，$\sup$ は y を変えたときの最大値を示す．この数値が0であるとき，両社の分布は完全等価性をもち，契約は完全に公平であると解釈できる．

他方，二つのペイオフに対してどちらが一様に有利であるかという基準として，確率的優位性の概念を利用できる．東京電力と東京ガスの両社のペイオフに対して，例えば

$$\begin{cases} P(W^{TE}>a) \geq P(W^{TG}>a), & \text{任意の } a \text{ に対して} \\ P(W^{TE}>b) > P(W^{TG}>b), & \text{ある } b \text{ に対して} \end{cases} \tag{6.4}$$

が成立するとき東京電力のほうが確率的に優位と定義される．この関係を両社のペイオフの分布関数を用いて表現すると，

$$\begin{cases} F^{TE}(a) \leq F^{TG}(a), & \text{任意の } a \text{ に対して} \\ F^{TE}(b) < F^{TG}(b), & \text{ある } b \text{ に対して} \end{cases}$$

となる．すなわち，いかなる金額 a に対しても，東京電力の受取り額が a を超える確率は東京ガスの場合よりも少なくなく，少なくとも b に対してはその確率は大きい．このとき，TTRS は東京電力に有利であると解釈できる．以下では両社のペイオフの分布関数を図示することによって確率的優位性の有無を視覚的に捉えることとした．

(6.1)のペイオフで，61日の気温平均値の東京ガスのペイオフが7億円になる最小の平均気温は 27.934℃ であり，また東京電力のそれが7億円になる最大

の気温の平均値は 24.066°C である．後にみるように，どのモデルでみても気温の平均値が区間（24.066, 27.934）の外に出る確率はきわめて小さいので，7 億円の天井と床の制限を無視して，以下では TTRS の公平性を平均気温のみのペイオフとして

$$\begin{cases} （東京電力）: \widetilde{W}^{TE} = \max(25.5 - X, 0) \\ （東京ガス）: \widetilde{W}^{TG} = \max(X - 26.5, 0) \end{cases}$$

で議論する．

6.3 TTRS の検証結果

第 5 章で説明したシミュレーションにより 1 万本の気温予測パスを用いて，上で述べたリスク・スワップの評価法のもとで TTRS 契約の公平性の検証を行う．すなわち，TTRS の指標（8, 9 月の平均気温）の予測確率分布を導出したうえで，東京電力と東京ガスのペイオフ分布を吟味し，契約の公平性を検証する．

6.3.1 モデルごとの検証結果

表 6.1 は 1 万本のパスの 8, 9 月の 61 日間の平均気温の確率分布の基本統計量を示してある．表 6.2 はペイオフ分布の特性を示してある．表 6.3 はペイオフ分布の距離を示してある．図 6.1 では各々のモデルによるシミュレーションから得られた 1 万本の気温パスのうち，指標である 8, 9 月の平均気温の確率分布（ヒストグラム），東京電力と東京ガスのペイオフの確率分布（ヒストグラム）およ

表 6.1 8, 9 月の 61 日間平均気温分布の基本統計量

	(O) モデル	(Tr) モデル	SAR モデル	T0s1 モデル	T0s2 モデル
平均	25.2806	25.7681	26.3023	25.2819	25.2741
中央値（メジアン）	25.3	25.8	26.3	25.3	25.3
最頻値（モード）	25.3	25.8	26.1	25.2	25.2
標準偏差	0.8185	0.7480	0.7881	0.7558	0.7698
歪度	0.0141	−0.0258	−0.028	−0.0564	−0.0248
歪度検定統計量	0.5748	−1.0513	−1.1451	−2.3043	−1.1603
尖度	3.0147	−3.0191	3.1945	3.1065	3.0177
尖度検定統計量	0.300	−0.3904	3.9702	2.1748	0.3615
最小	22	22.9	23.2	22.1	22.6
最大	28.4	28.4	29.5	28.1	28.1

表6.2 ペイオフ分布の特性

	(O)モデル		(Tr)モデル		SARモデル	
	東京ガス	東京電力	東京ガス	東京電力	東京ガス	東京電力
平均	0.0249	0.4479	0.0639	0.1836	0.2219	0.0647
標準偏差	0.1228	0.5489	0.1973	0.3471	0.3926	0.2128
歪度	6.7853	1.2771	3.9551	2.2760	7.8936	24.1956
歪度検定統計量	277.0069	52.1390	161.4666	92.9171	99.8899	432.6541
尖度	60.1348	4.2239	20.9761	8.3380	5.1617	7.2905
尖度検定統計量	1166.2595	24.9827	366.9356	108.9607	88.2497	175.1605

表6.2 つづき

	T0s1モデル		T0s2モデル	
	東京ガス	東京電力	東京ガス	東京電力
平均	0.0165	0.4199	0.0175	0.4326
標準偏差	0.0957	0.5196	0.0988	0.5263
歪度	7.9865	1.3221	7.6370	1.2753
歪度検定統計量	326.0489	53.9731	311.7812	52.0627
尖度	82.6793	4.3861	73.4035	4.1914
尖度検定統計量	1606.0344	28.2931	1437.1063	24.3200

表6.3 ペイオフ分布の距離

	(O)モデル	(Tr)モデル	SARモデル	T0s1モデル	T0s2モデル
距離	0.5211	0.1848	0.2565	0.5402	0.5418

び分布関数を示してある.

指標では8, 9月平均気温の分布をみると(図6.1の平均気温ヒストグラム), かなり正規分布に近い形になっている. 実際, 表6.1の尖度・歪度の検定統計量をみても, 正規性が棄却されるのはSARモデルの尖度とT0s1モデルの歪度・尖度である.

表6.1の基本統計量から(O)モデルによる気温シミュレーションの気温分布の8, 9月における平均気温の平均値は25.2809°Cであり, 1万個の中央値, 最頻値はともに25.3°Cである. また, T0s1モデルとT0s2モデルによるシミュレーションも(O)モデルとほぼ同様な結果が得られている. トレンドモデル((Tr)モデル, SARモデル)はトレンドを考慮しなかったモデルより平均値がおよそ0.5°C大きいことがわかる. SARモデルのほうが(Tr)モデルよりも平均値, 中央値, 最頻値が高い. 以下は個別モデルの検証結果について述べる.

(1) (O)モデルの検証結果

両社のペイオフ分布を比較すると，東京ガスのペイオフの場合，0になる確率は93%であり，東京電力から金銭を受け取る確率は7%以下である．一方，東京電力のペイオフの場合，0になる確率は44%未満であり，東京ガスから金銭を受け取る確率は50%以上である．よって，東京電力のほうが金銭を受け取る確率が高いことがわかる．表6.3のペイオフ分布の平均値をみても，東京電力のほうが大きいことや，図6.1の両社のペイオフの分布の形状をみても両社のペイオフ分布は完全等価性，モーメント等価性をもたず，TTRS契約は東京電力に有利な内容であったといえる．

表6.3から両社のペイオフの分布距離は0.5211であり，契約が公平でないことがわかる．さらに図6.1(O)の両社のペイオフの分布関数からわかるように，東京電力のほうが確率的に優位である．

(2) (Tr)モデルの検証結果

両社のペイオフ分布を比較すると，東京ガスの場合，0になる確率は85%を超えており，東京電力から金銭を受け取る確率は15%以下である．一方，東京電力の場合は0になる確率は70%未満となっており，東京ガスから金銭を受け取る確率は20%以上である．よって，東京電力のほうが金銭を受け取る確率が高いことがわかる．表6.2のペイオフの平均値をみても，東京電力のほうが大きいことや，図6.1(Tr)のペイオフの分布の形状をみても両社のペイオフ分布は完全等価性，モーメント等価性をもたず，TTRS契約は東京電力に有利な内容であったといえる．

表6.3から両社のペイオフの分布の距離は0.1848であり，契約が公平でないことがわかる．さらに図6.1(Tr)の両社のペイオフの分布関数からわかるように，東京電力のほうが確率的に優位である．

(3) SARモデルの検証結果

両社のペイオフ分布を比較すると，東京ガスの場合，0になる確率は60%未満となっており，東京電力から金銭を受け取る確率は40%以上である．一方，東京電力の場合，0になる確率は85%を超えており，東京ガスから金銭を受け取る確率は15%未満である．よって，東京ガスのほうが金銭を受け取る確率が高いことがわかる．表6.2のペイオフの平均値をみても，東京ガスのほうが大きい．図6.1(SAR)のペイオフの分布の形状をみても両社のペイオフ分布は完全等

価性，モーメント等価性をもたず，それゆえ当該モデルからみるかぎり，TTRS 契約は東京ガスに有利な内容であったといえる．

表 6.3 から両社のペイオフ分布の距離は 0.2565 であり，契約が公平でないことがわかる．さらに図 6.1(SAR) の両社のペイオフの分布関数からわかるように，東京ガスのほうが確率的に優位である．

SAR モデルはその他のモデルと結果が異なる理由については後述する．

(4) T0s1 モデルの検証結果

両社のペイオフ分布を比較すると，東京ガスの場合，0 になる確率は 95% 以上であり，東京電力から金銭を受け取る確率はほとんどない．一方，東京電力の場合は 0 になる確率は 41% 未満となっており，東京ガスから金銭を受け取る確率は 50% 以上である．よって，東京電力のほうが金銭を受け取る確率が高いことがわかる．表 6.2 のペイオフの平均値をみても，東京電力のほうが大きいことや，図 6.1(T0s1) のペイオフの分布の形状をみても両社のペイオフ分布は完全等価性，モーメント等価性をもたず，TTRS 契約は東京電力に有利な内容であったといえる．

表 6.3 から両社のペイオフ分布の距離は 0.5402 であり，契約が公平でないことがわかる．さらに図 6.1(T0s1) の両社のペイオフの分布関数からわかるように，東京電力のほうが確率的に優位である．

(5) T0s2 モデルの検証結果

両社のペイオフ分布を比較すると，東京ガスの場合，0 になる確率は 95% 以上であり，東京電力から金銭を受け取る確率はほとんどない．一方，東京電力の場合は 0 になる確率は 42% 未満となっており，東京ガスから金銭を受け取る確率は 50% 以上である．よって，東京電力のほうが金銭を受け取る確率が高いことがわかる．表 6.2 のペイオフの平均値をみても，東京電力のほうが大きいことや，図 6.1(T0s2) のペイオフの分布の形状をみても両社のペイオフ分布は完全等価性，モーメント等価性をもたず，TTRS 契約は東京電力に有利な内容であったといえる．

表 6.3 から両社のペイオフ分布の距離は 0.5418 であり，契約が公平でないことがわかる．さらに図 6.1(T0s2) の両社のペイオフの分布関数からわかるように，東京電力のほうが確率的に優位である．

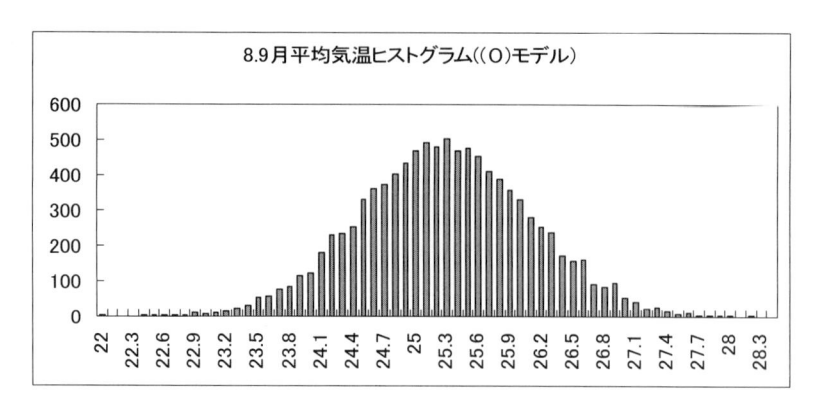

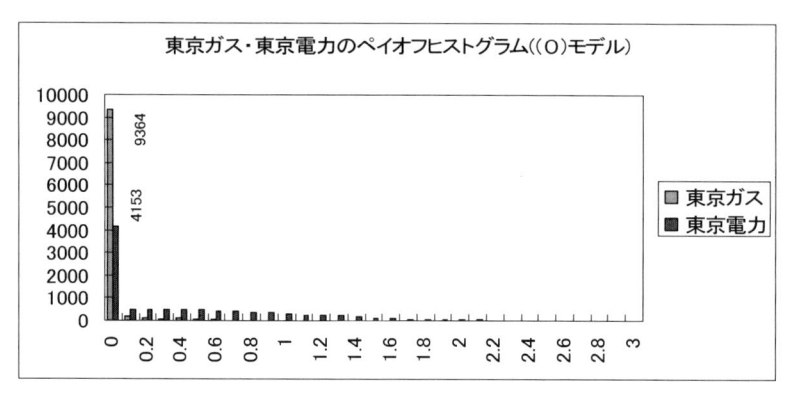

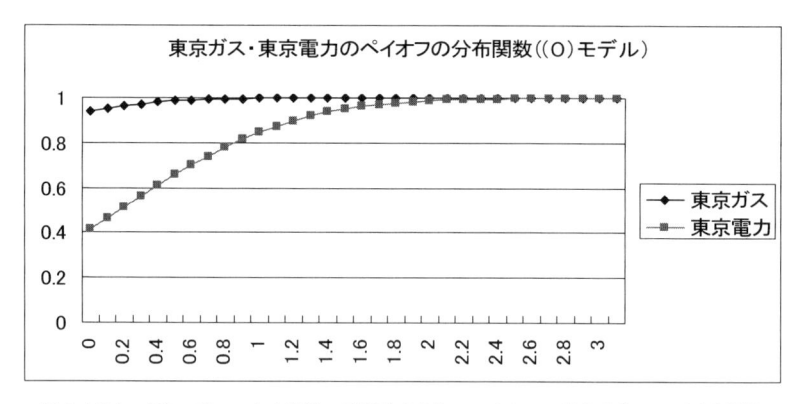

第 6 章　東京電力と東京ガスのリスク・スワップの検証

図 6.1(O)　(O)モデルによる指標の予測確率分布，ペイオフの確率分布および分布関数

6.3 TTRS の検証結果

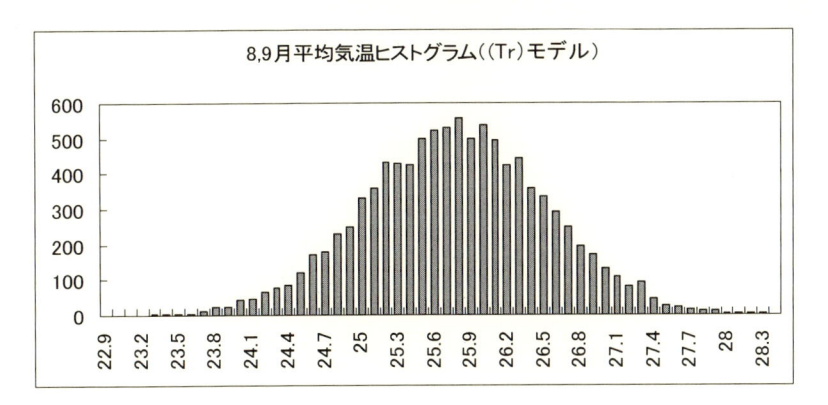

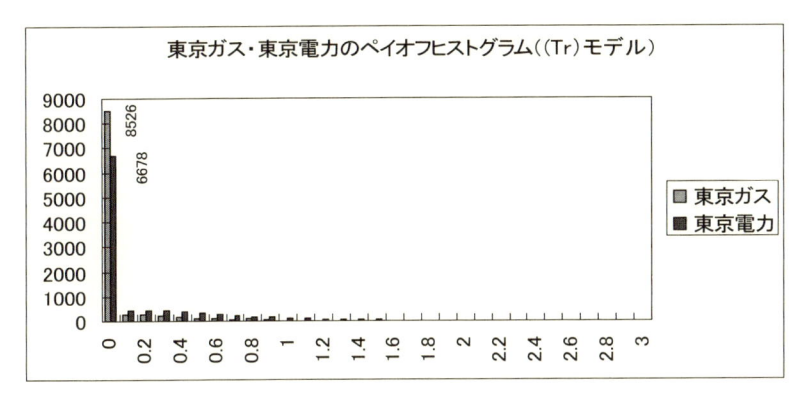

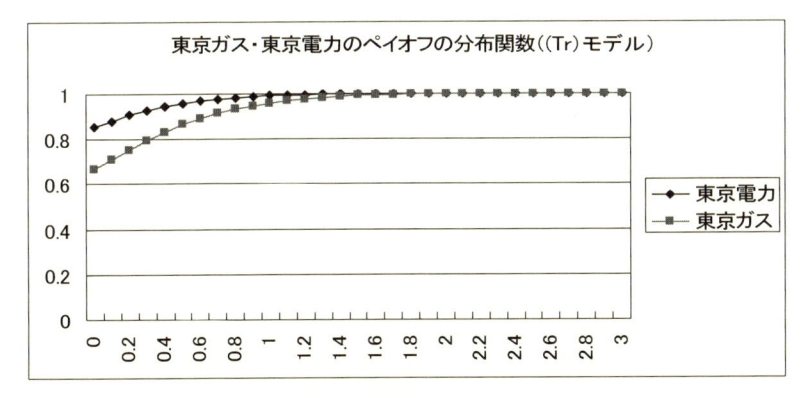

8,9月平均気温ヒストグラム((Tr)モデル)

東京ガス・東京電力のペイオフヒストグラム((Tr)モデル)

東京ガス・東京電力のペイオフの分布関数((Tr)モデル)

図 6.1(Tr)　(Tr)モデルによる指標の予測確率分布，ペイオフの確率分布および分布関数

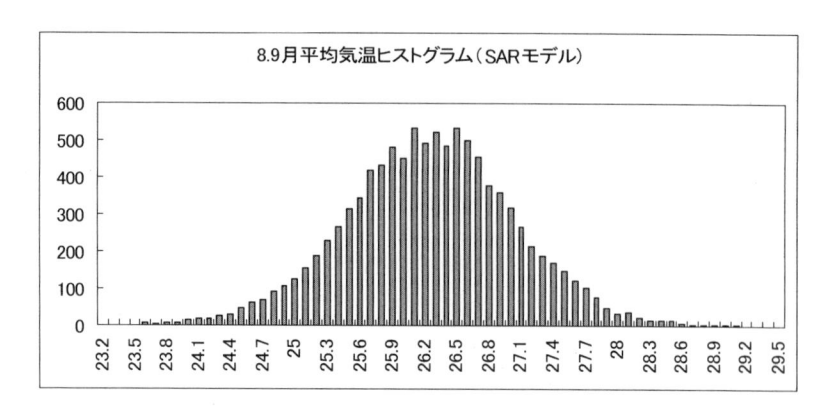

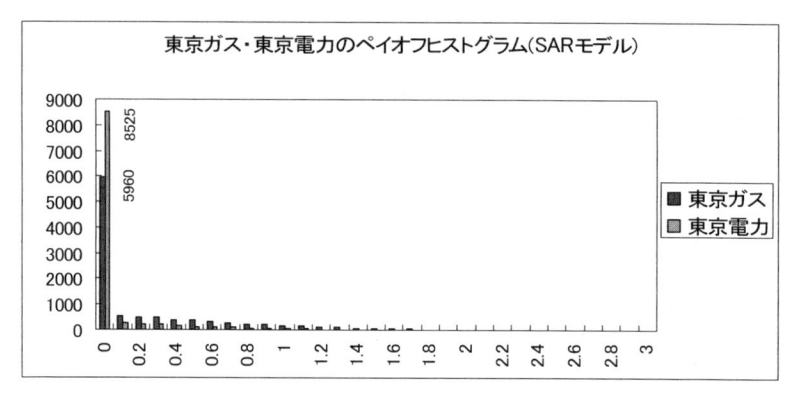

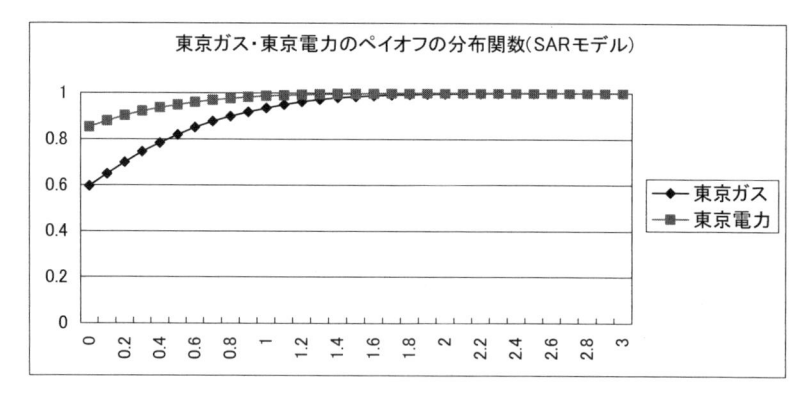

図6.1(SAR) SARモデルによる指標の予測確率分布，ペイオフの確率分布および分布関数

6.3 TTRSの検証結果

8,9月平均気温ヒストグラム（T0s1モデル）

東京ガス・東京電力のプレオフヒストグラム（T0s1モデル）

東京ガス・東京電力のペイオフの分布関数（T0s1モデル）

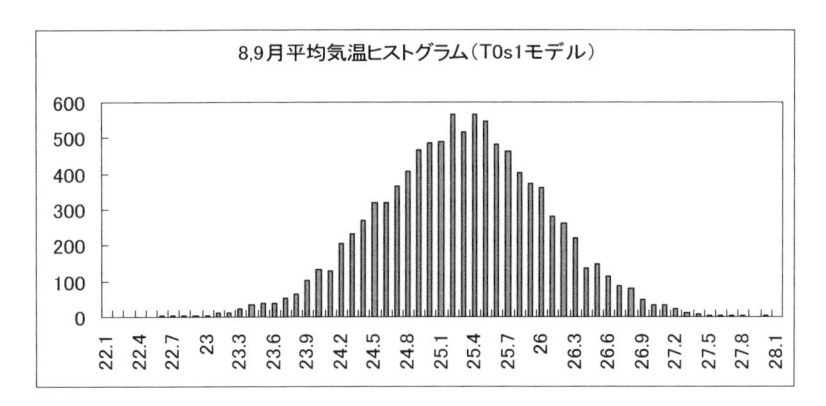

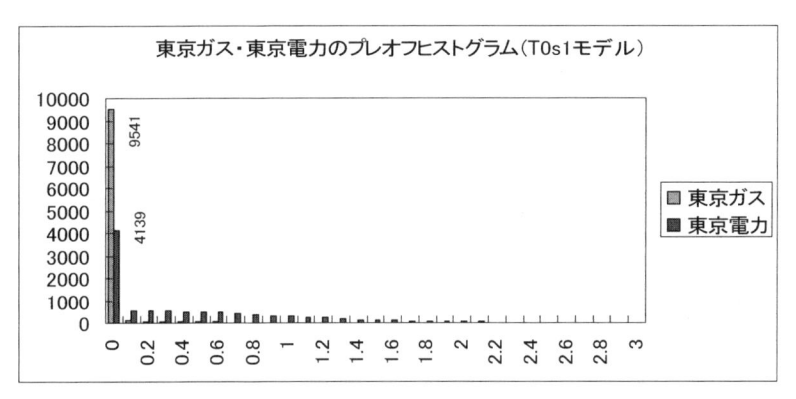

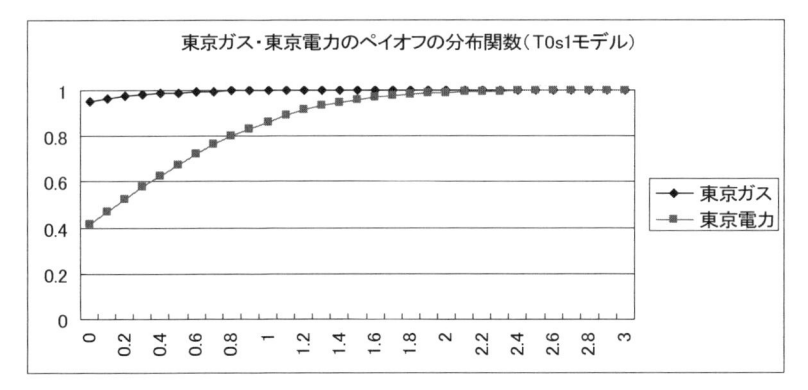

図 6.1(T0s1)　T0s1モデルによる指標の予測確率分布，ペイオフの確率分布および分布関数

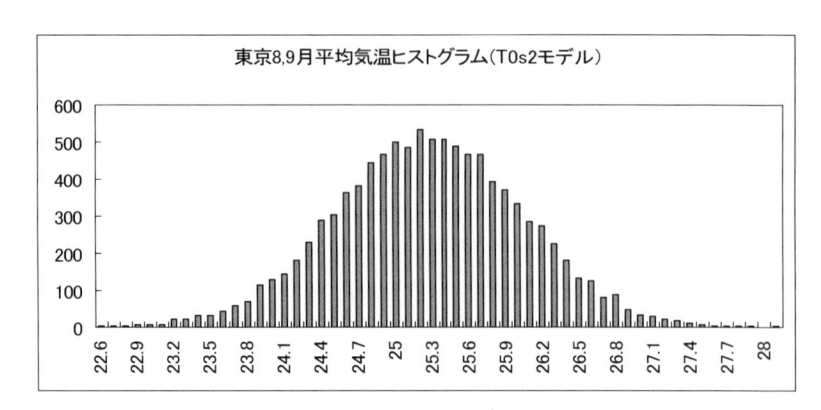

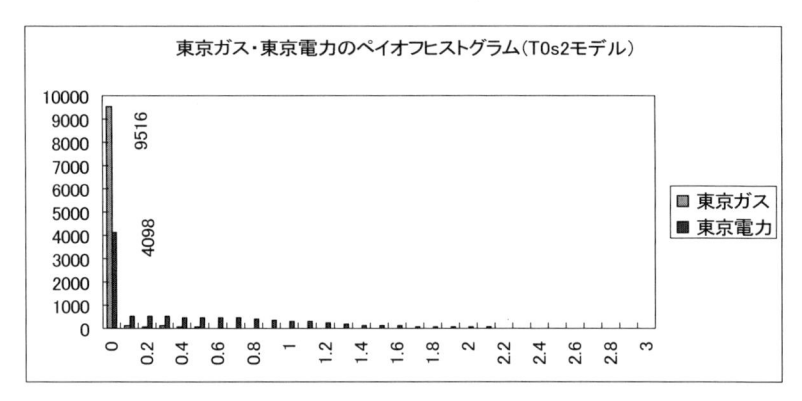

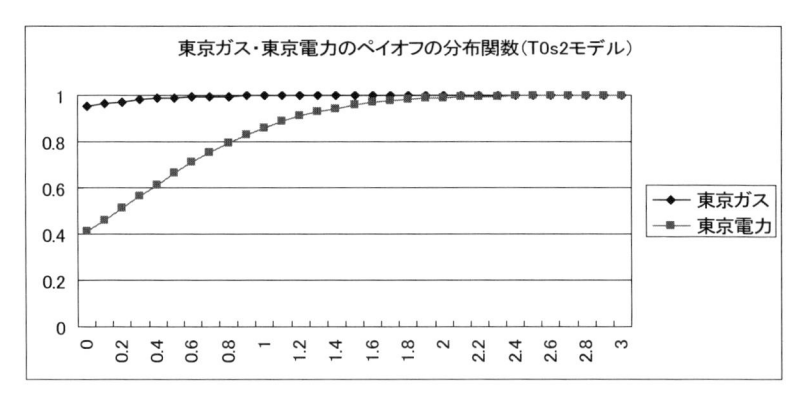

図 6.1(T0s2) T0s2 モデルによる指標の予測確率分布，ペイオフの確率分布および分布関数

6.3.2 SAR モデルの結果の解釈

SAR モデルにおいては，ペイオフ分布を比較すると東京ガスのほうが確率的に優位であるという結果は，考察したそれ以外のモデルの場合とは正反対のものである．この理由については，以下のような理由をあげることができる．まず，表 6.4 に 1961～2000 年まで 40 年間の 8 月と 9 月それぞれの平均気温および 8,9 月を通じての平均気温を示す．この表からわかるように，特に 1999 年と 2000 年の 8,9 月を通じての平均気温は 40 年のうちで最も高かった．他方，モデルによるシミュレーションにより予測された 2001 年の 8,9 月の気温は，トレンド・季節値のラグ部分として 1990～2000 年までの 11 年間の 8,9 月の実際の気温に依存している．しかるにこの 11 年間の 8,9 月の気温は 1961～2000 年の 40 年の中で比較的高い年が多かったので，シミュレーション結果としての 2001 年の 8,9 月の気温も高めに算出されることになったのである．

この議論の正当性を確かめるため，以下のようなシミュレーションを行った．まず，SAR(11,7) モデルのすべての係数 ($c, d_1, ..., d_{11}, e_1, ..., e_7$) を同じ値に保ったままで，1988～1998 年の 11 年間と 1999 年の 4 月までのデータをもと

表 6.4　1961～2000 年の 8 月と 9 月の平均気温

年	8月	9月	8,9月	年	8月	9月	8,9月
1961	26.8	25.3	26.1	1981	26.2	21.8	24.0
1962	28.1	24.5	26.4	1982	27.1	22.3	24.7
1963	26.6	21.4	24.0	1983	27.5	23.1	25.3
1964	27.8	22.3	25.1	1984	28.6	23.5	26.1
1965	26.7	22.2	24.5	1985	27.9	23.1	25.5
1966	26.9	23.2	25.1	1986	26.8	23.7	25.3
1967	28.0	22.6	25.3	1987	27.3	23.3	25.3
1968	26.6	21.9	24.3	1988	27.0	22.8	24.9
1969	27.2	22.8	25.0	1989	27.1	25.2	26.2
1970	27.4	24.0	25.7	1990	28.6	24.8	26.7
1971	26.7	21.1	24.0	1991	25.5	23.9	24.7
1972	26.6	23.1	24.9	1992	27.0	23.3	25.2
1973	28.5	23.2	25.9	1993	24.8	22.9	23.9
1974	27.1	22.8	25.0	1994	28.9	24.8	26.9
1975	27.3	25.2	26.2	1995	29.4	23.7	26.6
1976	25.1	22.0	23.6	1996	26.0	22.4	24.3
1977	25.0	24.3	24.7	1997	27.0	22.9	25.0
1978	28.9	22.2	25.6	1998	27.2	24.4	25.8
1979	27.4	24.1	25.8	1999	28.5	26.2	27.4
1980	23.4	23.0	23.2	2000	28.3	25.6	27.0

に 1999 年の 8, 9 月の気温をシミュレーションにより再現してみた．このシミュレーションと 2001 年の 8, 9 月の平均気温を求めるシミュレーションのそれぞれにおいて，過去 11 年の気温がどのように影響しているのかを比較するために，それぞれの場合について第 3 章の (3.3) のうち季節変動を表す部分である右辺第 2 項を各日ごとに計算した結果を表 6.5 に示す．この表からわかるように右辺第 2 項の値は 2001 年のほうが大きくなっている．なお，8, 9 月におけるこの値の平均値は 1999 年の場合には 7.4662 であり，2001 年の場合には 7.6414 であった．以上から，過去 11 年の気温の影響という観点では，1999 年の 8, 9 月の気温より 2001 年の 8, 9 月の気温のほうが高めに算出されることが予想される．実際，1999 年の 8, 9 月の平均気温は 25.6913℃ になった．これは表 6.5 にある 2001 年の 8, 9 月の平均気温 26.3023℃ より低い．

このように，SAR モデルにおいては本節で考察したほかのモデルと比べて，直近の過去数年（ここでは 11 年）の気温がシミュレーション結果に大きな影響を与えている．このことは SAR モデルの一つの特徴であるといえる．

表 6.5 第 3 章の (3.3) の右辺第 2 項 $\sum_{i=1}^{11} d_i y_{yr-i,t}$ の計算結果

月 日	1999 年	2001 年	月 日	1999 年	2001 年	月 日	1999 年	2001 年
8月 1日	8.2172	8.4575	8月22日	8.082	8.2401	9月12日	7.5107	7.6876
2日	8.1527	8.1767	23日	8.2845	8.456	13日	6.9939	7.2415
3日	7.9245	8.0667	24日	8.1721	8.3345	14日	6.8369	7.2227
4日	8.0531	8.0552	25日	7.9352	8.2399	15日	6.6628	7.0095
5日	7.8735	7.9685	26日	7.7818	8.1276	16日	6.7346	6.7874
6日	7.5918	7.8935	27日	7.7805	8.0694	17日	6.8206	6.7666
7日	7.9343	8.0984	28日	7.905	8.0454	18日	7.1286	7.031
8日	7.8488	8.1134	29日	7.8533	7.9203	19日	7.2173	7.0966
9日	7.8475	8.0211	30日	7.8315	7.9833	20日	7.0431	7.1039
10日	7.8862	7.9277	31日	7.8833	8.0958	21日	6.5122	6.5483
11日	8.158	8.2735	9月 1日	7.9629	8.2715	22日	6.3263	6.2959
12日	8.1014	8.1336	2日	7.7376	8.0763	23日	6.2954	6.511
13日	8.2102	8.0326	3日	7.7031	8.0518	24日	6.4847	6.8638
14日	7.9677	7.9955	4日	7.6764	7.8103	25日	6.6427	7.315
15日	7.9223	8.1587	5日	7.4357	7.4311	26日	6.1512	6.5242
16日	7.7778	8.1634	6日	7.4205	7.4284	27日	6.1189	6.3877
17日	7.6845	8.0805	7日	7.2477	7.3493	28日	6.3726	6.55
18日	7.7046	7.9858	8日	7.0894	7.3422	29日	6.2897	6.2985
19日	7.8814	8.1306	9日	7.0666	7.3828	30日	6.2864	6.4932
20日	8.1191	8.2598	10日	7.5065	7.6585			
21日	8.1981	8.32	11日	7.597	7.7609			

6.4 基準気温を変更した場合の TTRS の検証

前節では基準気温を契約どおりの 26°C に設定してペイオフ分布を導出し，基準気温のもとでは契約は公平でなかったとの結論に至った．そこで，本節では各モデルにより予測した気温分布の平均値を基準気温とした場合を検証し，契約の合理性に対する評価がどのように変化するかをみる．前節では季節調整のみを考慮した (O) モデル，T0s1 モデル，T0s2 モデルの検証結果がほぼ同じであったので，ここではその中で T0s1 モデルの検証結果のみ紹介する．

図 6.2 はそれぞれ (Tr) モデル，SAR モデルと T0s1 モデルによる基準気温変更後のペイオフの確率分布および分布関数を示してある．また，表 6.6 はそれぞれの分布の特性を示してある．表 6.7 は基準値変更によるペイオフの変化をまとめたものである．いずれのケースでも両社のペイオフは 0 になる確率がほぼ等しく，分布の統計値もかなり近い値となっている．よって，近似的には 4 次のモーメント等価性が成立しているとみることができる．

東京ガス・東京電力のペイオフヒストグラム (基準 25.7681°C, (Tr) モデル)

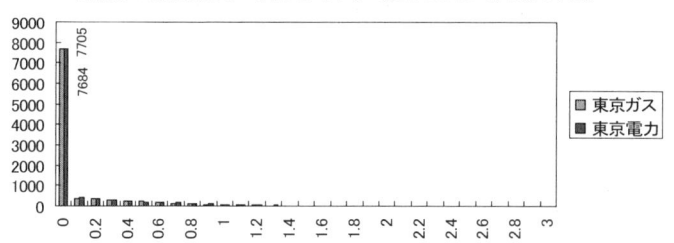

東京ガス・東京電力のペイオフの分布関数 (基準 25.7681°C, (Tr) モデル)

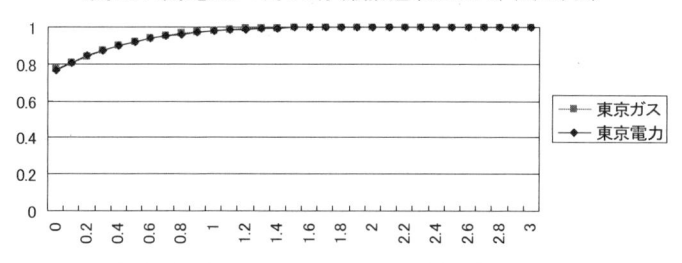

図 6.2(Tr) (Tr) モデルによるペイオフの確率分布および分布関数
(基準 25.7681°C の場合)

東京ガス・東京電力のペイオフヒストグラム（基準26.3023℃, SARモデル）

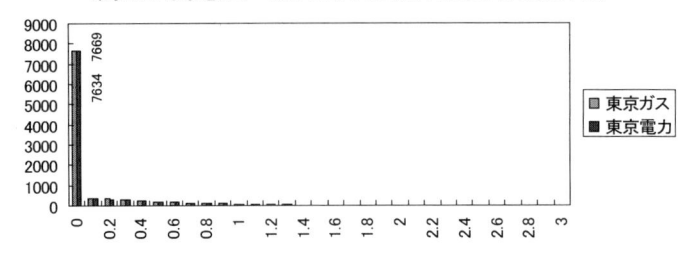

東京ガス・東京電力のペイオフの分布関数（基準26.3023℃, SARモデル）

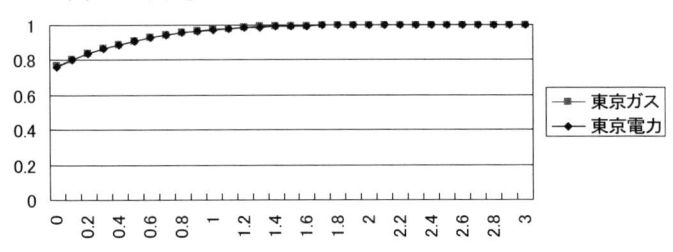

図 6.2(SAR)　SAR モデルによるペイオフの確率分布および分布関数
（基準 26.3023℃ の場合）

東京ガス・東京電力のペイオフヒストグラム（基準25.2819℃, T0s1モデル）

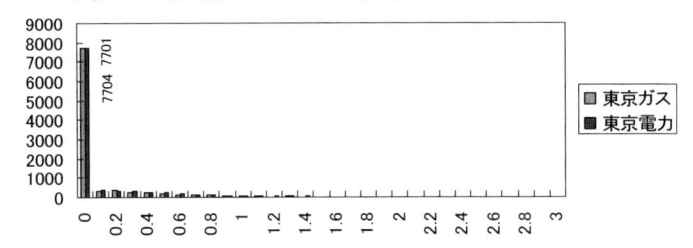

東京ガス・東京電力のペイオフの分布関数（基準25.2819℃, T0s1モデル）

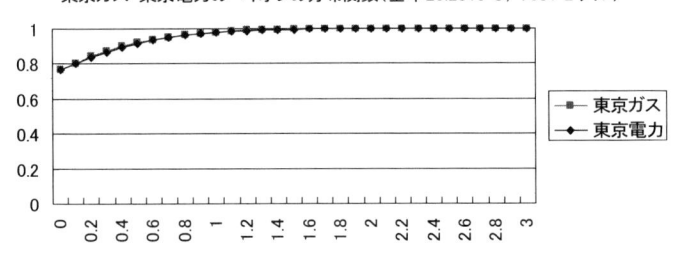

図 6.2(T0s1)　T0s1 モデルによるペイオフの確率分布および分布関数
（基準 25.2819℃ の場合）

6.4 基準気温を変更した場合のTTRSの検証

表6.6(Tr) (Tr)モデルによるペイオフ分布の特性(基準25.7681°Cの場合)

	東京ガス	東京電力
平均	0.1117	0.1129
標準偏差	0.2663	0.2706
歪度	2.9727	2.9992
歪度検定統計量	121.3609	122.4409
尖度	12.7431	12.8326
尖度検定統計量	198.8812	200.7076

表6.6(SAR) SARモデルによるペイオフ分布の特性(基準26.3023°Cの場合)

	東京ガス	東京電力
平均	0.1231	0.1249
標準偏差	0.2942	0.3000
歪度	3.0400	3.0676
歪度検定統計量	124.1090	125.2356
尖度	13.4840	13.5070
尖度検定統計量	214.0042	214.4724

表6.6(T0s1) T0s1モデルによるペイオフ分布の特性(基準25.2819°Cの場合)

	東京ガス	東京電力
平均	0.1129	0.1164
標準偏差	0.2699	0.2801
歪度	3.0251	3.1038
歪度検定統計量	123.5000	126.7122
尖度	13.3250	14.1521
尖度検定統計量	210.7581	227.6411

表6.7 基準気温変更前と変更後の比較(1)

基準気温		(Tr)モデル		SARモデル		T0s1モデル	
		契約どおり	平均値	契約どおり	平均値	契約どおり	平均値
東京ガスのペイオフ	0の確率	0.8526	0.7705	0.5960	0.7669	0.9541	0.7701
	平均	0.0639	0.1117	0.2219	0.1231	0.0165	0.1129
	標準偏差	0.1973	0.2663	0.3926	0.2942	0.0957	0.2699
	歪度	3.9551	2.9727	7.8936	3.0400	7.9865	3.0251
	尖度	20.9761	12.7431	5.1617	13.4840	82.6793	13.3250
東京電力のペイオフ	0の確率	0.6678	0.7684	0.8525	0.7634	0.4139	0.7704
	平均	0.1836	0.1129	0.0647	0.1294	0.4199	0.1164
	標準偏差	0.3471	0.2706	0.2128	0.300	0.5196	0.2801
	歪度	2.2760	2.9992	24.1956	3.0676	1.3221	3.1038
	尖度	8.3380	12.8326	7.2905	13.5070	4.3861	14.1521

表6.8 基準気温変更前と変更後の比較(2)

	(Tr)モデル	SARモデル	T0s1モデル
基準値変更前の分布の距離	0.1848	0.2565	0.5402
基準値変更後の分布の距離	0.0036	0.0041	0.0061

表6.8は両社のペイオフ分布の距離をまとめたものである．基準値の変更によって分布の距離が大幅に縮小していることがわかる．実際，図6.2の両社のペイオフの分布関数をみても，ほぼ重なり合っていることがみてとれる．

したがって，基準値を変更した場合，契約の公平性は相当に高いと評価できる．

6.5 まとめ

本章では各モデルによって導出された8，9月の61日間の平均気温の予測確率分布を導出し，2001年6月に締結された東京電力と東京ガスの気温リスク・スワップTTRS契約の公平性について検証した．気温リスク・スワップの評価は刈屋(2003)と刈屋・牛山・遠藤(2003)で述べた評価法を使った．検証結果からSARモデル以外のモデルでは東京電力に有利な契約であったことがわかった．東京電力に有利な契約であった結果をもたらしたモデルのうち，季節調整のみを考慮したモデル((O)モデル，T0s1モデル，T0s2モデル)はかなり東京電力に有利な結果となったことを確認した．トレンドを考慮したモデル((Tr)モデル)では，トレンドを考慮しなかったモデルよりも東京電力の有利な程度が減ったことも確認した．季節調整のみを考慮したモデルがほぼ同様な結果が得られたその理由の一つとしては，同様に各日の平均からの乖離をボラティリティとしてモデル化していることがあげられよう．

また，基準気温を変更することによって，契約の公平性が高まることも確認した．

SARモデルがその他のモデルと正反対の結果が得られた理由として，SARモデルは過去数年間の同じ日の気温に影響されていて，1990～2000年までの8，9月に暑い年が多かったため高めな気温パスが発生したと考えられる．ゆえに，リスク・スワップの検証もほかのモデルと異なる結果となった．また，第3章でも述べたようにSARモデルの構築において，季節変動を表す年次項の次数を選択する際に，SBIC基準から最小SBIC統計量が得られず，極小SBIC統計量から次数を決定していたことも正反対の結果が得られた一因であろう．

気温の温暖化傾向を反映しているという点ではトレンドモデル((Tr)モデル，SARモデル)のほうが季節調整のみを考慮したモデル((O)モデル，T0s1モデ

ル，T0s2 モデル）よりも優れているといえよう．ただし，SAR モデルのほうは直近の過去数年の気温に依存しているので，過去数年に暑い夏が多い場合にはより大きく影響を受ける．その点ではモデルの安定性という観点から (Tr) モデルのほうが優れているといえよう．

第7章

東京電力と大阪ガスの気温リスク・スワップ

7.1 はじめに

　2001年6月の東京電力と東京ガスに続き，2002年4月には関西電力と大阪ガス，2003年6月には中国電力と広島ガスが夏期の気温リスク交換契約を締結した．これらはすべて同一地域の電力会社とガス会社によるリスク・スワップ契約である．第6章ですでに述べたように，これらは夏季における気温と利益の相関が二つの会社の間で逆であることを利用して，気温リスクをヘッジする契約である．本章では，このリスク・スワップ契約が異なる地域の企業の間で締結された場合を取り扱う．具体的な契約は2002年6月に東京電力と大阪ガスが締結した気温リスク交換契約（以降 TORS とよぶ）である．

　このような異なる地域の間での気温リスク・スワップ契約が可能となるのは，その異なる地域の間で気温の相関が高い場合である．TORS においては東京と大阪の気温の相関が高いことが前提となる．TORS の対象期間である6月21日〜9月30日までの期間について，1961〜2001年までの東京と大阪の気温の相関係数は 0.8813 である．

　このような異なる地域の気温リスク・スワップ契約の公平性を理論的に取り扱うためには将来の当該地域の気温を予測しなければならない．本章では TORS において問題となる東京・大阪両都市の気温を時系列モデルによって予測する．その際には，東京と大阪の気温の相関を考慮した2次元の時系列モデルが必要と

7.2 気温プロセスのモデル化

なる．このモデルのもとで東京・大阪の2次元予測気温分布を得る．最後にTORSに従って東京電力および大阪ガスのペイオフを計算し，TORSの公平性を検証する．

使用するデータ

TORS契約のペイオフを定義する指標気温は，東京管区気象台（大手町）および大阪管区気象台（大手前）で観測した対象期間の平均気温である．したがって，データは当該地点の1961年1月〜2001年12月末までの41年間のものである．うるう年の2月29日のデータは無視する．このデータより時系列モデルの定式化，パラメータ推定，シミュレーションによる予測確率分布の導出，を行う．標本期間のとり方は，TORSが2002年の契約であることを踏まえて，前年12月に契約の意思決定をするとみている．

2次元のSV気温モデル

モデルとしてはさまざまな候補を考えることができるが，二つの観測地点における気温時系列を扱うため，その相関構造を考慮した2次元時系列モデルが必要となる．実際，東京と大阪の気温の相関は大きく，1961〜2001年までの実際の気温の相関係数は0.8813であった．

モデル構築の基本的な発想は以下のとおりである．東京と大阪の気温プロセスとして，本書ではVAR (vector autoregressive) モデルを用いる．VARモデルについては具体的なモデルを提示しながら説明していくことにする．ここで考察するVARモデルは分散変動を考慮したものであり，分散変動の構造としては第4章で述べたSVモデル（刈屋・遠藤・牛山 (2003)）を2次元に拡張したものである．VARを導入した部分以外は第4章で述べたモデルとまったく同じ形式なので，その部分についての詳しい解説は第4章を参照していただきたい．

まず，前章までと同じように時系列の期間をN年として，時点をyr年，t日の二つで$yr=1, 2, ..., N$, $t=1, 2, ..., 365$と表現する．東京と大阪の日次平均気温$Y_{yr,t}$のプロセスは，

$$Y_{yr,t} = T_{yr,t} + s_{N,t} V_{yr,t} \tag{7.1}$$

の形をもつモデルに従うと想定する．この式により，東京と大阪の日次平均気温

を季節変動項とそれでは説明できない部分に分解する．その説明しきれない部分を，さらにストキャスティック・ボラティリティ $s_{N,t}$ と基準化時系列 $V_{yr,t}$ に分解する（第4章参照）．ここで，$T_{yr,t}$ は各日の N 年の平均であり，$t=1, 2, ..., 365$ に対して，

$$T_{yr,t} = \bar{Y} = \frac{1}{N}\sum_{yr=1}^{N} Y_{yr,t} \tag{7.2}$$

である．そして，$s_{N,t}$ は次のとおり定義する．

$$s_{N,t} = \sqrt{\frac{1}{N-1}\sum_{yr=1}^{N}(Y_{yr,t} - T_{yr,t})^2} \tag{7.3}$$

1) ストキャスティック・ボラティリティである $s_{N,t}$ のモデル化に際しては以下の2種類を採用する．まず，$\ln s_{N,t}$ を時間 t の多項式に回帰し，その残差が VAR モデルに従うモデルを考える．このモデルを s1 モデルとよぶ．

$$(\text{s1 モデル}) \quad s_{N,t} = \exp\left\{a_0 + \sum_{j=1}^{k} a_j \left(\frac{t}{365}\right)^j + w_{N,t}\right\} \tag{7.4}$$

東京・大阪の気温データを用いて上式を推定しそれぞれの $w_{N,t}$ 系列を計算する．本書ではもう一つ，対数の差分系列 $u_{N,t} = \ln s_{N,t} - \ln s_{N-1,t}$ が VAR モデルに従うモデルを考える．このモデルを s2 モデルとよぶ．

$$(\text{s2 モデル}) \quad s_{N,t} = s_{N-1,t}\exp(u_{N,t}) \tag{7.5}$$

2) (7.1) の基準化時系列 $V_{yr,t}$ のモデル化として，東京・大阪の $V_{yr,t}$ 系列を作成する．

$$V_{yr,t} = \frac{Y_{yr,t} - T_{yr,t}}{s_t} \tag{7.6}$$

第4章ではこの後に $w_{N,t}$，$u_{N,t}$，$V_{yr,t}$ の各系列について AR でモデル化したが，ここでは2次元 VAR でモデル化する．

ここで，東京と大阪の誤差系列を $w_{N,t}^{\text{T}}$ と $w_{N,t}^{\text{O}}$，$u_{N,t}^{\text{T}}$ と $u_{N,t}^{\text{O}}$，$V_{N,t}^{\text{T}}$ と $V_{N,t}^{\text{O}}$ のように書くことにしよう．上付き添え字 T は東京を表し，O は大阪を表す．後に述べる分析結果より，$w_{N,t}^{\text{T}}$ と $w_{N,t}^{\text{O}}$，$u_{N,t}^{\text{T}}$ と $u_{N,t}^{\text{O}}$，$V_{N,t}^{\text{T}}$ と $V_{N,t}^{\text{O}}$ の残差相関係数はそれぞれ 0.6366, 0.4492, 0.5198 であった．

VAR モデルは AR モデルを多変量化したもので，時系列の値が自分の過去の値のみならず，異なる時系列の過去の値にも依存している場合には広く採用されているモデルである．系列 $\{w_{N,t}\}$ の VAR モデルは次式のように書くことがで

きる．

$$\begin{pmatrix} w_{N,t}^{\mathrm{T}} \\ w_{N,t}^{\mathrm{O}} \end{pmatrix} = \sum_{i=1}^{l} B_i \begin{pmatrix} w_{N,t-i}^{\mathrm{T}} \\ w_{N,t-i}^{\mathrm{O}} \end{pmatrix} + \begin{pmatrix} v_{N,t}^{\mathrm{T}} \\ v_{N,t}^{\mathrm{O}} \end{pmatrix} \tag{7.7}$$

$B_i = (b_{ijk})$ は 2×2 の行列である（B_i の (j, k) 成分を b_{ijk} と書く）．l は過去への依存期間のラグ次数である．このように行列の形で表すことにより，時点 t における値 $w_{N,t}^{\mathrm{T}}$ が同じ系列の過去の値 $w_{N,t-i}^{\mathrm{T}}$（$i=1, ..., l$）のみならず，系列 $w_{N,t-i}^{\mathrm{O}}$ の過去の値（$i=1, ..., l$）にも依存させるというのが VAR モデルの特徴である．

系列 $\{u_{N,t}\}$ に対しても次の VAR モデルを想定する．

$$\begin{pmatrix} u_{N,t}^{\mathrm{T}} \\ u_{N,t}^{\mathrm{O}} \end{pmatrix} = \sum_{i=1}^{m} D_i \begin{pmatrix} u_{N,t-i}^{\mathrm{T}} \\ u_{N,t-i}^{\mathrm{O}} \end{pmatrix} + \begin{pmatrix} v_{N,t}^{\mathrm{T}} \\ v_{N,t}^{\mathrm{O}} \end{pmatrix} \tag{7.8}$$

$D_i = (d_{ijk})$ は 2×2 の行列である（D_i の (j, k) 成分を d_{ijk} と書く）．

さらに，(7.1) の $\{V_{yr,t}\}$ も VAR でモデル化する．

$$\begin{pmatrix} V_{yr,t}^{\mathrm{T}} \\ V_{yr,t}^{\mathrm{O}} \end{pmatrix} = \sum_{i=1}^{n} C_i \begin{pmatrix} V_{yr,t-i}^{\mathrm{T}} \\ V_{yr,t-i}^{\mathrm{O}} \end{pmatrix} + \begin{pmatrix} e_{yr,t}^{\mathrm{T}} \\ e_{yr,t}^{\mathrm{O}} \end{pmatrix} \tag{7.9}$$

$C_i = (c_{ijk})$ は 2×2 の行列である（C_i の (j, k) 成分を c_{ijk} と書く）．

7.3 モデルの推定

モデルの推定には VAR モデルの部分以外は基本的に第 3 章などで述べてきたものと同じ方法を用いる．モデルの選択基準についてもこれまでと同様にすべてシュワルツの情報統計量 SBIC を採用する．SBIC を含め本章の統計量の中には，多次元の場合その数学的形式が変化するものもある．その数学的形式など詳細についてはここでは記載しない．読者には適宜統計学の教科書などを参考にしていただきたい．

(1) s1 モデルの推定結果

まず，s1 モデルの推定をしよう．s1 モデル (7.4) の $a_0, a_1, ..., a_k$ をこれまで本書で行ってきたのと同様に最小 2 乗法で推定する．推定は東京と大阪の両方の年で別々に行う．それぞれの都市に対して次数 k を 1～10 まで変化させて SBIC を調べた（図 7.1, 7.2）．図からわかるように，最小 SBIC を与える次数は東京については $k=4$ であり，大阪については $k=6$ である．係数の推定結果

第7章 東京電力と大阪ガスの気温リスク・スワップ

図7.1 s1モデルのSBIC（東京）

図7.2 s1モデルのSBIC（大阪）

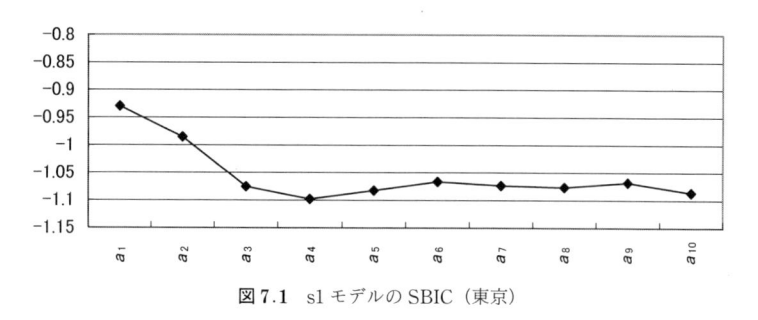

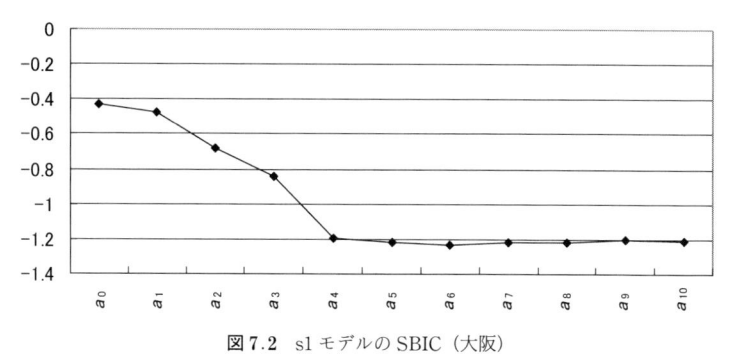

表7.1 s1モデル（東京）の推定結果

	係数推定値	t-値	補正 r^2	残差2乗和	AIC	SBIC
a_0	0.6699	18.6281				
a_1	3.4662	6.9956				
a_2	−11.4142	−5.6914	0.2577	6.5759	−1.1512	−1.0978
a_3	13.6399	4.5419				
a_4	−5.5912	−3.7632				

表7.2 s1モデル（大阪）の推定結果

	係数推定値	t-値	補正 r^2	残差2乗和	AIC	SBIC
a_0	0.7959	16.8329				
a_1	0.2145	0.1653				
a_2	23.2221	2.0699				
a_3	−139.468	−3.3273	0.5935	5.5789	−1.3047	−1.2299
a_4	282.4758	3.7196				
a_5	−239.178	−3.6385				
a_6	72.7773	3.3421				

7.3 モデルの推定

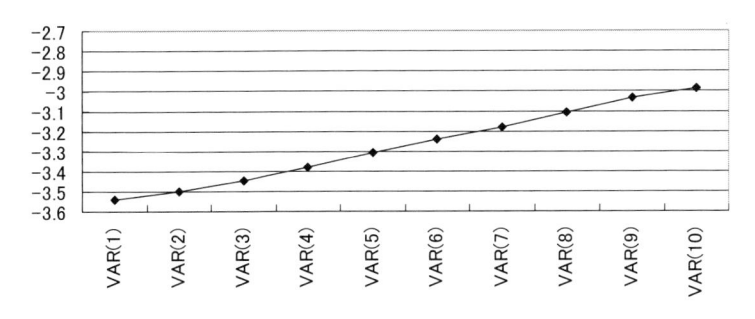

[グラフ: VAR(1)〜VAR(10) の SBIC 値、-3.5 付近から -3.0 付近まで単調増加]

図 7.3 s1 の VAR モデルの SBIC

表 7.3 s1 モデルの $w_{N,t}$ の VAR モデルの推定結果

	係数推定値	t-値	補正 r^2	残差2乗和	AIC	SBIC
b_{111}	0.307	5.6553	0.3619	4.1845	-1.6197	-1.5983
b_{112}	0.3899	6.616				
b_{121}	0.0737	1.4591	0.3483	3.626	-1.7629	-1.7415
b_{122}	0.5375	9.7958				
AIC(VAR)	-3.5976	SBIC(VAR)	-3.5384			

はそれぞれの都市について表 7.1,7.2 に示してある.

次に,それぞれ誤差系列を用いて $w_{N,t}$ の VAR モデル (7.7) を VAR(1)〜VAR(10) まで推定した.図 7.3 は VAR(1)〜VAR(10) までのそれぞれの SBIC を示している.最小 SBIC を与えるモデルは VAR(1) である.したがって s1 モデルにおいては VAR(1) を採用する.各係数の推定結果は表 7.3 に示してある.

(2) s2 モデルの推定結果

次に,s2 モデルについても,方法は s1 モデルの場合と同様にモデル定式化を行う.(7.8) の $u_{N,t}$ について VAR(1)〜VAR(10) まで推定した.図 7.4 には推定された VAR(1)〜VAR(10) までのそれぞれの SBIC を示してある.最小 SBIC は VAR(1) である.したがって VAR(1) を採用する.各係数の推定結果を表 7.4 に記しておく.

(3) $V_{yr,t}$ モデルの推定結果

$V_{yr,t}$ モデル (7.9) についても VAR モデルの推定を行う.図 7.5 には推定された VAR(1)〜VAR(10) までのそれぞれの SBIC を示してある.最小 SBIC は VAR(4) であった.したがって $V_{yr,t}$ のモデルとして VAR(4) を採用する.推

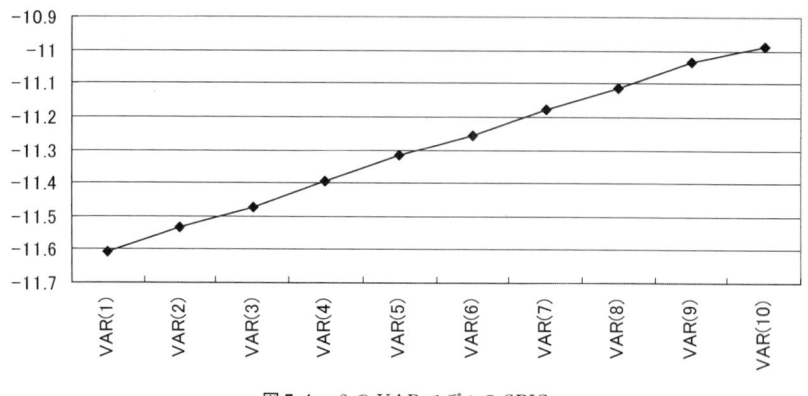

図 7.4　s2 の VAR モデルの SBIC

表 7.4　s2 モデルの $u_{N,t}$ の VAR モデルの推定結果

	係数推定値	t-値	補正 r^2	残差 2 乗和	AIC	SBIC
d_{111}	0.3447	5.6553	0.2077	0.0807	-5.5656	-5.5442
d_{112}	0.1890	6.616				
d_{121}	0.0686	1.4341	0.2826	0.0595	-5.8699	-5.8485
d_{122}	0.4891	9.2308				
AIC(VAR)	-11.6499	SBIC(VAR)	-11.6071			

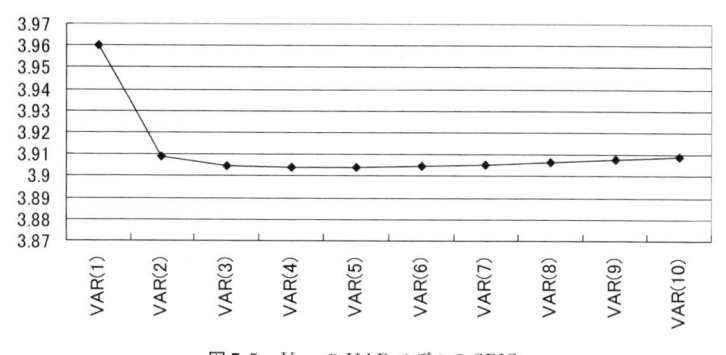

図 7.5　$V_{yr,t}$ の VAR モデルの SBIC

定結果を表 7.5 に示しておく．

(4) 残差の性質

　各モデルを推定した後に残る時系列（残差）の性質についてみておく．この部

表 7.5　$V_{yr,t}$ モデルの推定結果

	係数推定値	t-値	補正 r^2	残差 2 乗和	AIC	SBIC
c_{111}	0.4664	48.7627				
c_{112}	0.4549	46.8061				
c_{211}	-0.0069	-0.6546				
c_{212}	-0.2628	-22.0682	0.4997	7295.053	2.1207	2.1248
c_{311}	0.0317	3.0248				
c_{312}	0.0253	2.0902				
c_{411}	0.0476	5.1917				
c_{412}	-0.027	-2.6015				
c_{121}	-0.021	-2.2316				
c_{122}	0.8303	86.8142				
c_{221}	0.0545	5.223				
c_{222}	-0.2331	-19.8861	0.5156	7065.762	2.0888	2.0928
c_{321}	-0.0142	-1.3747				
c_{322}	0.0528	4.4321				
c_{421}	0.0295	3.2702				
c_{422}	0.0173	1.6958				
AIC(VAR)	3.8941	SBIC(VAR)	3.9039			

分はシミュレーションの方法の選択と直接に関係する．まず，それぞれの残差の基本統計量を表 7.6〜7.8 に示す．これらの表から，残差は正規分布ではないことがわかる．なお，s1 モデルの残差については表 7.6 の数値だけからみるとある程度正規分布に近い．

次に残差系列間の相関を調べる．東京と大阪の残差系列の相関は s1, s2, $V_{yr,t}$ モデルについてそれぞれ，0.4594, 0.4508, 0.5198 であった．すなわち，各残差には有意な相関がある．

この残差系列を ARCH などでモデル化するのではなく，残差系列をホワイトノイズとして扱う．シミュレーションでは，第 4 章と同様に残差の経験分布を利用するが，相関があるのでその相関を考慮したシミュレーションをする．そのため相関構造を分解する．

この分解は行列のコレスキー（Cholesky）分解であり，分散行列を三角行列の積に分解するものである．一般に行列 A が正定値（固有値がすべて正）のとき，正則な下三角行列を用いて

$$A = CC^T \tag{7.10}$$

のように分解することができる．C^T は C の転置行列を表す．これをコレスキー分解という．

表 7.6　s1 モデルの残差系列の基本統計量

	東京	大阪
平均	-0.00016	-0.0001
標準偏差	0.1073	0.0999
尖度	3.1385	3.1043
尖度検定統計量	0.5392	0.4061
歪度	-0.1012	-0.3563
歪度検定統計量	-0.778	-2.775

表 7.7　s2 モデルの残差系列の基本統計量

	東京	大阪
平均	0.0006	-0.0003
標準偏差	0.0149	0.0128
尖度	9.6764	5.5835
尖度検定統計量	26.0007	10.0614
歪度	1.965	1.2128
歪度検定統計量	15.3053	9.4461

表 7.8　$V_{yr,t}$ モデルの残差系列の基本統計量

	東京	大阪
平均	1.36 E-04	5.93 E-05
標準偏差	0.6983	0.6872
尖度	3.7862	3.5885
尖度検定統計量	3.0619	2.2919
歪度	-0.342	-0.323
歪度検定統計量	-2.6641	-2.5157

ここで，東京，大阪の残差系列から得られる分散共分散行列を Ω，Ω についてコレスキー分解を行った結果得られた行列を $\hat{\Sigma}^{1/2}$ と書く．ε_{1t} と ε_{2t} はモデルを推定する際に得られた残差であるとする．この系列に対して

$$\begin{pmatrix} \lambda_{1t} \\ \lambda_{2t} \end{pmatrix} = (\hat{\Sigma}^{1/2})^{-1} \begin{pmatrix} \varepsilon_{1t} \\ \varepsilon_{2t} \end{pmatrix}$$

とおくと，λ_{1t} と λ_{2t} は無相関な系列になる．このように分散共分散行列から得られる行列 $(\hat{\Sigma}^{1/2})^{-1}$ を作用させることにより系列間の相関を取り除くのである．

例えば，s1 モデルの残差系列 $\hat{v}_{N,t}^{\mathrm{T}}$，$\hat{v}_{N,t}^{\mathrm{O}}$ に関する分散共分散行列をコレスキー分解すると

$$\begin{pmatrix} 0.1071 & 0 \\ 0.0458 & 0.0997 \end{pmatrix}$$

となる．そこで，

$$\begin{pmatrix} \hat{\lambda}_{1t} \\ \hat{\lambda}_{2t} \end{pmatrix} = \begin{pmatrix} 0.1071 & 0 \\ 0.0458 & 0.0997 \end{pmatrix}^{-1} \begin{pmatrix} \hat{v}_{N,t}^{\mathrm{T}} \\ \hat{v}_{N,t}^{\mathrm{O}} \end{pmatrix} \qquad (7.11)$$

を満たす系列 $\hat{\lambda}_{1t}$ と $\hat{\lambda}_{2t}$ をつくる．そうすると，$\hat{\lambda}_{1t}$ と $\hat{\lambda}_{2t}$ は相関のない行列になるのである．実際に $\hat{\lambda}_{1t}$ と $\hat{\lambda}_{2t}$ の相関を計算したところ，その値は 0 になった．次にシミュレーションの方法について述べるが，そこではこのようなコレスキー分解の性質を利用する．

7.4 2次元気温シミュレーション

a．シミュレーション法　本節では 2001 年 12 月 31 日までのデータをもとに 2002 年 1 月 1 日以降のパスを発生させるモンテカルロ・シミュレーションを行う．第 5 章と同様に，ここでは残差の経験分布に基づくエンピリカル・モンテカルロ・シミュレーションを行うこととする．シミュレーションの手順は以下のとおりである．

1) まず経験分布による乱数の発生

    コレスキー分解により分散共分散行列 Ω を

$$\begin{pmatrix}\varepsilon_{1t}\\ \varepsilon_{2t}\end{pmatrix}=\Sigma^{1/2}\begin{pmatrix}\lambda_{1t}\\ \lambda_{2t}\end{pmatrix},\quad (\Sigma^{1/2})'\Sigma^{1/2}=\Omega$$

と分解する．そして

$$\begin{pmatrix}\hat{\lambda}_{1t}\\ \hat{\lambda}_{2t}\end{pmatrix}=(\hat{\Sigma}^{1/2})^{-1}\begin{pmatrix}\hat{\varepsilon}_{1t}\\ \hat{\varepsilon}_{2t}\end{pmatrix}$$

をつくる．$\hat{\lambda}_{1t}$ と $\hat{\lambda}_{2t}$ は相関のない系列なので，次の b. で述べる方法で経験分布を用いて乱数を発生する（刈屋・遠藤・牛山(2003)）．その後発生させた乱数 $\hat{\lambda}^*_{1t}$ と $\hat{\lambda}^*_{2t}$ について以下の変換によりもとの分散行列をもつ乱数を生成する．

$$\begin{pmatrix}\hat{\varepsilon}^*_{1t}\\ \hat{\varepsilon}^*_{2t}\end{pmatrix}=(\hat{\Sigma}^{1/2})\begin{pmatrix}\hat{\lambda}^*_{1t}\\ \hat{\lambda}^*_{2t}\end{pmatrix}$$

2) この $\hat{\varepsilon}^*_{1t}$ と $\hat{\varepsilon}^*_{2t}$ を使って東京・大阪のそれぞれの $w_{N,t}$（s1 モデルのとき）$u_{N,t}$（s2 モデルのとき），$V_{yr,t}$ 系列をつくる．

3) この系列のもとで東京・大阪の気温系列をつくる．

$$Y^*_{yr,it}=T_{yr,it}+s^*_{N+1,it}V^*_{it},\quad i=1,2$$

上述した手順のもとで 2002 年 1 月 1 日以降の東京と大阪の気温の予測パスをそれぞれ 1 万本発生させる．

b. 経験分布に基づく残差の乱数の発生方法　乱数の発生方法については第5章ですでに述べている。同じ内容だがここでも述べておく。

1) λ_i^* を小さい順から並べ替えたものを $\{\lambda_1, \lambda_2, ..., \lambda_N\}$ とする。
  λ_i^* は前節の $\hat{\lambda}_{1t}$ あるいは $\hat{\lambda}_{2t}$ に対応している。

2) 次のような関数 $F(e)$ を考える。

$$F(\lambda) = \begin{cases} 0, & \lambda < \lambda_1 \\ \dfrac{i-1}{N-1} + \dfrac{1}{N-1} \cdot \dfrac{\lambda - \lambda_i}{\lambda_{i+1} - \lambda_i}, & \lambda_i \leq \lambda < \lambda_{i+1} \\ 1, & \lambda \geq \lambda_N \end{cases}$$

この関数は $\lambda_i \leq \lambda \leq \lambda_N$ で逆関数が存在し

$$F^{-1}(u) = \lambda_i + \{(N-1)u - (i-1)\}(\lambda_{i+1} - \lambda_i)$$

ただし、$i = [(N-1)u]$、$[x]$ は x を超えない最大の整数を表す。

3) $[0, 1]$ 上の一様乱数 u^* を発生させて $\lambda^* = F^{-1}(u^*)$ とする。
  データの発生方法により、乱数は λ_1 と λ_N の間の値をとり、区間 $[\lambda_i, \lambda_{i+1})$ の値をとる確率は $1/(N-1)$ となる。λ^* が求める乱数となる。

c. シミュレーション結果

(1) s1 モデルの気温シミュレーション結果

表 7.9 は推定された s1 モデルのもとで行った気温シミュレーションの 6 月 21 日～9 月 30 日の平均気温の基本統計量を示してある。シミュレーションの結果、1 万個の平均は東京が 25.0749°C（以下では μ_T と書く）、大阪が 26.4409°C（以下では μ_O と書く）であった。中央値、最頻値は東京がともに 25°C、大阪がそれぞれ 26.4°C と 26.3°C であった（図 7.6）。

(2) s2 モデルの気温シミュレーション結果

表 7.10 は推定された s2 モデルのもとで行った気温シミュレーションの 6 月 21 日～9 月 30 日の平均気温の基本統計量を示してある。シミュレーションの結果、1 万個の平均は東京が 25.0483°C、大阪が 26.4209°C であった。中央値、最頻値はそれぞれ東京が 25.1°C と 25.2°C、大阪がともに 26.4°C であった（図 7.7）。

7.4 2次元気温シミュレーション

表7.9 6月21日〜9月30日の平均気温の基本統計量（s1モデル）

	東京	大阪
平均	25.0749	26.4409
中央値（メジアン）	25	26.4
最頻値（モード）	25	26.3
標準偏差	0.5445	0.4458
分散	0.2965	0.1988
尖度	−0.004	0.0076
尖度検定統計量	−0.1632	0.3088
歪度	3.0276	3.0485
歪度検定統計量	0.5628	0.989
最小	23	24.7
最大	27.2	28.1

表7.10 6月21日〜9月30日の平均気温の基本統計量（s2モデル）

	東京	大阪
平均	25.0483	26.4209
中央値（メジアン）	25.1	26.4
最頻値（モード）	25.2	26.4
標準偏差	0.5358	0.4395
分散	0.2870	0.1932
尖度	0.0645	0.0299
尖度検定統計量	1.3162	0.6100
歪度	2.9698	2.9422
歪度検定統計量	−1.2310	−2.3586
最小	23	24.7
最大	27.2	28

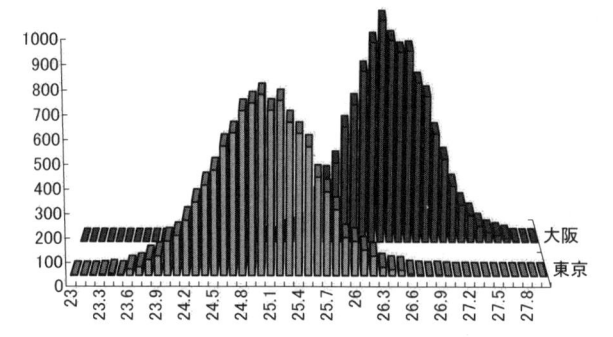

図7.6 s1モデルのシミュレーション結果・東京・大阪の6月21日〜9月30日の平均気温

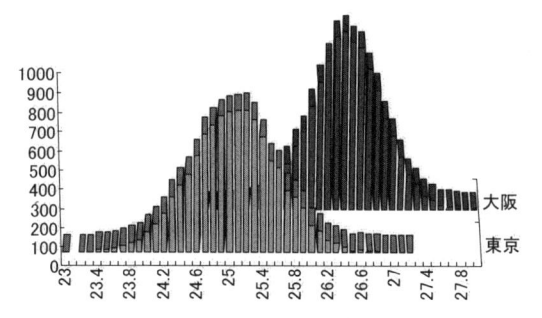

図7.7 s2モデルのシミュレーション結果・東京・大阪の6月21日〜9月30日の平均

7.5 TORS契約の公平性の検証

本節では，本章でこれまでに得られた気温シミュレーションの結果を利用してTORSの公平性を検証する．TORSのペイオフの詳細は公表されていないので，公平性の検証とはいってもわれわれがペイオフを適当に定式化しなければならない．そのため，まずは公表されている内容を確認し，それにより契約の具体的形式を想定することとしよう．

a．契約内容 2002年の5月に東京電力と大阪ガスは，東京と大阪の特定期間の平均気温に関してのリスクを互いにスワップするという契約を発表した．この契約は契約期間（夏季）のリスク構造が気温に関して対称的であることから，リスクヘッジ契約として成り立つものである．すなわち，夏の平均気温が高い場合には東京電力の利益が増加するが，大阪ガスの利益は減少する．逆に夏の平均気温が低い場合には東京電力の利益は減少し，大阪ガスの利益が増加するのである（図7.8）．このような相反するリスクをヘッジするために，両者は以下のような契約（TORS）を結んだ（東京電力，大阪ガス発表プレスリリース）．

1. 対象期間：2002年6月21日～9月30日（102日間）
2. 指標値：東京管区気象台（大手町）および大阪管区気象台（大手前）で観測した対象期間の平均気温
3. 金銭授受内容（デュアルトリガー方式）
   対象期間の東京および大阪の平均気温がともに基準気温を一定の幅を超えて上回る場合，東京電力が大阪ガスに対価を支払う．逆に基準気温を一定

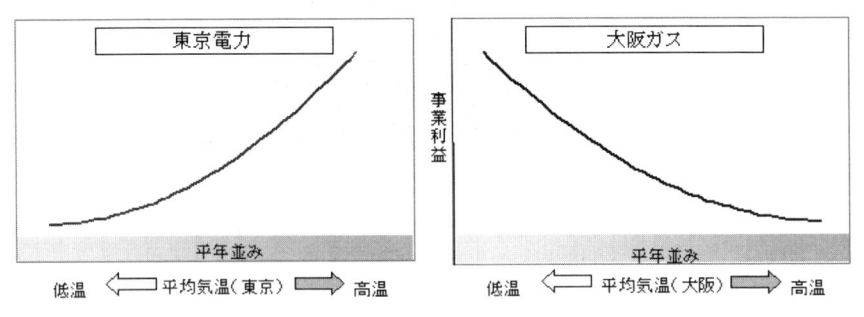

図7.8 夏季における収益気温影響図

の幅を超えて下回った場合，大阪ガスが東京電力に対価を支払う．

最大支払額は 7.7 億円である．

TORS においては，東京および大阪の観測地点における対象期間の平均気温を指標とするデュアルトリガー方式を採用している．デュアルトリガー方式とは，二つの条件をともに満たした場合のみ有効となる契約の方式である．この契約の金銭の授受が発生するのは，東京と大阪がともに高温（東京電力が大阪ガスに支払う），ともに低温（大阪ガスが東京電力に支払う）の場合のみである．

しかし，両社の契約ではこのデュアルトリガー方式の条件となる基準気温を具体的に示していないし，詳しい金銭の授受方法も示していない．そこで，本章では図 7.9 も参考にして両社のペイオフが次のように書けるものと想定する．

$$\begin{cases} 東京電力のペイオフ：W^{TE} = \min\{\max(\alpha - X(T), 0), \max(\beta - X(O), 0)\} \\ 大阪ガスのペイオフ：W^{OG} = \min\{\max(X(T) - \gamma, 0), \max(X(O) - \delta, 0)\} \end{cases}$$
(7.12)

ただし，$X(T)$ は東京の平均気温であり，$X(O)$ は大阪の平均気温である．α, β, γ, δ は基準気温から一定の幅をとったものとする．

東京電力は，両地の平均気温（$X(T)$, $X(O)$）がともに特定の基準気温を一定の幅（α, β）を超えて下回ったとき大阪ガスから対価をもらう．その際，ペイオフとして想定した気温（α, β）から両地の平均気温を差し引いてその小さいほうをとる．これは冷夏の場合に東京電力の損失および大阪ガスの利益のうち

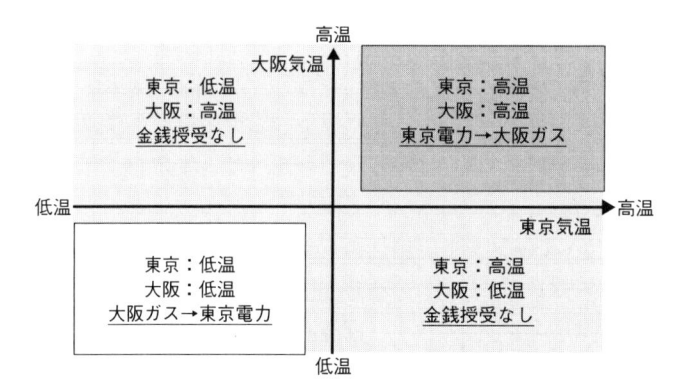

図 7.9 2 地点の気温と金銭授受について
（大阪ガスホームページ，「夏期気温リスク交換取引の内容（イメージ図）」より抜粋）
http://www.osakagas.co.jp/Press/pr02/020529.htm

小さいほうを支払額として設定するものである．逆に大阪ガスは，両地の平均気温 $(X(T), X(O))$ がともに基準気温の一定の幅 (γ, δ) を超えて上回ったときに東京電力から対価をもらう．その際，ペイオフとして想定した気温 (γ, δ) から両地の平均気温を差し引いてその小さいほうをとる．猛暑の場合に東京電力の利益および大阪ガスの損失のうち小さいほうを支払額として設定するものである．

その他のペイオフの算出方法としては，以下のようなものも考えられよう．

$$\begin{cases} 東京電力のペイオフ：W^{TE}=\max(\beta-X(O), 0), \text{ if } \alpha>X(T) \\ 大阪ガスのペイオフ：W^{OG}=\max(X(T)-\gamma, 0), \text{ if } X(O)>\delta \end{cases}$$
(7.13)

この場合の東京電力のペイオフは，東京の気温が α 以下で，大阪の気温が β 以下のとき，気温 β から大阪の平均気温を差し引いた値になる．一方，大阪ガスのペイオフは，大阪の気温が δ 以上で，東京の気温が γ 以上のとき，東京電力の平均気温から想定した気温 γ を差し引いた値になる．

これ以外に例えば，(7.12)のペイオフで最小値ではなく平均値をとることや，ウェートをかけることなどが考えられる．

TORS では基準気温とペイオフの詳細は公表していないので，本章ではわれわれが設定した基準気温のもとでリスク・スワップの予測確率分布を導出し，両社のペイオフの公平性の検証を試みる．具体的には (7.12) のペイオフの場合において $(\alpha, \beta, \gamma, \delta)$ を適当に設定して両社にとって契約が公平なものであるかどうか調べる．

b．契約の公平性　シミュレーションの結果をもとに TORS の公平性の検証を行う．前章でも述べてきたのと同様に以下の三つの視点から契約の公平性を評価する．この評価基準については第6章でも述べているので，詳しくはそちらを参照していただきたい．

1) 完全等価性・モーメント等価性の有無
   完全等価性とはペイオフの分布が完全に等しいことをいう．当然，ペイオフ分布の形状が完全に一致すれば契約は完全に公平なものだといえる．モーメント等価性とは分布のモーメントが等しいことをいう．
2) ペイオフの分布の距離による評価
$$d(W^{TE}, W^{OG})=\sup abs[F^{TE}(y)-F^{OG}(y)]$$

$F^{TE}(y)$, $F^{OG}(y)$ はそれぞれ W^{TE}, W^{OG} の分布関数である．この数値が 0 であるとき，両社の分布は完全等価性をもち，契約は完全に公平であると解釈できる．

3) 確率的優位性：両社のペイオフに対して

$$\begin{cases} P(W^{TE} > a) \geq P(W^{OG} > a), & \text{任意の } a \text{ に対して} \\ P(W^{TE} > b) > P(W^{OG} > b), & \text{ある } b \text{ に対して} \end{cases}$$

が成立するとき，東京電力のほうが確率的に優位と定義される．これは両社のペイオフの分布関数を用いて表現すれば，

$$\begin{cases} F^{TE}(a) \leq F^{OG}(a), & \text{任意の } a \text{ に対して} \\ F^{TE}(b) < F^{OG}(b), & \text{ある } b \text{ に対して} \end{cases}$$

となる．このとき，該当リスク・スワップは東京電力に有利であると解釈できる．以下では両社のペイオフの分布関数を図示することによって，確率的優位性の有無を視覚的に捉えることとした．

(1) s1 モデルの検証結果

TORS はペイオフの条件となる基準気温と詳細な金銭の授受内容を公表していない．そこで，ペイオフ構造の公平性を検証するために，本書ではペイオフが (7.14) のように書けるものと仮定する．

$$\begin{cases} \text{東京電力のペイオフ}: W^{TE} = \min\{\max(\alpha - X(T), 0), \max(\beta - X(O), 0)\} \\ \text{大阪ガスのペイオフ}: W^{OG} = \min\{\max(X(T) - \gamma, 0), \max(X(O) - \delta, 0)\} \end{cases}$$
(7.14)

ここでは基準気温を東京と大阪の 1 万個の平均とする．$(\alpha, \beta, \gamma, \delta)$ は以下のように設定する．

$$\alpha = \mu_T - 0.5, \quad \beta = \mu_O - 0.5, \quad \gamma = \mu_T + 0.5, \quad \delta = \mu_O + 0.5 \quad (7.15)$$

この場合の両社のペイオフ分布を比較すると，両社とも 90% 近くはペイオフが発生しないという結果になっている．表 7.11 に示してあるとおり，ペイオフの分布特性については両者が非常に近いものとなった．このことは視覚的には図 7.10 に示してあるペイオフヒストグラムの形が非常に似ていることから確認することができる．ペイオフの分布距離は 0.006 であり，TORS はほぼ公平な契約であることがわかる．このことは，図 7.11 においてペイオフの分布関数がほぼ重なり合っていることからもわかる．

表7.11 s1モデルのペイオフの分布特性

	東京電力	大阪ガス
平均	0.0293	0.0293
標準偏差	0.1037	0.1042
尖度	4.6093	4.6971
尖度検定統計量	188.172	191.7567
歪度	27.7655	28.9535
歪度検定統計量	505.5241	529.7743

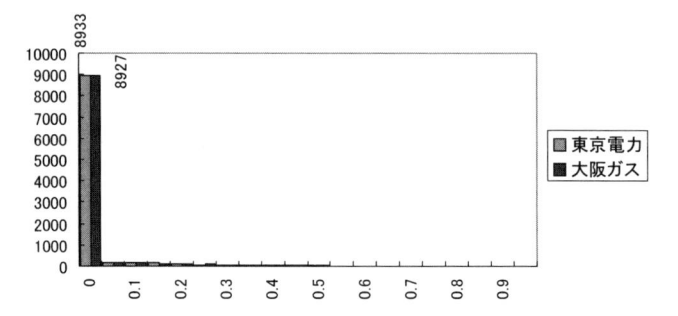

図7.10 東京電力・大阪ガスのペイオフヒストグラム（s1モデル）

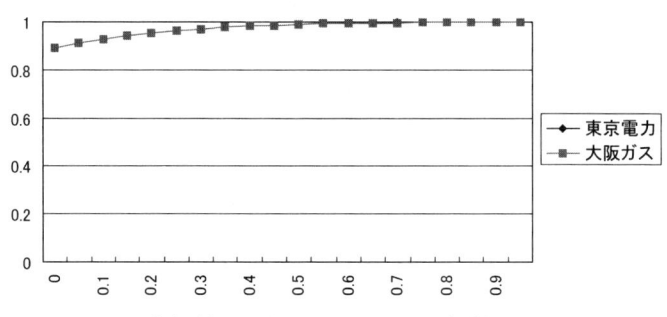

図7.11 東京電力・大阪ガスのペイオフの分布関数（s1モデル）

(2) s2モデルの検証結果

s2モデルについても (7.14) のもとでペイオフの公平性を検証する．この場合の両社のペイオフ分布を比較すると，大阪ガスは約94%，東京電力は約92%ペイオフが発生しないという結果になっている．よって，東京電力のほうが金銭を受け取る確率がやや高いことがわかる．表7.12に示してあるペイオフの平均値をみると，東京電力のほうが大きい．図7.12に示してあるペイオフヒストグ

7.5 TORS契約の公平性の検証

表7.12 s2モデルのペイオフの分布特性

	東京電力	大阪ガス
平均	0.0241	0.01505
標準偏差	0.0964	0.0711
尖度	30.83451	47.45189
尖度検定統計量	629.4068	968.6077
歪度	8.128511	9.271307
歪度検定統計量	209.3706	256.0251

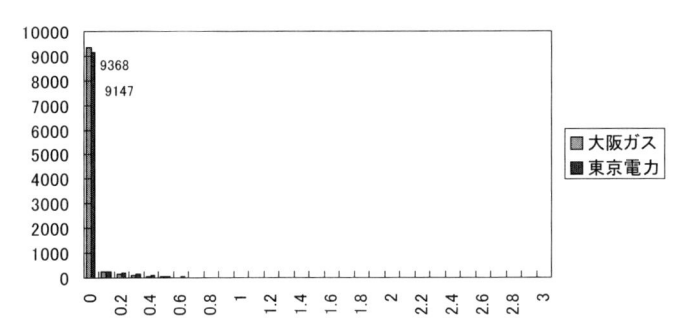

図7.12 東京電力・大阪ガスのペイオフヒストグラム（s2モデル）

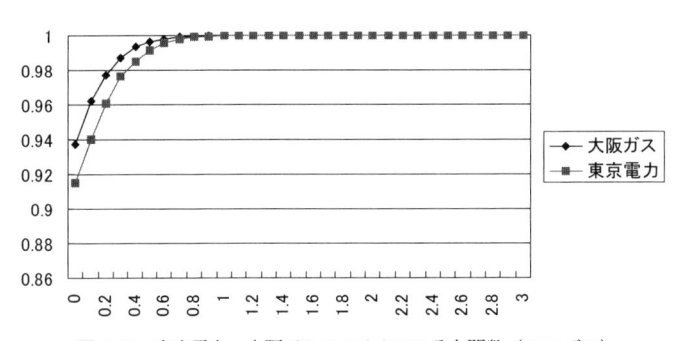

図7.13 東京電力・大阪ガスのペイオフの分布関数（s2モデル）

ラムから分布の形状をみると，両社のペイオフの分布は完全等価性，モーメント等価性をもたず，本書が想定したペイオフの条件のもとでは東京電力に有利な結果となっている．また両社のペイオフの分布距離は0.02であり，やや東京電力に有利である．このことは，図7.13のペイオフの分布関数について東京電力のほうが下にずれていることからもわかる．

7.6　東京と大阪の気温の相関

本章では，東京と大阪の気温には相関があることに着目してVARを用いて気温時系列モデルを構築した．本章のはじめでも述べたように，1961〜2001年の東京と大阪の6月21日〜9月30日までの実際の気温の相関係数は0.8813という高い値であった．当然，本章で述べてきたモデルについても相関係数がこの程度の値になるべきである．そこで実際に相関係数の値を調べてみよう．シミュレーション結果の1万個についての1961〜2001年の6月21日〜9月30日までの相関係数はs1モデルの場合0.8404であり，s2モデルの場合は0.8287であった．実際の相関係数に非常に近い値が得られたといえる．この点からもモデルを適切に構築できたといえよう．図7.14，7.15には，東京・大阪のペア予測平均気温を示している．シミュレーションの結果について東京と大阪の気温に高い相関があることはこれらの図からも視覚的に確かめることができる．

東京と大阪のどちらかの都市の気温が高いと予測される場合にはもう一方の都市の気温も高い可能性が高いし，片方の気温が低い場合にはもう一方の気温も低い可能性が高いのである．

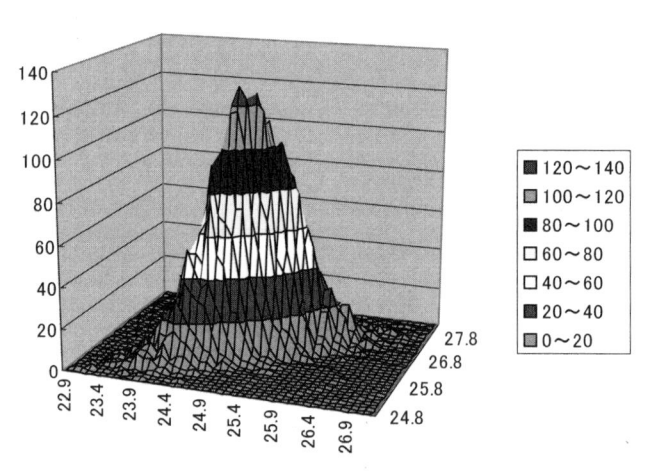

図7.14　東京・大阪のペア予測平均気温
　　　　（s1モデル，6月21日〜9月30日の平均）

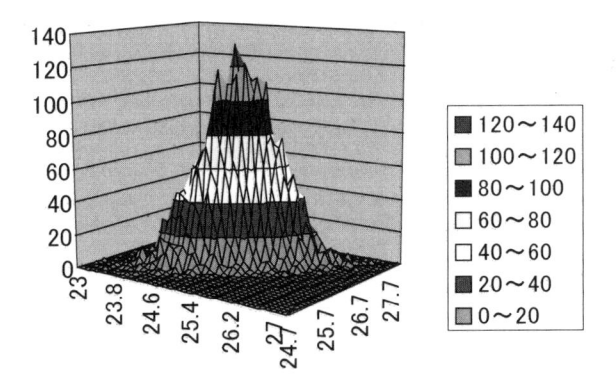

図 7.15 東京・大阪のペア予測平均気温
（s2 モデル，6 月 21 日〜9 月 30 日の平均）

7.7 ま と め

　本章ではリスク・スワップ契約の検証をするために二つの都市の気温を予測する枠組みを構築した．このような場合，2 次元の VAR を用いたモデルがひとつの有力な候補となる．そこで VAR を用いたモデルを 2 種類考案して特定の期間の予測気温分布を作成した．この予測気温分布をもとに TORS の公平性を検証した．しかし，この契約では基準気温およびペイオフの詳細が公表されていない．そこで，(7.14) のように想定したペイオフ構造のもとで両社の契約の公平性を検証した．想定したペイオフ構造のもとで両社のペイオフ分布を比較すると，s1 モデルでは分布はおおよそ似た形になり，契約がほぼ公平なものであったことがわかる．それに対して s2 モデルの場合は東京電力にやや有利な結果となった．

　以上の結果はあくまでも本章で想定したペイオフ構造からの結果である．また，ペイオフの結果に影響を与える基準気温を変えることによって結果が異なる可能性がある．いずれにしても，気温プロセスのモデル化の流れや特定の契約の公平性の検証など，本章で述べた手法は複数の都市の気温が関係する契約を検証する手法としては参考になるものと思われる．

第8章

リスク・スワップの等価性

8.1 はじめに

　第6章で，第5章までの分散変動モデルに基づいて，東京電力と東京ガス間のゼロコストのリスク・スワップ契約について公平性の検証を行った．気温リスクなど天候リスクにかかわらず，このような企業が互いに保険を掛け合うひとつの方法としてリスク・スワップは重要である．例えば為替リスクなどの市場リスクも考えられる．本章では，リスク・スワップの妥当性を検証する理論的な視点を考察する．特に第6章で紹介したスワップ契約のペイオフの完全等価性，モーメント等価性のための条件を考察する．一般に，天候に関わる変量は複製可能でないため，モデルは不完備であり，そのデリバティブに対して，リスク中立な評価はできない．リスクを考慮したフェアバリューの評価が求められる．本章の結果としては，リスク・スワップのペイオフを定義する基礎となる指数（平均気温や平均降雨量など）の確率分布が対称でないと，完全等価性を求めるのは難しいことが示される．また，ペイオフを定義する基準価格を変更することで，少なくとも2次までのモーメント等価性は近似的に確保されることをみる．さらに3次までのモーメント等価性を近似的に確保するペイオフ構造も数値的に導出する．

　企業のビジネスに内包せざるを得ないリスクを直接的にヘッジする手段は，保険とデリバティブである．しかしそのコストは，リスクの発生確率と発生したときに起こる（想定）損失額に依存する．保険会社やデリバティブ会社は，リスクをプールしてポートフォリオ管理し，そのノウハウによって利益を上げる．

これに対して，二つの企業が各々のビジネスに内包するリスクのうち，
1) リスクの「等価性」を，ペイオフの「等価性」として識別して，
2) コストゼロで相手のリスクをとるデリバティブ（派生商品）を交換することで，互いのリスクをヘッジし合うことを「リスク・スワップ」という．

ここでは，これまでの定義に従って，派生証券で定義されているペイオフが「等価」とは，各々のペイオフの確率分布が完全に同一である場合，「完全等価」といい，平均や分散などが等しい場合「モーメント等価」とよぶことにする．

一般には，金融工学の無裁定価格理論の立場から，もしモデルが完備ならば，交換されるデリバティブのペイオフ構造のリスク中立価値が等しい場合，等価ということができよう．

しかし，連続時間を前提とした無裁定価格理論で理論的に仮定するディフュージョンモデルはマルコフモデルであり，その枠の中でのリスク中立的な評価の議論である．しかし少なくともデータからみるかぎり，金利プロセスや為替，あるいは株価プロセスはマルコフでないことが示される．それゆえこのような市場リスクにおいても，実際にリスク・スワップを行う場合，単にマルコフモデルを前提としたモデルのもとでのリスク中立評価による等価性を議論するのでなく，データでそのノンマルコフ性を認識したうえで本書で展開したリスク・スワップの等価性を検証することが必要であろう．分析プロセスで重要な点は，まず前提とするモデルのデータからみた現実的妥当性であり，その妥当性がないまま仮定するモデルが完備であるからといって，リスク中立評価の結果を信頼するのは危険である．

本章の構成は次のとおりである．8.2節では，完全等価性，モーメント等価性を定義する．平均気温などペイオフの対象となる変量の確率分布がロケーション型である場合に，2つのペイオフの完全等価性についての条件を導出する．8.3節では，ペイオフの変量の確率分布が非対称であるときそれをグラム–シャーリエ分布で近似し，そのもとでモーメント等価性についの条件を考察する．さらに8.4節では探索法として，与えられたデータからモーメント等価性を満たすようにペイオフを定義する方法について議論する．

東京電力と東京ガスのTTリスクスワップ

イメージを再起するために第6章で扱ったTTリスク・スワップの具体例を概説しておこう．2001年6月東京電力と東京ガス間の気温変動による収益変動

リスクの構造の違いを，次のオプションペイオフ構造として識別し，二つのデリバティブを等価とみなしてコストなしで交換した．デリバティブの指標は東京管区気象台が毎時間発表する東京都千代田区大手町の気温の1日平均のものを日次平均気温とし，その日次平均の8月と9月の平均気温 X をデリバティブの指標とする．X に対するペイオフをヨーロピアンコールとヨーロピアンプットとして，

$$W_1^{TG} = \min\{70{,}000,\ 800\max(X-26.5, 0)\}$$
$$W_2^{TE} = \min\{70{,}000,\ 800\max(25.5-X, 0)\}$$

と定式化した．単位は万円である．すなわち8月と9月の平均気温 X が 26.5℃ より 1℃ 上昇するごとに，東京電力は東京ガスに1日当たり 800 万円支払うことになる．最高支払額は7億円である．逆に 25.5℃ より 1℃ 下落するごとに，東京ガスが東京電力に支払うことになる．実績は 24.8℃ であって，東京ガスは東京電力に3億2千万円支払ったとのことである．

8.2 完全等価性

本節ではゼロコスト・リスク・スワップの理論的公平性を理解する枠組みを設定し，完全等価性を考察しよう．まず次の定義をする．

定義 確率変数で示される二つの非負ペイオフ W_1 と W_2 の等価性に対して
(1)(完全等価性) W_1 と W_2 が完全等価 $\iff$ W_1 と W_2 の確率分布が等しい
(2)(モーメント等価性) W_1 と W_2 が k 次モーメント等価 $\iff$ W_1 と W_2 の k 次までのモーメントが等しい．すなわち

$$E[W_1^j] = E[W_2^j], \quad j=1, \ldots, k$$

ただし $j=0$ のときは，$P(W_1>0) = P(W_2>0)$

この定義に基づいてペイオフ

$$\begin{cases} W_1 = c\max(X-a, 0) \\ W_2 = d\max(b-X, 0) \end{cases} \tag{8.1}$$

ただし $a>b$ の等価性を議論する．$F_i(y)$ で W_i の分布関数を表す．

ペイオフの結果を決める確率変数 X の確率分布は1次元空間 R^1 上の連続分布と仮定し，その分布関数を $H(x)$，密度関数を $h(x)$ で示す．X は少なくと

も平均 μ をもつものとする．X の確率分布がロケーション型分布に従うとは，平均 0 の密度関数 $g(x)$ が存在して，

$$h(x)=g(x-\mu), \quad a.e.$$

と表現されることである．このとき $H(x)$ は $g(x)$ の分布関数 $G(x)$ を用いて

$$H(x)=G(x-\mu)=\int_{-\infty}^{x-\mu}g(u)\,du \tag{8.2}$$

と表現される．正規分布はロケーション型分布の代表的なものである．最初にこの場合を扱う．

補題 8.1 X は平均 μ をもつロケーション型分布に従うとする．

(1) $y\geq 0$ のとき W_1 の分布関数は

$$F_1(y)=G\!\left(\frac{y+c(a-\mu)}{c}\right) \tag{8.3a}$$

また密度関数は，$y>0$ に対して

$$f_1(y)=F_1'(y)=\frac{1}{c}g\!\left(\frac{y+c(a-\mu)}{c}\right) \tag{8.3b}$$

(2) $y\geq 0$ のとき W_2 の分布関数は

$$F_2(y)=1-G\!\left(\frac{-y+d(b-\mu)}{d}\right) \tag{8.4a}$$

また密度関数は，$y>0$ に対して

$$f_2(y)=F_2'(y)=\frac{1}{d}g\!\left(\frac{-y+d(b-\mu)}{d}\right) \tag{8.4b}$$

証明 (1) $y\geq 0$ に対して

$$F_1(y)=P(W_1\leq y)=P\!\left(\max(X-a,0)\leq \frac{y}{c}\right)$$

$$=P(X\leq a)+P\!\left(0<X-a\leq \frac{y}{c}\right)$$

$$=P(X-\mu\leq a-\mu)+P\!\left(a-\mu<X-\mu\leq \frac{y+c(a-\mu)}{c}\right)$$

より明らか．(2) についても同様． ∎

命題 8.1 X は平均 μ のロケーション分布 (8.2) に従い，かつ $G(x)$ が対称分布，すなわち

$$G(x)+G(-x)=1, \qquad x\in R^1$$

に従うと仮定する．このとき，W_1 と W_2 が完全等価であるための必要十分条件は，$c=d$ かつ $\mu=(a+b)/2$ である．

証明　$G(x)$ が対称であるから

$$F_2(y)=1-G\left(\frac{-y+d(b-\mu)}{d}\right)=G\left(\frac{y-d(b-\mu)}{d}\right)$$

となる．それゆえ G の単調増加性から，完全等価性 $F_1(y)=F_2(y)$ $(y\geq 0)$ は，(8.3a) とこの式より

$$y\left(\frac{1}{d}-\frac{1}{c}\right)=b-\mu+a-\mu, \qquad y\geq 0$$

と同等となる．それゆえ結果を得る．■

TT リスク・スワップをこの結果からみると，8月と9月の平均気温 X がロケーション対称分布に従うかぎり，ペイオフ構造 W_1^E と W_2^G の設定は完全等価性をもっている．そこでは X の正規分布性を前提としなくてもよい．しかし，実証的にみるかぎり，

1) μ は X の平均であるから，26℃ が 2001 年度の平均値の予測値となるのだが，果たして妥当か，温暖化などによるトレンド問題は考慮されているのか，
2) X の対称性は否定される，

というような問題を含んでいる．この問題は，第6章で示されている．

命題 8.1 は，G の対称性を仮定して，完全等価性を議論しているが，その必要性を議論しよう．X の確率分布はロケーション型分布であるときには，完全等価性は，$y\geq 0$ に対して

$$G\left(\frac{y+c(a-\mu)}{c}\right)+G\left(\frac{-y+d(b-\mu)}{d}\right)=1 \tag{8.5}$$

と同等である．この条件がすべての y について成立するのであれば，$c=d$ かつ $\mu=(a+b)/2$ ならば，G は対称であることが必要となる．しかし (8.5) では y が非負に対して成立するにすぎない．特に $y=0$ のときは

$$G(a-\mu)+G(b-\mu)=1 \tag{8.6}$$

である．この場合，完全等価性から G の対称性はいえない．(8.6) から，一般

式を失うことなく $b \leq \mu \leq a$ とする.

命題 8.2 $2\mu = a+b$, かつ μ は R^1 の任意の値をとりうるとする.このとき W_1 と W_2 が完全等価であるならば,$G(x)$ は対称である.

証明 (8.6) に $b = 2\mu - a$ を代入すると
$$G(a-\mu) + G(\mu-a) = 1$$
となるから明らか. ∎

しかし,一般に μ は未知だが固定した値であるので,この命題は便利な形ではない.

補題 8.2 W_1 と W_2 が完全等価であるとき,ロケーション型分布 G の密度関数 g は
$$\begin{cases} g(x) = e g(-ex + K), & x \geq a - \mu \\ e = c/d, \quad K \equiv K(a,b,\mu:e) = e(a-\mu) + (b-\mu) \end{cases} \tag{8.7}$$
を満たす.さらに $c = d$, $a+b = 2\mu$ のとき,$g(x)$ の裾の部分は対称である.

証明 (8.5) から (8.3 a) と (8.4 b) を恒等させればよい. ∎

それゆえ W_1 と W_2 の完全等価性は,$x \geq a - \mu$ なる x に対して,密度関数 $g(x)$ の右裾の部分は,左裾の密度 $g(-x)$ を 1 次変換 $-ex + K$ したものである.この 1 次変換の係数 e, K は (a, b, c, d, μ) に依存する.しかし,a, b, c, d はペイオフが等価となるために選択されるものであるから,それらは μ と密度関数の形状 $g(\cdot)$ に依存する.それゆえ,それらは一般に g の歪度や尖度に依存する.(8.6) および (8.7) を満たす平均 0 をもつ非対称な密度関数 $g(x)$ の存在は明らかである.$e = 1, K = 0$ の場合,(8.7) は $x \geq a - \mu$ なる範囲に対しての $g(\cdot)$ のテイル対称性(分布の右端と左端の対称性)を示す.それゆえ

系 $e = 1, K = 0$ の場合,$X - \mu$ がテイル対称性が必要である.そうでないとき,二つのペイオフは完全等価でない.

対称分布の場合は,$e = 1, K = 0$ の場合として命題 8.1 に述べられている.この場合,a, b, c, d は 2 次以上のモーメントから独立に設定できる.

非対称分布の場合について,ペイオフ構造についての必要条件を求めよう.そ

のためまず (8.6) が成立しないと完全等価とされないので (8.6) は成立するものとする．そして，

$$z = z(y) = \frac{-y + d(b-\mu)}{d} \tag{8.8}$$

とおく．$G(x)$ が裾の部分で非対称であるとは，十分大きな y^* をとると，$z_i = z(y_i)$ に対して少なくとも

$$G(z_1) + G(-z_1) < 1, \quad y_1 > 0 \tag{8.9 a}$$
$$G(z_2) + G(-z_2) > 1, \quad y_2 > 0 \tag{8.9 b}$$

のいずれかが成立することである．さらに

$$\begin{cases} \dfrac{y + c(a-\mu)}{c} = -z + D(y) \\ D(y) = \left(\dfrac{1}{c} - \dfrac{1}{d}\right) y + a + b - \mu \end{cases} \tag{8.10}$$

とおく．

命題 8.3 完全等価性を仮定する．
(1) (8.9 a) が成立するとき，$D(y_1) < 0$．このとき $a+b = 2\mu$ ならば $d < c$．
(2) (8.9 b) が成立するとき，$D(y_2) > 0$．このとき $a+b = 2\mu$ ならば $d > c$．
(3) (8.9 a)，(8.9 b) が成立するとする．$y_2 > y_1 > 0$ ならば $c < d$．また $y_1 > y_2 > 0$ ならば $c > d$．
(4) $y_2 > y_1 > 0$ に対して (8.9 a)，(8.9 b) が成立し，さらに $y_3 > y_2$ に対して $G(z_3) + G(-z_3) < 1$ とする．このとき完全等価となる c, d は存在しない．

証明 (1) (8.9 a) かつ $D(y_1) \geq 0$ が成立すると，
$$F_2(y_1) = G(z_1) < 1 - G(-z_1) \leq 1 - G(-z_1 + D(y_1)) = F(y_1)$$
それゆえ，$D(y_1) < 0$ でないと完全等価になれない．$a+b = 2\mu$ ならば (8.10) から結果を得る．(2) も議論は同様である．

(3) は，(1), (2) より $-D(y_1) > 0, D(y_2) > 0$ から
$$-D(y_1) + D(y_2) = \left(\frac{1}{c} - \frac{1}{d}\right)(y_2 - y_1) > 0$$
が成立する．それゆえ結果を得る．

(4) は，(3) の結果から $c < d$ と $c > d$ が同時に成立することを必要とすること

になるから明らかである． ∎

この結果から完全等価性は，非対称の構造にも依存することがわかる．いずれの場合にしても，裾の部分で非対称のときには $a+b=2\mu$ の場合は $c\neq d$ であることがわかる．

8.3 非対称分布への近似

データから判断するかぎり，気温の確率分布は非対称であると判断される．その非対称性は都市によって異なる．例えば，第 5, 6 章でみた東京，アトランタの気温の確率分布は，時系列モデルとしてボラティリティ変動モデルで近似され，非対称分布であると実証的には判断される．また，8.2 節で X の確率分布が非対称のとき，W_1 と W_2 が完全等価性を求めることは困難であることをみた．そこで X の分布の平均，分散，歪度，尖度がそれぞれ

$$(\mu, \sigma^2, \beta, \xi+3)$$

のときの W_1, W_2 ペイオフの近似評価法を考察し，モーメント等価性を議論しよう．

まず X の確率密度関数を $h(x)$ とする．このときグラム-シャーリエの近似によって，$h(x)$ は

$$h_0(x)=f(x)-\frac{1}{3!}\beta\sigma^3 f^{(3)}(x)+\frac{1}{4!}\xi\sigma^4 f^{(4)}(x) \tag{8.11}$$

で近似される（刈屋・矢島・田中・竹内(2003)）．この近似で特徴的なことは，

1) $h_0(x)$ は密度関数である．$h_0(x)\geq 0$, $\int_{-\infty}^{\infty} h_0(x)\,dx=1$
2) $h_0(x)$ の平均，分散，歪度，尖度はそれぞれ μ, σ^2, β, $\xi+3$ である

となることである．もちろん $\beta=0$, $\xi=0$ のときは正規分布 $N(\mu, \sigma^2)$ に帰するので，通常の正規分布のもとでのケースを含んでいる．

ここで $f(x)$ は平均 μ，分散 σ^2 の正規分布 $N(\mu, \sigma^2)$ の密度関数であり，$f^{(i)}(x)$ は $f(x)$ の i 次の導関数である．

X が (8.11) の密度に従うときの $W_1=c\max(X-a, 0)$ の評価式としての平均値を求めよう．そのため，

$$\phi(x)=\exp\left\{-\frac{1}{2}x^2\right\}\Big/\sqrt{2\pi}$$

$$\Phi(x) = \int_{-\infty}^{x} \phi(u)\,du$$

とおき,

$$A = e^{(a-\mu)/\sigma}, \quad \phi_A = \phi(A), \quad \Phi_A = \Phi(A)$$

と定義する.

補題 8.3

(1) $\int_A^\infty y\phi(y)\,dy = \phi_A$ (2) $\int_A^\infty y^2\phi(y)\,dy = A\phi_A + 1 - \Phi_A$

(3) $\int_A^\infty y^3\phi(y)\,dy = A^2\phi_A + 2\phi_A$ (4) $\int_A^\infty y^4\phi(y)\,dy = A^3\phi_A + 3[A\phi_A + 1 - \Phi_A]$

(5) $\int_A^\infty y^5\phi(y)\,dy = A^4\phi_A + 3[A^2\phi_A + 2\phi_A]$

証明 部分積分を $y^k\phi(y) = -y^{k-1}\phi^{(1)}(y)$ の形で繰り返し用いると結果を得る. 例えば

$$\int_A^\infty y^2 \phi\,dy = -y\phi\Big|_A^\infty + \int_A^\infty \phi\,dy \qquad \blacksquare$$

命題 8.4 X が (8.11) の密度関数をもつとき, ペイオフ W_1 の平均値は

$$\begin{aligned}
E[W_1] = c\Big\{ &\sigma\phi_A + (\mu - a)(1 - \Phi_A) \\
&+ \frac{\beta}{3!}[\sigma A^3 \phi_A + (a-\mu)(1-A^2)\phi_A] \\
&+ \frac{1}{4!}\xi[\sigma(A^4 - 2A^2 - 1)\phi_A + (\mu - a)(A^3 - 3A)\phi_A] \Big\}
\end{aligned} \tag{8.12}$$

証明 単純な計算によって補題 8.3 を用いると, (8.11) の右辺第1～3項の (a, ∞) 上の積分は, 各々の (8.2) の右辺第1～3行となることが示される. $\blacksquare$

次に W_2 の平均値を評価するために,

$$B = \frac{b - \mu}{\sigma}$$

とおき, $\phi_B = \phi(B)$, $\Phi_B = \Phi(B)$ と定義する. このとき

$$\int_{-\infty}^b (b-x)h_0(x)\,dx = -\int_{-\infty}^b (x-b)h_0(x)\,dx$$

より, 命題 8.1 に対応して次の結果が成立する.

命題 8.5 X が (8.4) の密度関数をもつとき，ペイオフ W_2 の平均値は次式となる．

$$E[W_2] = d\Big\{[\sigma\phi_B + (b-\mu)\Phi_B] \\ + \frac{\beta}{3!}[\sigma B^3\phi_B + (b-\mu)(1-B^2)\phi_B] \\ + \frac{1}{4!}\xi[\sigma(B^4-2B^2-1)\phi_B + (\mu-b)(B^3-3B)\phi_B]\Big\} \quad (8.13)$$

命題 8.4 および 8.5 の結果は，みずほ第一フィナンシャルテクノロジーの小林 (2003) の修正に従うものである．

直接的な計算によってすべて σ に対して1次モーメントの恒等性が成立するためには，$a=b=\mu$，$c=d$ の場合であることがわかる．このとき1次モーメントは

$$E[W_1] = c\sigma\Big(1-\frac{\xi}{4!}\Big)\Big/(2\pi)_{1/2}$$

となることがわかる．小林(2003) では2次および3次モーメントの計算結果がある．

8.4 経験的モーメント等価性

8.2，8.3節の議論によって，X が非対称な場合，完全等価性を求めることが困難であることがわかった．そこでモーメント等価性の条件を求めてみよう．まず，X の分布関数 $H(x)$ もしくは密度関数 $h(x)$ が推定されているものとし，その分布からモンテカルロ・シミュレーションによって数多くのシミュレーション値 $(x_1, x_2, ..., x_N)$ が発生できるものとする．このとき $E[W_1]$ と $E[W_2]$ の推定値を

$$\hat{E}[W_1] = \frac{1}{N}\sum_{j=1}^{N}c\max(x_j-a, 0) = \frac{c}{N}\sum_{j=m+1}^{N}(x_{(j)}-a) \\ = c\Big[u_1(1) - a\Big(1-\frac{m}{N}\Big)\Big]$$

$$\hat{E}[W_2] = \frac{1}{N}\sum_{j=1}^{N} d\max(b-x_j, 0) = \frac{d}{N}\sum_{j=1}^{n}(b-x_{(j)})$$
$$= d\left[\frac{bn}{N} - u_1(2)\right]$$

とする．ただし
$$x_{(1)} \leq x_{(2)} \leq \cdots \leq x_{(n)} \leq b$$
$$< x_{(n+1)} \leq \cdots \leq x_{(m)} < a \leq x_{(m+1)} \leq \cdots \leq x_{(N)}$$

また
$$u_k(1) = \frac{1}{N}\sum_{j=m+1}^{N} x_{(j)}^k, \quad u_k(2) = \frac{1}{N}\sum_{j=1}^{n} x_{(j)}^k$$

である．さらに2次のモーメントは同様に，
$$\hat{E}[W_1^2] = \frac{c^2}{N}\sum_{j=m+1}^{N}(x_{(j)} - a)^2$$
$$= c^2[u_2(1) - 2au_1(1) + (N-m)a^2/N]$$
$$\hat{E}[W_2^2] = \frac{d^2}{N}\sum_{j=1}^{n}(b - x_{(j)})^2$$
$$= d^2[u_2(2) - 2bu_1(2)b + nb^2/N]$$

となる．さらに3次のモーメントは
$$\hat{E}[W_1^3] = \frac{c^3}{N}\sum_{j=m+1}^{N}(x_{(j)} - a)^3$$
$$= c^3[u_3(1) - 3u_2(1)a + 3u_1(1)a^2 - a^3(N-m)/N]$$
$$\hat{E}[W_2^3] = \frac{d^3}{N}\sum_{j=1}^{n}(x_{(j)} - b)^3$$
$$= d^3[u_3(2) - 3u_2(2)b + 3u_2(1)b^2 - b^3n/N]$$

となる．そこで $\hat{E}[W_1^k] = \hat{E}[W_2^k]$ ($k=1, 2, 3$)，すなわち
$$eu_1(1) - eal_1 = bl_2 - u_1(2)$$
$$e^2 u_2(1) - 2e^2 au_1(1) + e^2 al_1 = u_2(2) - 2bu_2(2) + b^2 l_2$$
$$e^3 u_3(1) - 3u_2(1)e^3 a + 3u_1(1)e^3 a^2 - e^3 a^3 l_1 = u_3(2) - 3u_2(2)b + 3u_2(1)b^2 - b^3 l_2$$

と恒等すると，$e=c/d$, a, b が理論的には導出可能である．ここで $l_1 = (N-m)/N$, $l_2 = n/N$ である．

 第1式から b を求め，それを第2式に代入して a を求め，それをさらに第3式に代入すると e に関する方程式を得る．

 実際には a, b, e は未知であるから，最初に a, b を適当に設定し，その後 e

を探索的に選択する．実際には，50・50・10 程度のグリッドポイントを設定し，一定の基準のもとに最もフィットするものを探し，さらにその最適な値のあたりを探索のために細分化するという方法をとることができる．

ここでは，次の方式に基づいて，3 次までのモーメント等価性を与えるペイオフを求めてみよう．以下の数値計算は，郷古浩道氏の補助による．まず a, b, e を未知数の 3 元 3 次連立方程式として

$$\sum_{i=1}^{m}(a-x_i) = \sum_{i=n+1}^{N} e(x_i-b)$$

$$\sum_{i=1}^{m}(a-x_i)^2 = \sum_{i=n+1}^{N} e^2(x_i-b)^2$$

$$\sum_{i=1}^{m}(a-x_i)^3 = \sum_{i=n+1}^{N} e^3(x_i-b)^3$$

を繰り返し計算によって解くことを考える．まず a, b を消去すると，e について満たすべき方程式 $f(e)=0$ が得られる．これを数値的に解く．そのため，$0 \leq e \leq 2$ の範囲に解があるか確かめる

1. m, n を与える
2. $0 \leq e \leq 2$ の範囲で e を細かく 0.01 で変化させて $f(e)$ の符号の変化を調べる
3. 符号の変化があれば，そのときの e の値を解として a, b を計算する
4. m, n の値を変えて上記の過程を繰り返す
5. 解が下記の条件を満たすときに値を返す

$$x_1 < a \leq b < x_N$$

しかしその結果

- 1961 年 1 月 1 日〜2001 年 12 月 31 日の期間の東京のデータで推定した第 5 章の ARCH 型モデルで発生した，6 月 21 日〜9 月 30 日までのシミュレーションデータに基づく平気気温の場合，0.01 のきざみで解は見つからなかった．
- 同様に 1961 年 5 月 1 日〜2001 年 4 月 30 日の期間の東京のデータで推定した ARCH 型モデルで，8 月 1 日〜9 月 30 日までのシミュレーションデータに基づく平均気温の場合も解は見つからなかった．

そこで連立方程式をそのまま数値計算することをする．常識の右辺から左辺を引いたものを基準化して

$$g_1(e) = \frac{\sum_{i=1}^{m}(a-x_i) - \sum_{i=n+1}^{N} e(x_i-b)}{\sum_{i=1}^{m}(a-x_i)}$$

$$g_2(e) = \frac{\sum_{i=1}^{m}(a-x_i)^2 - \sum_{i=n+1}^{N} e^2(x_i-b)^2}{\sum_{i=1}^{m}(a-x_i)^2}$$

$$g_3(e) = \frac{\sum_{i=1}^{m}(a-x_i)^3 - \sum_{i=n+1}^{N} e^3(x_i-b)^3}{\sum_{i=1}^{m}(a-x_i)^3}$$

とおく．そしてこれらの式の絶対値が小さくする a, b, e を探す．そのため

1. m, n を与える
2. $x_m = a$, $x_n = b$ とおく
3. $0 \leq e \leq 2$ の範囲で e を細かく変化させる
4. $g_i(e)$ の値が小さくなるものを探す
5. m, n の値を変えて上記の過程を繰り返す

その結果，次の結果が得られた．

1) 東京（モデル標本期間1961年1月～2001年12月，シミュレーション期間6月21日～9月30日）

m	n	e	a	b	$|g_1|$	$|g_2|$	$|g_3|$
1194	8785	0.960868	24.439849	25.695501	0.000019	0.000008	0.000019

2) 東京（モデル標本期間1961年5月～2001年4月，シミュレーション期間8月1日～9月30日）

m	n	e	a	b	$|g_1|$	$|g_2|$	$|g_3|$
1108	8969	1.151288	24.464252	26.065124	0.008388	0.008387	0.008386

3) 東京 S-ARCH（モデル標本期間1961年5月～2001年4月，シミュレーション期間8月1日～9月30日）

m	n	e	a	b	$|g_1|$	$|g_2|$	$|g_3|$
2451	7608	1.029220	25.775841	26.836933	0.000011	0.000033	0.000033

この結果によると1)の場合，東京電力と東京ガスの場合ペイオフを

$$W_1^{TG} = 0.9609 \max(X - 25.6955, 0)$$

$$W_2^{TE} = \max(24.4398 - X, 0)$$

と設定することにより，3次モーメントまでのシミュレーション等価性が近似的に成立する．その他の場合も同様である．

参 考 文 献

Cambell, S.D. and Diebold, F.X. (2004) "Weather Forecasting for Weather Derivatives (revised 2004)", Manuscript, University of Pennsylvania.
Cao, M. and Wei, J. (2003) "Weather Derivatives Valuation and Market Price of Weather Risk of Weather Risk", Working Paper.
Element Re Capital Products, Inc. (2001) *Weather Risk Management*, Palgrave.
Engle, R.E. (1982) "Autoregressive Conditional Heteroscedasticity with Estimates of the Variance of United Kingdom Inflation", *Econometrica*, **50**, 987-1007.
Hamilton, J.D. (1994) *Time Series Analysis*, Princeton University Press.
上野治男 (2005)『現場で生かすリスクマネジメント』ダイヤモンド社.
遠藤良輔 (2002)「気温の分析」研究会資料.
刈屋武昭 (2003)「リスクスワップ・プライシング」Discussion Paper No.0207, 京都大学経済研究所金融工学研究センター.
刈屋武昭・牛山史郎・遠藤良輔 (2003)「気温TTリスクスワップの等価性の検証」Discussion Paper No.0301, 京都大学経済研究所金融工学研究センター.
刈屋武昭・遠藤良輔・牛山史郎 (2003)「分散変動 (SV) モデルによる東京の日次平均気温の予測分布 (第1版) —気温デリバティブ・プライシングモデル—」Discussion Paper No.0208, 京都大学経済研究所金融工学研究センター.
刈屋武昭・勝浦正樹 (1995)『統計学』東洋経済新報社.
刈屋武昭・Tee Kian Heng・郷古浩道 (2004 A)「*ARCH*型分散変動モデルによる気温リスク・スワップの検証」Discussion Paper No.0401, 京都大学経済研究所金融工学研究センター.
刈屋武昭・Tee Kian Heng・郷古浩道 (2004 B)「SV-VARモデルによる気温リスク・スワップの検証」Discussion Paper No.0406, 京都大学経済研究所金融工学研究センター.
刈屋武昭・照井伸彦 (1998)『非線形経済時系列分析』岩波書店.
刈屋武昭・矢島美寛・田中勝人・竹内 啓 (2003)『経済時系列の統計』岩波書店.

川本　明・岩崎友彦・酒井重人・勝山正昭・籠屋邦夫 (2002)『新展開 電力ビジネス』電力自由化シリーズ, 社団法人日本電気協会新聞部.
気象庁委託調査報告書 (2002)『企業の天候リスクと中長期予報の活用に関する調査』興銀第一フィナンシャルテクノロジー (気象庁ホームページ).
気象庁委託調査報告書 (2003)『天候リスクマネジメントへのアンサンブル予報の活用に関する調査』みずほ第一フィナンシャルテクノロジー (気象庁ホームページ).
経済産業省委託報告書 (2004)『事業リスクマネジメントーテキスト』三菱総合研究所.
小林貴幸 (2002)「リスクスワップ考察」みずほ第一フィナンシャルテクノロジー資料.
鈴木栄一 (1968)『気象統計学』地人書館.
土方　薫 編著 (2002)『天候デリバティブ』シグマベイスキャピタル.

索　引

欧　文

AIC　　66
ARモデル　　62
ARCH型モデル　　92,175
BCP：business continuity planning　　6
Caoモデル　　80
Cao-Weiモデル　　76
Cooling Degree Days　　16
EaR　　1,21
EaR収益分析　　10
JUN　　10
Q統計量　　89
SBIC　　67,147
SVモデル　　97
TTリスクスワップ　　165
VaR　　23
VARモデル　　145

ア　行

赤池情報量基準　　66
アーニング・アト・リスク　　1
アパレル　　11
アンサンブル予報　　8,50,57
アンサンブル予報活用の経済的効果　　53

飲料メーカー　　10

うるう年　　57

エアコン　　12
エンロン　　14

お茶　　12
おでん　　11
オフバランス資本　　19
オペレーション　　3
卸供給販売量　　42

カ　行

外部リスク・内部リスク　　15
確率的分散変動モデル　　61
確率的優位性　　127,159
確率分布　　55
ガス会社への適用事例　　36
家庭用および業務用ガス販売量の予測分布　　46
家庭用販売量　　38
完全等価性　　126,158,166
関連性分析を用いた中長期気象予報　　33

気温シミュレーション　　105,107
気温デリバティブ　　55,56
気温の変動構造　　56
気温プロセスのモデル化　　145
気温変動　　55
　　──のモデル化　　56
気温変動リスクの時系列モデル化　　4
気温リスク・スワップ　　126
基準気温　　125,139
気象以外の要因影響分析　　43

気象情報の活用の視点　31
気象庁委託調査　107
気象庁委託調査報告書　4
気象庁のアンサンブル予測　21
気象要因の影響分析　37
気象予報　6
季節変動　62,63
季節要因　56
業務用販売量　40
金融工学　14
金融商品の活用　50

クライシスマネジメント　3
グラム-シャーリエの近似　171

経験的モーメント等価性　173
経験分布　108
原材料価格　24

コアリスク・ノンコアリスク　15
工業用販売量　41
公平性　126
小売業　28
コミットメントライン　19
コレスキー分解　151,152

サ　行

最小2乗法　65,67
最大損失額　24
最適投資配分の分析　26
財務的リスクマネジメント　3
最尤法　65
残差　72

事業継続計画　6
事業継続マネジメント　3
事業構造の整理　36
事業投資の評価分析　26
事業ポートフォリオの分析　26
事業リスクマネジメント　2
時系列プロセス　57

時系列分析　57
時系列分析モデル　56
時系列モデル　144
時系列モデル分析　6
自己回帰モデル　65
自己相関　58
自己相関係数　60,66,67,77,88
シナリオ　26
収益変動の定量的リスクマネジメント　21
条件付株式発行権　19
条件付分散　93,118
条件付分散変動モデル　61
条件付融資枠設定　19

ステークホルダー　23
ストキャスティック・ボラティリティ
　　　97,146
スミルノフ-コルモゴロフ距離　127

正規分布　72,86
正規乱数　109
石油精製会社　24
セブンイレブン　10
尖度　91,118,171
戦略的リスクマネジメント　3

相関　144,151,162
相関係数　144,162
操業的リスクマネジメント　3

タ　行

テイル対称性　169
デュアルトリガー方式　156,157
デリバティブ　4
天候デリバティブ　16,85,106

東京ガス　165
東京電力　165
トレンド　58

索　引　　　　　　　　　　　　　　　　　　181

ナ　行

2次元気温シミュレーション　　153
日次平均気温の変動特徴　　57

ノーリスク・ノーマネジメント　　3

ハ　行

ヒストリカル気温データに基づく経常利益の
　　確率分布　　47
非正規性　　90
非線形性　　90
非対称分布への近似　　171
ヒートアイランド現象　　59
非独立性　　90
標準正規分布　　108
標準正規乱数　　81,82
ビール会社　　16,33
ビールの売上と気温の関係　　33

ファイナイト保険　　19
複雑系決定論的力学系モデル　　56
複雑系モデル　　8
プットオプション　　14
プロアクティブ　　3
分散　　171
分散変動　　85,145
分布の特性　　112

平均　　171
平均気温　　125
偏自己相関係数　　77

ボックス-ジェンキンス法　　64,78
ポートフォリオ管理　　164
ボラティリティ　　58,76,85
ボラティリティ・クラスタリング　　86,92

マ　行

松下電器産業（株）エアコン事業　　10

無裁定価格理論　　165

モーメント等価性　　126,158,166,171
モンテカルロ・シミュレーション　　25,
　　108

ヤ　行

予測確率分布　　86,112,158
予測気温分布　　57
予測平均値　　119
ヨーロピアンコール　　126
ヨーロピアンプット　　126

ラ　行

リスク軽減・移転手段　　14
リスクコントロールの選択　　30
リスク・スワップ　　17,107,144,164
　　——の評価法　　126
リスク・スワップ契約　　1,86
リスク中立価値　　165
リスクの構造把握　　28
リスクの認識　　27
リスクヘッジ手段　　15
リスクヘッジ戦略の分析　　26
リスクマネジメント　　56
リスク量と資本とバランスシート　　18
リスクを減少させる手法の検討　　49

レジャー産業　　29

ワ　行

歪度　　72,91,118,171

編著者略歴

刈屋 武昭（かりや・たけあき）

明治大学ビジネススクール教授，京都大学客員教授，経済産業研究所ファカルティフェロー．1944年生，浜松市出身．一橋大学経済学部卒．ミネソタ大学Ph.D．九州大学理学博士．著書『金融工学とは何か』岩波書店，など多数．

著者略歴

山本 毅（やまもと・つよし）

みずほ第一フィナンシャルテクノロジー金融工学第3部副部長．1965年生，伊勢市出身．米国公認会計士．慶應大学理工学部管理工学科卒．日本興業銀行を経て現在に至る．気象庁委託調査執筆．

Tee Kian Heng（ティー キャン ヘーン）

岩手県立大学総合政策学部講師．1970年生，マレーシア出身．広島大学社会科学研究科博士課程後期修了．広島大学経済学部講師，京都大学経済研究所客員研究員を経て現在に至る．経済学博士．

郷古 浩道（ごうこ・ひろみち）

日本銀行金融市場局研究員．1974年生，仙台市出身．京都大学大学院情報学研究科数理工学専攻博士後期課程単位取得．京都大学経済研究所非常勤職員，京都大学経済学部COE研究員を経て現在に至る．

リスクの経営シリーズ
天候リスクの戦略的経営
―EaRとリスクスワップ―　　　　定価はカバーに表示

2005年12月5日　初版第1刷

編著者	刈　屋　武　昭
発行者	朝　倉　邦　造
発行所	株式会社　朝　倉　書　店

東京都新宿区新小川町 6-29
郵便番号　162-8707
電　話　03(3260)0141
FAX　03(3260)0180
http://www.asakura.co.jp

〈検印省略〉

© 2005〈無断複写・転載を禁ず〉　　　新日本印刷・渡辺製本

ISBN 4-254-29576-6　C 3350　　　　Printed in Japan

中大 今野 浩・明大 刈屋武昭・京大 木島正明編

金融工学事典

29005-5 C3550　　　　A 5 判 848頁 本体22000円

中項目主義の事典として，金融工学を一つの体系の下に纏めることを目的とし，金融工学および必要となる数学，統計学，OR，金融・財務などの各分野の重要な述語に明確な定義を与えるとともに，概念を平易に解説し，指針書も目指したもの〔主な収載項目〕伊藤積分／ALM／確率微分方程式／GARCH／為替／金利モデル／最適制御理論／CAPM／スワップ／倒産確率／年金／判別分析／不動産金融工学／保険／マーケット構造モデル／マルチンゲール／乱数／リアルオプション 他

阪大 田畑吉雄著
シリーズ〈金融工学の基礎〉2
リスク測度とポートフォリオ管理
29552-9 C3350　　　　A 5 判 216頁 本体3800円

金融資産の投資に伴う数々のリスクを詳述〔内容〕金融リスクとリスク管理／不確実性での意思決定／様々なリスクと金融投資／VaRとリスク測度／デリバティブとリスク管理／デリバティブの価格評価／信用リスク／不完備市場とリスクヘッジ

南山大 伏見正則著
シリーズ〈金融工学の基礎〉3
確率と確率過程
29553-7 C3350　　　　A 5 判 152頁 本体2800円

身近な例題を多用しながら，確率論を用いて統計現象を解明することを目的とし，厳密性より直観的理解を求める理工系学生向け教科書〔内容〕確率空間／確率変数／確率変数の特性値／母関数と特性関数／ポアソン過程／再生過程／マルコフ連鎖

早大 谷口正信著
シリーズ〈金融工学の基礎〉4
数理統計・時系列・金融工学
29554-5 C3350　　　　A 5 判 224頁 本体3600円

独立標本の数理統計学から説き起こし，それに基づいた時系列の最適推測論，検定および判別解析を解説し，金融工学への橋渡しを詳解したテキスト〔内容〕確率の基礎／統計的推測／種々の統計手法／確率過程／時系列解析／統計的金融工学入門

慶大 枇々木規雄・数理システム 田辺隆人著
シリーズ〈金融工学の基礎〉5
ポートフォリオ最適化と数理計画法
29555-3 C3350　　　　A 5 判 164頁 本体2800円

「実際に使える」モデルの構築に役立つ知識を散りばめた実践的テキスト。〔内容〕数理計画法アルゴリズム／実行可能領域と目的関数値／モデリング／トラブルシューティング／平均・分散モデル／実際の計算例／平均・リスクモデル／感度分析

立命館大 小川重義著
シリーズ〈金融工学の基礎〉6
確率解析と伊藤過程
29556-1 C3350　　　　A 5 判 192頁 本体3600円

確率論の基本，確率解析の実際，理論の実際の運用と発展的理論までを例を豊富に掲げながら平易に解説〔内容〕確率空間と確率変数／統計的独立性／ブラウン運動・マルチンゲール／確率解析／確率微分方程式／非因果的確率解析／数値解法入門

法大 浦谷 規著
シリーズ〈金融工学の基礎〉7
無裁定理論とマルチンゲール
29557-X C3350　　　　A 5 判 164頁 本体3200円

金融工学の基本的手法であるマルチンゲール・アプローチの原理を初等的レベルから解説した書。教養としての線形代数と確率論の知識のみで理解できるよう懇切丁寧に詳解する。〔内容〕1期間モデル／多期間モデル／ブラック-ショールズモデル

前気象庁 新田　尚・東大住　明正・気象庁 伊藤朋之・
前気象庁 野瀬純一編

気象ハンドブック（第3版）

16116-6 C3044　　　　B 5 判 1040頁 本体38000円

現代気象問題を取り入れ，環境問題と絡めたよりモダンな気象関係の総合情報源・データブック。［気象学］地球／大気構造／大気放射過程／大気熱力学／大気大循環［気象現象］地球規模／総観規模／局地気象［気象技術］地表からの観測／宇宙からの気象観測［応用気象］農業生産／林業／水産／大気汚染／防災／病気［気象・気候情報］観測値情報／予測情報［現代気象問題］地球温暖化／オゾン層破壊／汚染物質長距離輸送／炭素循環／防災／宇宙からの地球観測／気候変動／経済［気象資料］

上記価格（税別）は 2005 年 11 月現在